传统文化经典现代解读

王翼成 著

贞观政要与领导力

西北大学出版社

·西安·

图书在版编目（CIP）数据

《贞观政要》与领导力／王翼成著．—西安：西北大学出版社，2023.9（2024.3重印）

ISBN 978-7-5604-5200-5

Ⅰ．①贞… Ⅱ．①王… Ⅲ．①《贞观政要》—关系—领导学—研究 Ⅳ．①D691.5②C933

中国国家版本馆CIP数据核字（2023）第161822号

《贞观政要》与领导力

ZHENGUANZHENGYAO YU LINGDAOLI

著　者	王翼成
出版发行	西北大学出版社
地　址	西安市太白北路229号　邮　编　710069
网　址	http：//nwupress.nwu.edu.cn　E-mail　xdpress@nwu.edu.cn
电　话	029-88303593　88302590
经　销	全国新华书店
印　装	西安华新彩印有限责任公司
开　本	787mm×1 092mm　1/16
印　张	13
字　数	206千字
版　次	2023年9月第1版　2024年3月第2次印刷
书　号	ISBN 978-7-5604-5200-5
定　价	49.00元

本版图书如有印装质量问题，请拨打电话029-88302966予以调换。

序 言

《贞观政要》是对唐太宗李世民贞观之治的历史经验的系统总结。

从贞观之治到今天,已经过去了1300多年,但是,贞观之治的很多做法,《贞观政要》所总结的一系列治国理政的经验,到今天仍然具有借鉴价值和指导意义。

唐太宗李世民与他的大臣们在贞观之治中所体现出的执政理念、所奉行的政策主张、所倡导的精神风尚、所构建的管理机制、所秉持的君臣准则,以及他们对历史教训的重视、对文化的尊崇、对人才的尊重等内容,在现代组织管理中都可以取而用之。

但毕竟,贞观之治是一个久远的历史存在,且《贞观政要》是出自古人之手的政论性著作,这两点决定了《贞观政要》的价值要古为今用,要被现代人所理解和接受,不可能是一件简单的事情,不可能直接应用。

那么,如何最大程度地发掘《贞观政要》的价值?如何让现代大众能相对轻松地理解和接受《贞观政要》的经验总结?能否用现代读者更喜闻乐见的通俗的形式来展现这部书的丰富内容?这些问题在我研读《贞观政要》的过程中不断萦绕在我脑海中。慢慢地,我产生了一个想法,可否借用中国传统评书的形式把《贞观政要》的内容通俗化、"现代化"呢?具体说,就是对《贞观政要》进行再创造,实现"四个转换",即把内容从政论体转换成叙述体,把古汉语转换成现代大众普通话,把书面语言转换成通俗口语,把专题罗列转换成传统评书式的章回题目,在尊重历史、尊重经典的基础上,用轻松活泼的方式展示《贞观政要》的精彩内容。

这个想法,令我欣喜,但真正付诸实施,在一点点推进过程中,发现难度还是很大的。

第一,既然用传统评书的方式,就要有评书的模样,但是要把《贞观政要》十卷本四十个主题改写成中国传统章回小说回目就是一个不小的挑战。现在呈现的三十回目的架构是反复斟酌、几经取舍后才确定下来的。

第二,既然要通俗化,就要说成大白话,但这不只是把古汉语翻译成现代汉语。在这个基础上,更多的是要创造性地完成话语体系的转换,力求既不失原文之韵,又有现代之音。在创作过程中,我参考了贵州人民出版社《中国历代名著全译丛书》之《贞观政要全译》。现在呈现的大量文白相间、古今结合的句式表达,就是这一尝试的最终结果。

第三,既然要用讲述的方式,那就要交代必要的故事背景,但《贞观政要》并没有这方面的详细内容,所以我在创作过程中,不得不大量翻阅《旧唐书》《新唐书》等史料,对一些事件的来龙去脉尽可能予以简要说明,对一些历史典故的内容加以整理,穿插在行文中,以期言之有理、言之有据。虽说这样做了,但仍然难免会有疏漏之处。

第四,既然采用评书方式,就要在叙述的同时适当增加自己的评论甚至是观点,但《贞观政要》本身就是政论性著作,它所记载的大臣们的奏章很大一部分都是说理透彻、见解深刻的长篇大论,如何古论新议结合,尺度不好把握。

从开始动笔到最终完成文稿,经历了两年多时间。这期间,最初几回的内容作为线上课程以音频形式展示,虽说范围有限,但据反馈信息说,大家还是比较认同的,也对后续内容充满期待,这给了我很大的安慰和鼓励。现在完成的三十回目的文稿,争取在出版发行的同时陆续完成在线音频播放。当然,这也是我在解读中国传统文化经典过程中的又一种形式的尝试。

就算抛砖之举吧,不当之处,望大家不吝赐教。要深入理解贞观之治,还需要认真研读《贞观政要》。

是为序。

王翼成

2019年8月于法国奥赛

序言二

2019年8月，我利用在法国度假的时间，终于完成了书稿的撰写和统稿，回国后又进行了一些修改，随后与西北大学出版社联系出版事宜。之所以选择西北大学出版社，是因为我在西北大学任教，我之前解读传统文化经典的四部书《论语说什么》《道德经说什么》《周易说什么》《说兵论道》也都是在这里出版的。

一切都有条不紊地推进着，但是己亥岁末庚子年初爆发的新冠疫情，改变了既定的发展轨道。本来我利用寒假来法国，想着一个月后回去就可以与出版社编辑一起完成书稿的校对，2020年初就可以出版发行。但是新冠疫情全球蔓延，我被困在法国一年时间，很多事情不得不搁置下来，这部书稿的编辑出版也无奈暂缓。

利用2020年被困在法国的这段时间，我又一次对书稿进行了修改和完善，使之尽可能接近通俗化的评书。

还是那句话，既然是一种全新的尝试，权当抛砖之举，不当之处，还望大家不吝赐教。

是为再序。

王翼成
2020年夏于法国埃松省奥赛市

目录

序　言 …………………………………………………………… 1

序言二 …………………………………………………………… 4

引　子 …………………………………………………………… 1

第一回　李世民强势夺皇位　唐太宗理智论君道 …………… 2

第二回　两上疏魏徵论十思　一首肯太宗书复诏 …………… 9

第三回　论政体群臣议得失　抓机制太宗喜纳谏 …………… 16

第四回　话治国，治国犹养病　论理政，理政当戒骄 ……… 21

第五回　悦颜色为闻谏诤　纠过错当在始发 ………………… 27

第六回　得美人王珪谏言太宗不当　失骏马皇后巧说世民过错 … 35

第七回　唐太宗纳谏退妃嫔　张玄素力阻废乾元 …………… 42

第八回　斥奸佞魏徵谏言护同僚　表清白太宗愧悔误良臣 … 47

第九回　魏徵直谏，太宗终止封禅　太宗降责，魏徵细究原委 … 53

第十回　析隋败太宗镜鉴　述中兴魏徵上疏 ………………… 63

第十一回　明君简政设官　良臣精心施政 …………………… 72

第十二回　大手笔魏徵再上疏　说贞观太宗甚嘉纳 ………… 79

第十三回　赏有功唐太宗不私其亲　封世袭李百药奏论以驳 … 84

第十四回　封吴王李世民诉说家国人情　谏泰府褚遂良细论宠害事理 … 94

第十五回　尽职守太子傅重教　严要求李世民尊师 ………… 98

第十六回　教诫诸王魏徵编著《善恶录》　规谏太子百药创作《赞道赋》 … 103

1

第十七回　张玄素尽心施教几遇害　李承乾不思悔改终被废……………111

第十八回　兴仁义唐太宗以德治国　怀恻隐李世民因情感敌……………115

第十九回　论公平明君循法理政　据法律贤臣秉公说罪………………120

第二十回　奉诚信太宗拒诈道　论德礼魏徵议奸佞………………………127

第二十一回　俭约处事唐太宗以身作则　谦让为人孔颖达借儒论道……132

第二十二回　怀仁恻节所好圣心堪赞　杜谗邪慎言语臣情可嘉…………137

第二十三回　思悔过旨在政通人和　戒奢贪致力长治久安………………144

第二十四回　唐太宗崇儒尊孔建弘文　颜师古正本清源考五经…………152

第二十五回　检点言行只因敬畏历史　坦言名讳全赖知守礼乐…………159

第二十六回　吞蝗虫太宗明志以农为本　论刑法群臣谨记务在宽平……166

第二十七回　辩兴亡唐太宗点题　论征伐房玄龄劝止………………………173

第二十八回　妃嫔议政说征伐　太宗反思话安边……………………………180

第二十九回　行幸莫忘议政　畋猎尚思安危……………………………………186

第三十回　吉兆无非天象　慎终全赖人为……………………………………191

引 子

　　说书全凭口中声,万水千山任我行;
　　改朝换代兴衰事,是非成败君且听。

　　这四句话,说的是说书人凭借着一张嘴,言语间走遍万水千山,驰骋在历史长河中,阅尽改朝换代荣辱兴衰,诉说帝王将相是非成败。今天,我们呈现给大家的这部长篇历史政论纪实评书,以历史上著名的政论文献经典《贞观政要》为纲,用传统评书的方式,揭示贞观之治。

　　这个"贞观"呢,是唐朝太宗皇帝李世民执政的年号,起于公元627年,终于公元649年李世民去世,总共23年。

　　贞观之治,是后世对太宗皇帝李世民治世成就的赞誉。据史书记载,这一时期,君明臣贤、官吏清谨、豪强无欺、盗贼不兴、囹圄常空、百姓安乐、牛马布野、外户不闭、频致丰稔、物产丰盈。

　　这个《贞观政要》呢,则是对贞观之治的历史经验进行系统总结的一部专著。作者吴兢是唐玄宗时期的大臣,他编写《贞观政要》的目的,就是希望继任的皇帝能借鉴贞观之治的经验,"择善而行"。因此可以说,《贞观政要》是由大臣写给皇帝讲述如何当一个好皇帝的政论性专著。

　　从贞观之治到今天,虽然已经过去了1300多年,时过境迁,社会发展早已经从封建王朝进入到社会主义现代化建设的新时代,但是,贞观之治的很多做法,《贞观政要》所总结的一系列治国理政的经验,到今天仍然具有借鉴和指导意义,仍不失其宝贵的历史价值。

　　唐太宗李世民与他的大臣们在贞观之治中所表现出的执政理念、所奉行的政策主张、所倡导的精神风尚、所构建的管理机制、所秉持的君臣准则,以及他们对历史教训的重视、对文化的尊崇、对人才的尊重等理念,在现代组织管理中都可以取而用之。

　　总结历史经验,是为了古为今用,希望通过这部书,对各位领导干部学习历史、学习中国传统文化思想、提升领导工作能力水平有所帮助。

　　闲言少叙,书归正传。各位看官且听我慢慢道来。

第一回
李世民强势夺皇位　唐太宗理智论君道

　　话说公元618年，唐王李渊在隋炀帝被杀后，逼迫他曾拥立的隋炀帝的孙子杨侑，也就是隋恭帝禅位，自己做了皇帝，建立大唐朝，定年号为武德。当时天下尚未安定，李渊便派儿子李世民统兵征战，历经数年才扫平叛乱、平定割据，完成统一全国的大业。这时百废待兴，人民期盼安居乐业、丰衣足食，都希望能开太平盛世。

　　但是，就在这样乱世初定、人心思安的背景之下，大唐王朝武德九年，也就是公元626年的六月初四，在大唐京城长安发生了一起严重的内乱事变，这一内乱事变彻底改变了大唐王朝的历史走向，改变了李渊既定人员的命运，改变了唐王朝的组织架构。这场内乱事变在历史上被称为"玄武门之变"。

　　要跟各位评说《贞观政要》，就不能不说到这场事变。因为没有这场事变，就没有李世民登基；没有李世民登基做皇帝，就不会有贞观年号，也就不会有贞观之治。所以我们这部书就得从李世民发动玄武门之变、登基当皇帝这个节点说起。

　　那么，玄武门之变是一场怎样的事变？为什么会有这一场事变呢？

　　虽然说来话长，但我们选择长话短说，在这里略微向各位看官交代一下这背后的缘由。

　　本来呢，这大唐王朝是李渊父子联合诸路义军推翻隋朝建立起来的，在这一过程中，李渊的二儿子李世民居功至伟，但由于他不是嫡长子，所以灭隋建唐的"革命事业"成功之后，李渊封长子李建成为太子，李世民只是被封为秦王。由于没有成为太子，按常理说，这大唐王朝的皇权君位就与李世民没有了任何关系，但是这样的结果李世民根本就接受不了，为什么呢？因为这与最初起事之际他父亲李渊曾经的许诺相去甚远，与李世民一直想追逐的结果也相去甚远。李渊当时可能是为了鼓励儿子早日平定天下，所以就许诺以后得了天下就让李世民接班。不管李渊这个许诺当不当真，李世民一定是当真了，从此他的心里就有了一个伟大的梦想。他眼看着经过自己的不断努力，梦想越来越真实，差一步就要实现了。可是现在眼睁睁看着梦想破灭，而且让梦想破灭的人恰恰就是当初让他产生梦想的人。各位看官想想看,李世民能接受这样的现实吗?更为严重的是,身为太子的李建成和他的三弟齐王李元吉这两人还不依不饶,他们当然知道李世民对大唐的历史性贡献,大概也知道老爸李渊曾经的许诺,他们更清楚李世民的能力和能量,所以他们想方设法要除掉李世民。就这样,李世民对他爸李渊的不满,在这些因素的影响下,转化为他与已经得势的兄弟之间的矛盾。这是无法调和的矛盾,更是无法避免的权力争斗,随着兄弟争储矛盾的升级,它最终演变成一场血腥的手足相残的惨剧,李世民率部趁太子李建成和齐王李元吉进宫途中,在玄武门发动突然袭击,杀死了李建成和李元吉,李渊确立的接班人就此一命呜呼。这就是史书上记载的玄武门之变。

李建成和李元吉命丧玄武门,并不是兄弟残杀的结束,而是一个重大的历史拐点,是一个新的辉煌时代到来之前的序幕。为什么这样说呢?玄武门之变仅仅过了三天,李世民就被立为皇太子,当时李渊下诏书这样说:"自今军国庶事,无大小悉委太子处决,然后闻奏。"意思是,从现在开始,但凡军国之事,不论大小,全部交由太子处理决断,然后再上报。这一纸诏书,无异于公开承认李世民实际上已经全面掌控朝政,所以随后发生的事情也就不足为奇,而是必然之中的必然:两个月之后,李渊被迫退位,李世民登基。

各位看官,唐太宗李世民固然是通过兄弟相残、逼父退位而强势登上帝位的,这手段的使用、路径的选择,完全不符合常理常情、常规常制,带有"篡位夺权"的烙印,但是这一切并不影响他最终成为一代明君圣主,否则就不会有贞观之治,不会有大唐初盛。当然,这都是后话,我们接着说李世民登基之后。

登上帝位,并不等于就能坐稳龙椅,更不等于能治理好国家。

登基不易,坐稳更难;要实现长治久安,更是难上加难。

所以登基之后,面对治国理政的一系列问题,李世民不能不思考最高领导该怎么当,不得不经常与臣下探讨为君之道这个重大问题。

于是就有了太宗论君道的历史记录,贞观之治就是在这样的氛围里一点点被开创出来的。

各位看官就请随着《贞观政要》的记载,慢慢体会品味吧。

贞观初,李世民与身边的大臣探讨为君之道,通俗地讲就是讨论最高领导应该怎么当。太宗皇帝首次提出自己的观点,他这样说:"为君之道,必须先存百姓,若损百姓以奉其身,犹割股以啖腹,腹饱而身毙。"

身为最高领导,必须把百姓利益放在第一位,这是君道之首。如果损害百姓利益而奉养自己,无异于割自己大腿上的肉来填饱肚子,结果是肚子虽然填饱了,自身却也死了。

太宗皇帝的这一观点,很明确地告诉我们:如果把自己置于百姓的对立面,总是通过损害百姓而满足自己,总有一天将在利益的包围中毙命。如果给太宗皇帝的这个观点来一个现代话语的概括,就是治国理政首先要把老百姓的利益放在第一位,时刻以人民为中心。

太宗皇帝关于为君之道的第二个观点是:"若安天下,必须先正其身。"

想要治理好天下,实现安定和谐,必须确保各级领导者做到正其身,不胡来。因为从来不存在"身正而影曲,上理而下乱"的情形。

各级领导的行为举止、精神风貌,就是整个社会的风向标。孔夫子曾经说过:"君子之德风,小人之德草,草上之风,必偃。"意思是说,领导者的道德情操就像风,而普通群众的道德情操就像草,风吹草动,草随风伏。

因此,当我们感叹社会风气不好的时候,一定是官场风气首先出了问题。官风不正,社会风气岂能正?

那么,究竟是什么败坏了官场风气,进而影响了社会风气?太宗皇帝认为,根本的原因不在自身以外的事物,不是因为外在事物的吸引诱惑,而是为政者自身的欲望所致,是自身各种不良嗜好和欲望带来的祸患。

这就是太宗皇帝为君之道的第三个观点。

太宗皇帝认为:"若耽嗜滋味,玩悦声色,所欲既多,所损亦大。既妨政事,又扰生人。且复出一非理之言,万姓为之解体,怨讟既作,离叛亦兴。"

这一段话所论述的观点包含相互联系的几层意思:一个领导如果沉溺于美味,陶醉于美色,所希望得到的越多,其最终受到的损害也就越大,这是第一层意思;如此下去,既严重影响工作,又过度侵扰百姓,这是第二层意思;更为严重的是,若因为自身欲望而说出一些违背事理、不负责任的话,就会极大影响民众的凝聚力,影响政府的公信度,导致民怨滋生、民心涣散,这是第三层意思。

所以太宗皇帝才感慨"朕每思此,不敢纵逸",每每想到这些严重后果,实不敢放纵自己的嗜欲去追求享受。

各位看官,仔细琢磨一下太宗皇帝的论述,大致可以得到这样一个基本的认识：身为领导，如果一味溺嗜纵欲，其后果不是伤身、误事，就是生怨、毁亡。所以，领导干部要加强对自身手、足、嘴、心的管理，做到手不乱伸，足不乱窜，嘴不软，心不贪。

面对太宗的忧虑深思，谏议大夫魏徵回答说："自古以来，那些圣哲之主，都能够近取诸身，加强自身修养，这样就能够体察远处的事物。"

魏徵用历史上楚国聘用何詹这一典故作为论据。

何詹是反对纵欲、重视养生的哲学家，楚王向他询问治国之道，他给出的方法是君王要注重自身道德修养。楚王怀疑这样的方法是否能收到预期的效果，何詹很干脆地回应说："从来没有听说过为政者自身品德端正而国家还会混乱的。"

当然，魏徵不会忘记适当照顾一下李世民的面子，所以在发言最后他很恭敬地说："陛下所阐明的观点，与古人所讲的道理是完全一致的。"

为君之道，是一个大问题，不是一两句话能说透的，也不是一两次讨论就能解决的。所以到了贞观二年（628），太宗又一次向魏徵提出来什么是明君、什么是昏君这个问题。

魏徵对这个问题的回答很严谨。

他先给出自己划分明君、昏君的标准："君之所以明者，兼听也；其所以暗者，偏信也。"能广泛听取各方面意见的是明君，偏信一面之词的是昏君。

但是，魏徵并不满足于给出这样一个简单而明确的结论，于是他引经据典来证明自己的观点：

第一个是引用《诗经》的观点："先人有言，询于刍荛。"意思是说，先辈们留下一句话，君王要能够屈尊、不耻下问，可以向割草打柴的普通人征求意见。

在远古时候，先贤们已经明白广泛听取百姓意见的道理，并且将其作为重要的为政理念记录下来、传承下来。一个领导要想不犯错误或少犯错误，就必须善于听取来自不同方面的意见，这就是兼听则明。

第二个典故是远古历史故事："昔唐、虞之理，辟四门，明四目，达四聪，是以圣无不照。故共、鲧之徒，不能塞也；靖言庸回，不能惑也。"

在尧、舜那个年代，圣明之君广开四方言路，招纳天下贤德之士，广开视听，了解各地情况，所以不会受奸佞之人蒙蔽，讨好恭维的言语和用心叵测的计谋也不会使他迷惑。

第三个典故是秦二世而亡的历史悲剧:"秦二世则隐藏其身,捐隔疏贱而偏信赵高,及天下溃叛,不得闻也。"

秦二世胡亥幽居深宫,舍弃臣子,疏远百姓,听信宦官,倚重赵高,反被赵高逼死,致秦朝仅二世而亡。偏听则暗!身为领导,最可怕的是了解不到真实情况。

第四个典故是稍近些的案例:"梁武帝偏信朱异,而侯景举兵向阙,竟不得知也。"

梁武帝即萧衍,南朝梁开国之主,崇奉佛教,却残酷剥削民众,多次镇压农民起义。朱异为梁武帝的宠臣,为人奸佞骄贪,蔽主弄权。侯景是东魏臣子,因为朱异的关系而归降南梁,梁武帝偏信朱异,重用侯景,任其为大将军,封河南王。公元548年,侯景举兵反梁,次年率领叛军攻打京城,梁武帝竟然不知道,最后被逼饿死,史称"侯景之乱"。

第五个是最新的案例:"隋炀帝偏信虞世基,而诸贼攻城剽邑,亦不得知也。"

隋炀帝是隋朝的第二个皇帝,在位期间荒淫腐化,横征暴敛,大兴土木,导致民众怨声载道。虞世基本是博学多才之人,隋炀帝时任内史侍郎,专职负责军国机密,参掌朝政。隋炀帝巡游江南之时,农民不断揭竿而起,虞世基请求发兵屯洛口仓以防不测,隋炀帝并没有听从这个建议。虞世基知道不可再谏,害怕二次谏言会祸及自身,所以采取明哲保身的做法,唯唯诺诺,不再发表自己的意见和建议,也不再将各路义军攻取城池的实情上奏,最终隋炀帝在扬州被逼自缢。

魏徵连用五个从时间跨度上由远而近的典型案例,就是想证明一个重要的结论:"人君兼听纳下,则贵臣不得壅蔽,而下情必得上通也。"

身为人君,能广泛听取不同意见,采纳臣下建议,那么权臣就不会堵塞下情以蒙蔽君主,百姓的呼声就能上达国君,这样,治国理政就不会做出错误的决策。

讲到这里,我们为各位看官梳理一下围绕为君之道、如何为政而展开的君臣论述,还会有所发现:

身为领导,一定要在决策之前广泛听取群众的意见,不同声音越多,越有助于做出正确决策;

领导不能把自己与外部世界隔绝,可以不出去,但一定要确保信息通畅,确保下情准确、及时上达；

领导不了解实际情况，就会被蒙蔽、架空，这是当领导最可怕的事情，会导致严重后果；

使下情上达，向上禀报实情，是下属的职责所在，否则就是严重失职。

为君之道，难在坚持。太宗皇帝执政十年之后，依然在与臣下探讨草创与守成究竟哪个更难、更不易的问题。

这事发生在贞观十年（636），太宗向侍从大臣提出一个问题：“帝王之业，草创与守成孰难？”

时任尚书左仆射的房玄龄回答说：“天下大乱之际，群雄并起，纷争激烈，只有打败他们、战胜他们，才能最终取得天下。由此而言，草创为难。”

魏徵却不这么认为，他回应说：“帝王起兵，必然是趁着世道衰败混乱之际，消灭混乱暴虐之徒，替天行道，而天下归附，百姓乐于拥戴，所以创业不算艰难。倒是在取得天下之后，帝王的志趣可能会趋向骄奢淫逸。尽管百姓们希望休养生息，为政者的各种徭役却没完没了；尽管百姓已经贫穷疲惫，为政者却穷奢极欲无休无止。国家的衰落破败就是由此产生的。所以，守业难于草创。”

两人为何有如此不同的观点呢？太宗皇帝李世民又该赞赏他们两人中的哪一个呢？

面对房玄龄和魏徵截然相反的观点，李世民其实很清楚这里面的原委。他说："房玄龄过去跟我平定天下，备尝艰辛，出万死而遇一生，他亲见、亲历草创之难，所以认为草创难于守成；魏徵与我安定天下，忧虑骄奢淫逸萌芽发端，必定会重蹈危亡境地，所以他认为守成难于草创。时至今日，草创之难已经度过，守成之难，则是我们共同要面对的重大问题。今天，我之所以要与你们探讨这个话题，就是要与你们一起谨慎地对待它。"

到了贞观十五年（641），太宗又一次向魏徵提到这个问题："守天下到底是难是易？"

魏徵明确回答："难，很难，特别难。"

太宗不以为然地说："只要为君者任用贤能、接受谏诤就可以了，这有什么难的？"

魏徵只得又一次向太宗阐释自己的观点：

"我观察自古以来的帝王,当他们处于忧虑危机中的时候,尚能够任用贤能之士,采纳不同意见;等到安定怡然的时候,就松弛懈怠下来,对于陈奏事情的人,只准他们战战兢兢、谨慎畏惧地说话。长此以往,国势就会逐渐衰弱,慢慢就会走到危亡境地。圣明君主之所以居安思危,正是为了避免这种情况的发生。安定太平之时依然能够保持谨慎忧惧,难道不是很难吗?"

魏徵以反问结束了自己的分析论述,那么太宗皇帝李世民会认可魏徵的观点吗?

欲知后事如何,且听下回分解。

第二回
两上疏魏徵论十思　一首肯太宗书复诏

　　上回书说到李世民与大臣论辩究竟是创业难还是守成难的问题,房玄龄与魏徵两人各自观点不同。尽管太宗皇帝仔细分析其中原委,内心深知两位大臣之所以观点不同,主要是因为各自经历不同。

　　这件事就这么过去了吗?没有。

　　为什么说这件事并没有就此过去呢?因为魏徵准备对这一重大的问题做进一步思考、深层次探究。这才引出魏徵两次上疏,也就是两次向最高领导提交专题报告,在历史上留下著名的《谏太宗十思疏》。所以这接下来的故事,且听我慢慢道来。

　　魏徵,是河北巨鹿人氏,幼年孤贫,曾出家为道士。可见,穷人家的孩子要想活命都挺不容易的。后来,机会来了,他参加了隋末瓦岗起义,后投奔到窦建德门下,担任起居舍人,就是跟随在最高领导身旁记录其日常行动与军国大事,相当于机要秘书。窦建德兵败后,魏徵才归顺李唐,被安排在太子李建成府中,为太子洗马,职责是辅佐太子,教习太子政事、文理,相当于太子的辅导老师。从魏徵所担任的职务我们能判断出,他是一个很有学问、很有能力水平的人。话说在太子府任职期间,他眼见李世民与太子暗中较劲,兄弟二人为争夺君位互相倾轧,形势很严峻,所以多次劝太子早做打算,以免后患。然而,太子李建成并没有把魏徵的意见放在心上。

　　玄武门之变,李世民除掉了太子李建成和齐王李元吉,这个结果对魏徵来说是残酷的,因为他不愿意看到事情发展到这一步,所以曾经提醒过太子要早做打算。现在大势已去,情况对魏徵十分不利,性命能不能保住都很难说。

　　太宗即位后,当着众臣的面严厉斥责魏徵:"你挑拨我们兄弟之间的关系,是何道理?"就这一句,众人都开始为魏徵的性命担忧,因为这无异于"死刑宣判"。对太宗皇帝李世民而言,如果魏徵不承认,那就是当廷撒谎,而且是敢做不敢当,如此见风使舵、胆小如鼠之人,留他何用?而魏徵如果承认确有其事,那么这所作所为对已经全胜的李世民来说就是大逆不道,他也必死无疑。所以说,众人的担忧不是没有道理。

但谁也没有料到,魏徵却慷慨自若、从容以对,全部承认了,而且还不无遗憾地感叹:"皇太子若从臣言,必无今日之祸。"如果太子早早地听从我的建议,怎么会有今天的结局?

还别说,魏徵这番话还都在理。争权夺利,你死我活,先下手者为强,成功者为王,你李世民不就是这么干的吗?如果是太子李建成这么干,那么坐在皇位上的还会是你李世民吗?

也许是被魏徵所说的话打动,李世民动了恻隐之心,他不仅没有诛杀魏徵,反而对他厚加礼遇、格外器重,提任谏议大夫,后任秘书监,再后来封郑国公。自此就有了李世民与魏徵君臣二人之间臣谏君纳的一系列故事。这是后话,暂且不表。

回到正题,李世民为什么会如此对待魏徵?

其实主要还是魏徵的才学和德行打动了李世民。史书记载说魏徵"有经国之才,性又抗直,无所屈挠",简单概括就是有本事、有个性,为人正直,认理不认人。太宗皇帝每次与他交谈,无不欣喜欢悦。

当然了,李世民不杀魏徵,还可以为自己英明君主的名声极大地加分。说实在的,李世民与魏徵,究竟是谁成就了谁的英名,很难分清。魏徵庆幸自己"逢知己之主",所以竭尽自己所能为之效劳;太宗夸赞魏徵"所谏前后二百余事,皆称朕意",如果不是忠诚为国之人,怎么可能做到这样?

有意思的是,太宗皇帝曾对魏徵说过这样的话:"你的罪远比用箭射中齐桓公带钩的管仲要大,可是我对你的信任超过了齐桓公对管仲的信任。近代君臣之间融洽相处,还有胜似你我这样的吗?"这意思就是说,我李世民就像春秋五霸的一代英主齐桓公,你魏徵就好比一代贤相管仲,可是我对你比齐桓公对管仲还要好得多。言下之意,我很大度,给你舞台,你是不是应该比管仲更好些呢?

让各位看官见笑了,这当然是我们的戏言而已。但贞观六年(632),太宗皇帝在九成宫设宴招待近臣时的一段君臣对话,有助于我们找到答案。

当时,长孙无忌感慨说:"王珪和魏徵当年侍奉太子,我见到他们就像见到仇人,想不到如今竟然一同赴宴享受皇恩。"太宗皇帝说:"魏徵过去的确是我的仇人,但是他能为自己侍奉的人尽心竭力,也有值得称道之处。我选拔他、重用他,难道有愧于古代圣明之主?重要的是魏徵敢于犯颜直谏,常常不许我做错事,所以我特别器重他。"魏徵拜谢说:"陛下引导我劝谏,所以我才敢直谏。倘若陛下不接受我的意见,我哪敢批逆龙鳞、触犯忌讳呢?"

书归正传,回到魏徵上疏这件事。

贞观十一年(637),特进魏徵上疏。特进是对功高德重、有特殊贡献之人进行褒奖而授予的荣誉,上疏就是向皇帝上奏章写报告。

魏徵的这份报告是这样说的:"臣下看自古以来,那些受天命、承天运而继帝位,恪守条法、控驭英杰、坐北朝南的君主,都希望自己的美德与天地比配,自己的英明与日月齐辉,国家根本牢固、长治久安,帝位传承没有穷尽。这种愿望是良好的,但是能做到的人很少,失败和灭亡的厄运一个接着一个,原因究竟是什么?简单一句话来说,就是他们没有遵循治国安邦的规律。好在前代亡国的教训距我们不远,可以用来佐证我的观点。"

魏徵这一段不长的文字,开宗明义,直接点出自己上疏的主要目的,就是要借鉴前代亡国教训,探讨治国长盛之道。那么,隋朝败亡的教训究竟是什么呢?

魏徵这样分析:"刚刚灭亡的隋王朝,一统天下,军队强大,30多年间声威远播万里,震动异域他国。可是一旦败亡,这些都尽为别人所有。难道说隋炀帝厌恶天下大治、百姓安宁而不希望国家昌盛?莫非他故意推行夏桀那样的暴政以造成自己的灭亡?其实是他仗恃自己的强大而不考虑后果。他驱使天下的人来顺从自己的奢欲,耗尽天下的财物供自己享用,搜罗民间美女,广集远方珍宝。他的宫苑装饰华丽,亭台楼榭峻伟,但征发徭役无时,对外用兵不止。他外表显得威严持重,但内心狠毒猜忌。谄媚之人在他这里能得到福禄,诚直之人在他这里却不能保全性命。上下互相蒙蔽,君臣之道相背,百姓不堪暴政,国土分崩离析。最终,享有四海之尊、拥有天下之富的一国之主,竟然死在普通人手中,子孙灭绝,被天下人耻笑,这样的结局能不令人痛心吗?"

各位看官,通过魏徵的分析,我们能清楚地知道,隋朝不是因为贫弱而亡,相反是因为强盛但不思长治久安所致,所以隋朝其盛也匆匆,其亡也匆匆。

隋朝确实很富有,却很快败亡,这不能不说是一个严重的教训。关于隋炀帝的所作所为,魏徵概括为其有"四无之疾",也就是身为最高领导却有四个致命的毛病:贪得无厌、奢侈无度、为君无德、执政无道。所以,其身亡国破是必然的。

那么，要想不蹈覆辙、不做昏君，又该怎样做呢？我们继续看魏徵的分析：

"才智卓尔不凡之人，往往顺应天时，乘机而动，拯救天下危亡，国家倾覆之状得以匡正，礼法废弛之象得以更改。让远方的人前来朝拜，近处的人安居乐业，一年之内就可以实现；战胜残暴、消除杀戮，也不需要百年之久。看看陛下现在，宫殿观阁、亭台楼榭应有尽有，奇珍异宝无所不藏，宫中美女都伺候在侧，九州四海之内全部都是圣上的臣子和百姓。如果陛下能借鉴隋朝败亡的教训，思考我大唐得天下的原因，一天比一天谨慎，有美德却不自恃，就会避免倾覆败亡的厄运。商朝亡而殷纣王鹿台自焚，秦朝灭而阿房宫付之一炬，陛下应从这些历史教训中感悟安危之理，用自身的道德修养潜移默化地影响百姓，无为而治，这才是以德治国的最高境界。

"如果面对既成的东西不去毁坏，而仍旧保持它原有的样子，使其发挥作用，免除那些并不急于要办的事情，将花费缩减至最低。即使华丽的宫室与简陋的房舍相间杂，玉石栏杆与泥土台阶一起使用也不计较。这样，百姓们就乐意被分派去做事情，而不会耗尽他们的精力。看到居住者的安逸就想到劳作者的辛苦，将心比心，那么亿万百姓就会像子民一样归附国君，所有的人都敬仰国君而性情归于纯朴，这是以德治国次一等的方法。

"如果君主一念之差，不慎终如始，忘记取天下、创帝业的艰辛，自以为天命可恃，忽略宫室用度宜奉行节俭的准则，一味追求华丽奢靡，在原有的基础上不断扩大规模，在原有的样子上重新装饰。类似的事情滋长蔓延，不知道停止和满足，百姓们看不到君主的美德，却总是听到劳役的消息，这实在是下等的治国之道啊！这样的做法就好比负薪救火、扬汤止沸，只能适得其反。这是用一种新的暴政取代了旧有的暴政，与乱政如出一辙，没什么两样，其后果难以估量，君主有什么业绩可以留给后世呢？

"一国之君继承前业而无业绩留给后世，则一定会导致百姓生怨、神灵发怒；人怨神怒，国家就会发生灾害；灾害一旦发生，祸乱必然兴起；祸乱兴起，君主的性命和名声又怎么可能保全呢？所以总体来说，顺应天意改朝换代，帝业国运将兴隆七百年，并且能够遗留给子孙而传承万代。帝王江山难得而易失，怎能不认真思考呢？"

好一个魏徵，借事说理，洋洋洒洒，深刻解析了治国安邦之道的高下之分，实在是真知灼见。读完之后掩卷深思，能没有触动吗？魏徵认为为政者之大德是心存敬畏；次德是体恤民力；而私欲不止，就无德可言，其后果很严重。

魏徵的这一番长篇大论立意高远、论述深刻,能收醍醐灌顶之效。但他依然觉得意犹未尽,所以又在同一个月里第二次上疏,继续阐释他的观点。也就是在这份奏疏中,魏徵提出了有名的"十思"之说。

这是值得细细品味的不可多得的经典论述,我们不妨逐段解读。

魏徵说:"臣下听说想要树木长得茂盛,就必须使它的根本牢固;想要让水流得远,就要疏浚它的源头。那么同样的道理,想要求得国家的长治久安,为政者就一定要广积道德仁义。源不深而希望流远,根不固而欲求树茂,德不厚而想要国安,我这样卑下愚钝的人都觉得不可能,何况是贤明圣人呢?

"国君担负着治理国家的重任,居于天下举足轻重的地位,想要秉承昊天的大德,永享无疆的福禄,却不居安思危、戒奢以俭,不注意积累深厚的美德,不能理智地控制自己的贪欲,这就好像砍断树根而希望树木茂盛,堵塞源头而追求流水长远,是严重违背道理的想法和做法。"

魏徵在这里讲得很透彻:愈是位高权重,愈要居安思危;越是任重道远,越要克制自己;领导缺乏道德修养而放纵贪欲是致命缺陷。

魏徵继续论述:

"有很多开国之君,秉承上天旨意开创基业之时,没有一个不是深切忧虑、谨慎行事、德行显著。但是大功告成之后,德行就开始堕落。所以能做到善始的人很多,而能够坚持初心到最终的却甚少。这难道不是取天下容易而守天下难吗?

"过去夺取天下时力量有余,而今守成天下却力所不及,这是什么原因呢?主要是因为草创时有深切的忧虑,所以能竭尽诚意对待部下;而一旦志得事成,就放纵情欲、傲视他人。竭尽诚意待人,即使南北相去甚远的人也能亲密得如同一个整体;傲视他人,即使是骨肉兄弟也会疏远得如同陌路之人。即使以严刑来督察,用威武去震慑,但部下最终还是采取苟且免祸之法而内心不怀好意,表面上毕恭毕敬但心里并不服气。

"怨恨不在大小,可怕的只在于人心向背。水能载舟亦能覆舟,所以应当慎之又慎;腐朽的绳子怎么可能控制飞奔的车子,这里的危险岂可视而不见?"

那么,怎样才能将危险不仅看在眼里而且记在心上呢?魏徵在这里提出

了有名的"十思"之论,成为永恒的经典:

"身为人君,如果看到自己喜欢的东西,就能想到要知足,以此来自我警诫;将要大兴土木,就想到应该停止,以使百姓休养生息;念及位高而险重,就想到应谦虚和蔼而加强自我修养;畏惧或自满时,就应想到江海纳百川的大度;陶醉于游猎欢愉之时,就应想到古代帝王一年三次狩猎的适可而止;忧虑自己懈怠政事时,就应想到做事必须慎始敬终;担忧信息闭塞、上下蒙蔽,就应想到虚心纳谏以听取臣下的意见;想到谗言奸邪的危害,就应想到端正自己以黜恶防污;施行奖赏时,应想到是否因一时高兴而乱赏、错赏;准备处罚时,应当想想是否因为一时恼怒而滥罚、错罚。人君若能做到这'十思',弘扬忠、信、敬、刚、柔、和、固、贞、顺九种美德,选拔贤能之人而用之,采纳好的建议去实施,那么智者就会尽献其谋,勇者将竭尽其力,仁德之人会广播其贤德,诚信之人则报效其忠诚,文武百官争相为国出力,君臣之间相安无事。这样一来,君王就可尽情享受游猎之乐,可像赤松子、王乔一样长寿,还可像舜帝那样弹起五弦琴唱着《南风》歌,垂衣拱手而百姓自我教化,无所作为而天下大治。明君圣主实在不该劳神费心代替下属处理政务,役使自己聪明的耳目却毁弃了无为而治的治国之道。"

面对一个月内连续两道疏奏,唐太宗李世民亲手写诏书回复魏徵。太宗皇帝这样说:

"我看你屡次上表疏奏,实在是忠诚之至。你所谈论的都很符合实际,我在翻阅时竟然忘记疲倦,经常看到深夜。如果不是你关心国家的感情深厚,重大义而欲启发开导于我,怎么能将这些治国安天下的良策写出来给我看,匡救我的不足呢?

"我听说在历史上,晋武帝平定东吴后,一门心思追求骄奢淫逸,不再留心治国理政。当时的丞相是何曾,退朝回家后对自己的儿子说:'我每次上朝面君,他都不关注治国的长远之策,只说些平常话,这不是能把江山社稷传留给子孙的人,但你们这代人尚可免除杀身之祸。'又指着他的孙子说:'这一辈人一定会遇到乱世而死。'后来何曾的孙子何绥果然被东海王司马越滥用刑罚杀死。世人都赞赏何曾有先见之明,可是我不这么认为,我觉得何曾不忠于他的国君,罪过很大。作为人臣,就应当上朝时考虑为国尽忠,退朝后考虑修身补过,想办法辅助国君成就大德美名,设法匡正君主之过错。如此君臣同心共治国家,才是正道。可是何曾不是这样的。他位居丞相之职,名高望重,本应该直言不讳地严正劝谏,阐释治国的正道来辅治国政。可是他当堂不言,退朝后才说那一番议论,这样的人怎么配得上用明智来赞美?这真的很荒唐!眼见国家危亡而不扶持,这样的人怎么配当丞相?今天看到你魏徵上疏所陈述的意见,使我得以知道自己的过失。所以我将它置于几案之上,就像西门豹佩软皮、董安于佩强弓那样随时警诫自己,将自己在这一方面的不足从另外一方面补偿回来,力争使君臣关系如股肱般良好,而不只是虞舜与皋陶之间才如此,要让君臣之间如刘备与孔明那样的鱼水关系明显地出现在今天。

"虽然我亲自回复你善言佳谋有所迟缓,但仍希望你不怕冒犯,毫不犹豫地直言我的得失。我将虚怀若谷、心平气和,恭敬地等待你的佳音。"

那么,接下来还会发生怎样的故事呢?且听下回分解。

第三回
论政体群臣议得失　抓机制太宗喜纳谏

　　话说在贞观之初，唐太宗李世民跟太子少师萧瑀说起一件有趣的事，这事与弓箭有关。大家都知道，李世民是马上皇帝，能征善战，骑过不少战马，用过不少弓箭，且从小就喜欢弓箭，所以自认为很了解弓箭的奥妙，对弓箭的好坏能说出个所以然来。可是这一次的经历却让他有了新的感悟。

　　这究竟是怎么回事呢？还是听听太宗皇帝的说法吧。

　　他对萧瑀说："最近我得到十几张上好的弓，就拿给造弓的匠人师傅看，没想到弓师说这些都算不上是上好的弓。我就奇怪：这怎么可能呢？难道我得到的不是天下最好的弓？于是我就询问这其中的缘故，弓师回答说：'这些弓固然制作精良，但木心不正，木纹歪斜，弓虽然刚劲，射出的箭却飞不直，不一定能射中目标，所以说算不上是好弓。'弓师的一席话让我领悟到其中的深刻道理。我虽用弓箭平定天下，用过的弓箭够多了，却一直没有弄明白弓箭的奥妙。"

　　如果太宗皇帝仅仅是就事论事说弓箭的事，充其量就是君臣之间的闲聊罢了。但太宗皇帝没有局限于此，而是由此及彼，从这件事引申出更重要的话题，使得这一场看似日常中的君臣对话成为探讨治国理政的专题讨论。

　　太宗皇帝这样讲："我使用弓箭那么多，尚且不能明白弓之奥妙。那我就在想，我得到天下的时间并不长，对治国理政的了解肯定达不到对弓箭了解的程度。我品评弓箭尚且有错失之处，更何况谈论治国的道理呢！"

　　于是太宗皇帝下诏，指令京城里五品以上官员，轮流在中书省值夜班，每次召见他们的时候，与他们谈话，太宗皇帝都会赐座，询问外面的事情，通过这样的途径，使自己了解百姓的疾苦冷暖，体察施政教化的曲直得失。

　　各位看官，仔细琢磨太宗皇帝与太子少师萧瑀谈论弓箭一事，有三点值得我们品味：其一，对于领导干部来说，不以自己的经验自居，而是善于虚心听取专家的意见，才能够发现自己认识的不足、偏颇和错误；其二，领导干部要善于运用由此及彼的联想思维，通过借事说理，提升思维的层次与认识的高度，增加相互交流的"含金量"，这样有助于提升工作水平，比如李世民从论弓之优劣,感悟治国之道;其三,领导干部要善于把正确的认识贯彻到实践中,增强执行力,狠抓落实。太宗皇帝李世民治国理政取得卓越的成就,其原因从这里可见一斑。

贞观元年(627),太宗皇帝对传达诏命的黄门侍郎王珪谈起一件事,表达了自己对一些行政机构和朝廷官员推诿责任、放任错误做法的强烈不满。黄门侍郎是当时唐朝门下省的副职、二把手,那么这个门下省又是怎样的机构呢?为了帮助大家理解历史背景,我们先简单介绍一下唐朝的行政机构设置情况。

唐朝实行的是"大部制"机构设置,很大程度上沿袭了隋朝的体制,形成"三省六部"的行政架构。三省就是中书省、门下省、尚书省,是最高行政级别,现在的日本也是用"省"来表示行政机构,这应该是学习唐朝制度并沿袭至今的结果。中书省是最高权力机关,有决策权;尚书省是执行机构;门下省主要职能是审议最高决策,负责审核朝廷奏章,复审中书省的诏敕,如果发现有错误或不当之处,可以驳回。六部就是常说的"吏、户、刑、兵、礼、工"。

介绍完这些内容,我们接着说李世民与黄门侍郎王珪的谈话。

太宗皇帝说:"中书省所拟制、下达的诏敕,门下省颇有些不同意见,有时互相都有错误疏忽,都能够互相纠正。原先我们设置中书省、门下省,本意就是为了互相防止过错失误。人们的意见常有不同,存在是非正误,这本来都是为了国家政事。但是现在有的人袒护自己的短处,忌讳听到别人指出自己的过失,不管别人说得正确与否,都会心生怨恨。有的人苟且从事,为避免和别人结仇怨,互相照顾颜面,明知决策不当,却将错就错立即执行。不敢违背一位长官的旨意,顷刻之间就造成对万人的祸害。这实在是亡国之政,你们需要特别注意防范。"

针对上述看似一般、实则严重的问题,太宗皇帝李世民深刻指出:

"想想隋朝的时候,里里外外、上上下下的官员,处理政务总是犹豫不决、模棱两可,因而导致祸乱。遗憾的是很多人并不能深刻地思考这个道理,当时他们都不认为祸患会落在自己头上,所以阳奉阴违,不觉得这会带来灾难。等到大乱爆发、大祸临头,身家性命与国俱亡,虽然有人侥幸逃脱,保全了性命,但也是历经千辛万苦、九死一生,最后还要受到舆论的谴责。实在不该呀!

"我说这些,就是提醒你们,务必要摒弃私心,一心奉公,坚守做人为官的正道,处理各种事情时就应当相互启发、彼此告诫,千万不要上下一个样,明知有错却不直言指出,更不加以纠正。"

说起这个王珪,还真不简单。太宗即位后,王珪便担任谏议大夫,贞观元年(627)迁升黄门侍郎,贞观二年(628)升任侍中,就是门下省的正职、一把手。他对自己的评价是"激浊扬清,嫉恶好善",这个自我鉴定可以说很高调,一点也不谦虚,却得到太宗皇帝和大臣们的认可。王珪能够在门下省这样一个审议最高决策、有权驳回中书省诏敕的重要部门很快从二把手升迁为一把手,也从一个侧面反映了这个人的能力水平和品德。

贞观二年(628)的时候,太宗皇帝又一次向王珪提出一个问题:"近代的君臣治理国家,大多数比上古的君臣要拙劣,这是为什么呢?"

王珪回答说:"古代的帝王为政治国,大多数都崇尚清静无为,总是以百姓之心为心,想百姓之所想。近代的君王则只图损害百姓利益来满足自己的贪欲,其所任用的大臣,不再是精通经学儒术的人。而汉朝的宰相,无一不精通一门经典,朝廷遇到疑难之事,大家都能引经据典做出正确的决策。正由于如此,人们才懂得礼仪规范,国家安定太平。近代重视武备而轻视儒学,或者参照法令刑律,使儒家提倡的道德规范受到损害,淳朴敦厚的民风也受到很大破坏。"

王珪的一番论述,与李世民登基之初所提到的为君之道的观点高度一致,因此深得太宗皇帝赞赏。也正是因为有这次探讨交流,太宗皇帝立即把王珪提出的正确建议付诸实施。自此以后,百官中那些有真才实学、懂得治国之道的人,大都能不断晋级、多次升迁。

到了贞观三年(629),太宗皇帝对侍臣继续发表重要讲话,对他们的具体工作提出明确要求。他说:

"中书省、门下省,都是掌管军国大事的关键部门,所以要选择有才干的人担任这些部门的重要职务,委任他们处理极其重要的事务,如果认为皇帝颁发的诏敕有不妥、不当之处或不便、不宜施行之策,必须坚持己见,直言论之。但是近来我只觉得他们阿谀奉承、唯唯诺诺、顺从上情,草率地通过诏书文告,竟没有一句谏言,这难道是正常的现象吗?真是岂有此理!

"如果这些人的工作仅仅是签署诏敕、颁行文告的话,哪个人不能胜任呢,又何必劳心费神地选择人才委以重任呢?所以我要申明,自今以后,如果认为诏敕文书似有不稳妥、不便施行之处,就必须坚持自己的观点,直言以谏,不得畏惧退缩,明知其不妥而保持沉默。"

可以说,唐太宗的这番讲话针对性很强,起码包含三重含义:一是对高级官员工作重要性的阐释;二是对部分高级官员工作现状的严厉批评;三是对今后工作的改进意见和督促要求。

如何确保行政体制有效运转,确保各级官员恪尽职守,一直是太宗皇帝深思的问题。贞观四年(630),太宗皇帝又一次与萧瑀展开对话,这次以隋文帝为例。

太宗皇帝问萧瑀:"你觉得隋文帝是怎样的皇帝呢?"

萧瑀回答说:"隋文帝是克己复礼、勤劳思政的典范。他每次坐朝理政都很用心,以至日头西斜还在忙碌;召见五品以上的官员,都会亲赐座位,谈论国事常常忘记吃饭时间,只好让侍卫送些简单的饭菜食用。他虽算不上仁慈明智之君,但也够得上是励精图治之主。"

各位看官,尽管唐王朝是在灭了隋朝之后取而代之的,但萧瑀所说的隋文帝的情况,基本上都是事实,可信度还是很高的。而且敢于在当今皇上面前这样评价前朝之君,还真需要一点勇气。

太宗皇帝针对萧瑀的说法,表明了自己的观点:"你说得固然不错,但只知其一不知其二。"

原来,太宗皇帝对前朝隋文帝有自己的认识和评判标准。他这样展开自己对隋文帝的分析:

"隋文帝这人是个矛盾体,他性格过于审慎而心智不明。心智不明就察觉不到自己的过失,性格过于审慎就会对他人心存疑虑。他通过欺负孤儿寡母而取得天下,唯恐群臣对他心有不服,因而不肯信任百官,所有政务事无巨细他都要亲自决策处理。这样一来,一方面他很辛苦,费心劳神却不见得能把所有的事情都处理得合情合理;另一方面,朝中大臣知道他的心思,不敢也不愿直言劝谏,宰相以下的官员,都只是顺承他的意愿而已。"

各位看官,同样一件事,同样是分析隋文帝处理朝政,萧瑀和唐太宗李世民的观点就有很大差异。萧瑀只看到了隋文帝操劳政务废寝忘食的表象,而太宗皇帝则透过表象看本质,直抵隋文帝的内心深处,从性格和心智来分析他的致命缺陷。

通过分析隋文帝的所作所为,李世民亮出自己的观点:"天下太大了,举国之内有这么多人,每天发生的事情千头万绪,必须要不拘一格,从实际出发,灵活处置。这就要把事情交给百官商议,由宰相认真筹划,对于那些要处理的事情,安排得稳妥便利,才可以呈奏施行。日理万机,怎么可以由一个人独断呢?况且一个人如果每天处理十件事,其中可能有五件会出现偏差,处理正确的当然好了,那么出现偏差的又该怎么办呢?如此日复一日,日积月累,错误的事情会越来越多,国家怎会不走向灭亡呢?"

各位看官,太宗皇帝李世民的分析很有道理吧?身为最高领导,一定要善于透过现象看本质,透过表象看真相,透过现状看趋势,一定要有联想思维,一定要从发展变化的角度看问题。这才是一个优秀的领导干部应有的、应该达到的高度。

那么,问题看清了、认识到了,接下来该怎么办呢?能有效解决问题的做法是什么呢?这一点,唐太宗李世民依然有自己的观点:"为君者应该尽可能多地任用贤良之人,自己身居高位而又能详察下情、严肃法纪,看看谁还敢胡作非为?"

太宗皇帝想到了,也说出来了,接着他就要落实到行动上。于是他下令所有的官署,如果发现诏敕文书尚有不稳妥之处,必须坚持己见、立即上报,不允许顺承旨意、不负责任地去施行。只有这样,才算尽到了臣下的职责。

欲知后事如何,且听下回分解。

第四回
话治国,治国犹养病　论理政,理政当戒骄

书接上回。

唐太宗李世民自登基以来一直在思考一个重大的问题,那就是如何更好地治国理政。他多次与侍臣探讨,发表自己的观点,并且不断落实在体制建设的实践之中,持续时间达数年之久。

话说在贞观五年(631),有一次,太宗皇帝在与侍臣的交流讨论中,提出一个很生动形象的说法,即"治国与养病无异"。治理一个国家就如同调养一个病人,二者的道理是一样的。

这具体又是怎么回事呢?且听我慢慢道来。

太宗皇帝跟侍臣们讲:"治国与养病是一样的道理。当病人感觉自己的病已经治好,身体已经康复的时候,更加需要调养呵护,一旦松懈,不慎触发病根,致使疾病复发,就极有可能导致送命身亡。这虽然说的是治病,但我想治理国家也是这么个道理。当天下稍微安定的时候,尤其需要为政者加倍兢兢业业、谨慎小心,如若以为天下无事而骄奢淫逸,必然导致政息国亡。"

各位看官,咱们仔细琢磨琢磨,还真是这个理。一般谈论如何治国理政,总会觉得这是一个高大上的问题,比较抽象,不好说也不知从何处说起。但是如果谈论如何治病、防病,那就好说多了,容易发表自己的体会和观点。其实,很多时候,把抽象、晦涩的理论问题具体化、生活化、形象化,是很明智的分析方法。

太宗皇帝继续说:"现在天下安危,系于寡人一身,所以我必须一天比一天谨慎,即使有所成绩也不敢自傲自夸,至于耳目股肱的作用,全寄托在众卿身上。既然君臣一体,就应当协力同心。如果众爱卿发现我处事有不当之处,就应当极力规谏而不能有丝毫隐瞒。君臣之间倘若相互猜疑,不能完全说出肺腑之言,实在是治国理政之大害啊!"

各位看官请注意,身为大唐皇帝,李世民在这里提到的两个重要观点值得深思:一是治国与养病同理;二是君臣本为一体。因为治国如养病,所以任何时候都不能掉以轻心;因为君臣本为一体,所以就当协力同心。唯其如此,

才会有国家大业的健康可持续发展,才会有和谐共赢的结果。

作为君主的耳目股肱,大臣们该怎样发挥好作用呢?对这个同样重大的问题,李世民有他自己的认识和要求。

贞观六年(632),太宗皇帝对侍臣说:"我看那些古代的帝王,有兴起有衰亡,就好像天有早晚一样。由盛转衰,都是因为闭塞了自己的耳目,无法发现治国理政的得失。那些忠正之人不直言劝谏,邪恶谄媚之徒一天天得势,君王看不到自己的过失,所以导致败亡。"

接着,太宗皇帝不无感慨地说:"我现在坐拥天下,但居于深宫,不可能看到天下所有的事情,所以才将了解民间下情的事情委托给众卿,由你们充当我的耳目。你们千万不要以为天下无事、四海安宁,就不小心在意。记得《尚书》里说:'可敬爱的不是君王吗?可敬畏的不是百姓吗?'我告诉各位,身为天子,如果有道,那么百姓就拥戴他;如果无道,百姓就抛弃他。这真的很值得敬畏!"

面对太宗皇帝的精到分析和感慨,魏徵接过了话茬儿。

魏徵说:"自古以来,那些丧失国家的君主,都是因为在天下安定之时而忘记了危险的存在,处在和谐之中而忘记了混乱的隐患,所以帝业才不能长久。现在陛下拥有天下,国家内外清平安定,却依然能够留心长治久安之道,保持如临深渊、如履薄冰的谨慎小心,我想,国家的运程自然绵延久长。臣下记得古语说过:'君王如舟,百姓似水,水能载舟,亦能覆舟。'陛下今日所言,认为百姓可敬畏,真的很深刻,也的确如此。"

各位看官,贞观年间这样的君臣对话,其实就是那个时代最高领导层的专题学习讨论或者专门工作会议。在封建帝王时期能有这样的学习机制和工作机制,真的是超乎想象、超越现实的存在,"贞观之治"与这一机制之间应当有一定的因果关联。

贞观六年(632),在一次高层集体讨论学习中,太宗皇帝发表重要讲话:"古人说:'危而不持,颠而不扶,则将焉用彼相矣?'看到国家危急不来扶持,发现社稷倾覆不去扶助,怎能用这样的人来辅佐朝政呢?君臣之间义大责重,怎能不尽忠匡救呢?我读书的时候,看到暴虐的夏桀杀了敢于直谏的关龙逄、汉景帝诛杀直臣晁错这样的事例,常常掩卷叹息。你们各位如果能够正词直谏,对国家的政治教化有所裨益,请你们放心,我绝不会因为你们犯颜逆旨而妄加诛责。不过,我近来临朝处事,也有些不符合国家法令的,你们都认为是小事,也就不提出自己的意见。可是你们想过没有?大事都是由小事发展而来,小事不追究,等到成了大事就无可救药了,江山社稷倾覆,莫不由此造成。远的不说,就以隋朝为例,隋主残暴,最终身死匹夫之手的时候,全国百姓中很少有为他悲痛的。你们也为我想想隋朝灭亡的事,我为你们想想关龙逄、晁错被杀的事,如此,君臣之间相互保全,岂不美哉?"

说话间就到了贞观七年(633),在一次非正式的谈话中,太宗皇帝与担任秘书监的魏徵等人又聊到了治国理政的得失问题。

太宗皇帝说:"现在,国家处在天下大乱之后,短时间内不可能得到治理。"

魏徵却回应说:"不是这样的。但凡人在危困的时候,就会担忧死亡降临;担心忧虑死亡,就希望国家安定太平;希望国家安定太平,就容易接受教化。这就和人在饥饿的时候容易接受食物是一样的道理。"

太宗还是觉得不大可能,所以又说:"贤明的人治理国家也需要百年之久才能最终消除残暴、废除刑杀。在天下大乱之后就希望天下太平,怎么可能在短时间内实现呢?"

魏徵也就再次展开自己的观点:"陛下这是按照常人的思维来想问题,不能用在圣明君主身上。如果是圣明君主施行教化,上下同心协力,百姓就会积极迅速地响应。虽然圣君并无追求立竿见影、收迅捷之效的心意,但也会很快取得成效的。我想一年之内就见成效,应该不是很困难,如果说三年实现,在我看来还有些慢。"

听魏徵这么一说,太宗皇帝觉得有点道理,也许真的能够短时间之内收到明显效果。那么,贞观年间的历史事实究竟验证了他们君臣二人谁的观点呢?

据史书记载:太宗刚即位的时候,霜旱并发,粮食价格飞涨,又有突厥在边疆不断侵扰,许多州县发生骚乱,社会极不安定。可以说内忧外困,形势十分严峻。太宗皇帝心忧百姓,励精图治,崇尚节俭又大施恩德。当时,从京城长安到河东、河南、陇右一带,饥荒特别严重,一匹绢才能换一斗米。百姓尽管四处逃荒,但没有怨言,也还能相安无事。到了贞观三年(629),关中地区农业终于获得大丰收,四处逃荒的人都回来了,没有一个人逃散,可见太宗治国理政深得人心,社会治理很有成效。这主要还是因为太宗皇帝从谏如流,喜好读书学习,孜孜不倦地寻求治国安邦之士,把合适的人放到合适的位置。在改革原有体制弊端的同时,建立和推行行之有效的规章制度。每做一件事,都会举一反三,避恶求善,力求完美。当初,与太子李建成和齐王李元吉一起谋害李世民的人有成百上千之多,事情过去之后,李世民重用其中一些人作为自己的左右侍臣,坦然地面对他们,没有一点猜疑和隔阂,这才叫王者气度。与此相反的是,他对官员的贪污受贿行为深恶痛绝,发现一个处理一个,绝不赦免。不管是京官还是地方大员,但凡有枉法受贿敛财的,都会根据其犯罪情节从严惩处。正由于此,当时的官员大多清正廉洁,谨慎为官。太宗皇帝还特别注意控制有权有势的王公贵族之家和有钱的富豪大户,使他们畏惧国家法令而不敢明目张胆、狂妄无忌地欺凌平民百姓。当时的社会风气已经很好了,商旅之人在野外歇宿,不会有盗贼抢劫;因为犯罪率低、罪犯少,国家监狱里常常空荡荡的;百姓饲养的牛马猪羊遍布四野,住宅大门用不着关闭,真正是道不拾遗、夜不闭户。吉人天佑,农业生产连年好收成,粮食价格迅速回落,一斗米仅值三四钱。行人旅客从京城到岭南,从河东到东海,一路上用不着自带干粮,随便到路边哪户人家都可以吃到饭,尤其到了太行山以东的村落,过往的商旅行客都能得到优厚的供给和接待,有的在离开时还会收到馈赠。这些景象都是自古以来没有过的。

  这段历史记载或许有些溢美夸大,但至少说明"贞观之治"做到了三年大变样,也证明魏徵的观点具有合理性、可行性。

  可是当时封德彝等人并不认同魏徵的观点,他们提出:"夏商周三代之后,民风不古,渐趋轻浮讹诈,所以秦朝治国专用刑法,汉朝将仁义与刑法混杂使用,想实现民风淳朴,但都未能如愿。"

  对此说法,魏徵从历史演进的角度做了分析解读,他说:"五帝三王治国,并没有更换民众而实现了教化,行帝道而成就帝业,行王道而成就王业,全在于当时推行的治理教化。只要考察古代典籍所载,就可以知道这些事情。历史上黄帝与蚩尤交战七十余次,当时天下应该很混乱吧?黄帝取胜之后天下很快趋于太平。九黎作乱,颛顼征讨,取胜之后,也不失教化之理。夏桀暴虐,被商汤赶走,而天下很快得到治理。纣王无道,武王伐之,到周成王时期,也实现了天下太平。如果照你们刚才所言,人们逐渐趋于欺诈,那么到现在岂不都成了鬼魅,还怎么可能去教化呢?"

面对魏徵的深刻分析,封德彝等人无言以对,可是在心里依然觉得魏徵的观点不可取。只有太宗皇帝深信不疑,并且力行不倦,于是短短数年之间,便实现了国泰民安,击退了突厥的侵犯。

后来太宗皇帝对群臣说起这一过程,也是感慨万千。他说:"贞观之初,关于如何治国理政,人们有不同的议论,都说当今之世不能实行帝道王道。只有魏徵一个人规劝我这么做。我听取了他的建议,不过数年时间就使得我华夏安宁、远戎宾服。就连自古以来一直为我中原劲敌的突厥,现在他的酋长也身佩刀剑,甘愿做我的侍卫,其部落的人也开始改穿中原衣服。我之所以能取得这样的成就,天下治理达到今天的地步,都是魏徵的功劳啊!"

太宗皇帝回头对魏徵说:"美玉虽好,它还是在石头之中,若没有遇到好的玉工琢磨,就跟普通的瓦砾石块没什么区别;如果遇到好的玉工,就立即成为万代之宝。我虽然没有玉的品质供你切磋琢磨,但是多亏你用仁义约束我,用道德来光大我,才使我的功业达到如今的地步,你就是难得一遇的好玉工啊!"

看看,太宗皇帝给了魏徵多么高的赞赏和评价!

太宗皇帝善于思考、善于总结,在与侍臣的交流中常常有独到的见解。贞观九年(635),太宗皇帝与侍臣谈论隋炀帝,他说:"过去,刚刚平定隋朝都城的时候,看到宫中美女云集,珍玩无数,每个院子都是满当当的。都已经这样了,隋炀帝还觉得不满足,征敛掠取没完没了,加上不断东征西讨,穷兵黩武,老百姓不堪忍受,最终导致隋朝灭亡,这一过程是我亲眼所见。所以,我从早到晚孜孜不倦、不敢懈怠,只希望清静无为,使天下平安无事,老百姓没有太多的徭役,年年五谷丰登,人人安居乐业。我在想啊,这治国施政就像栽树,要确保树根不摇动,才会枝繁叶茂。为君者能够做到清静无为,何愁百姓没有安乐的生活?"

贞观十六年(642),太宗又对侍臣们提出一个尖锐的问题:"治国施政,有的是君乱于上、臣理于下,有的是臣乱于下、君理于上。如果把这两种情况放到一起比较,哪一种更严重呢?"

魏徵回应说:"君王用心理政,就能及时发现臣下的过错,处罚这一个人就能警诫上百人,谁还敢不畏惧威严而尽力尽职呢?可如果君王在上昏庸残暴,忠臣的劝谏不予采纳,即使有像百里奚、伍子胥那样的忠良贤臣,也不能匡救社稷倾覆之祸,避免国家败亡之难。"

太宗皇帝想了想,反问说:"如果确实像你说的这样,那么北齐文宣帝这样一个昏庸残暴的君主,杨遵彦在总理朝政的时候却用正确的方法辅助他治理好北齐,国势渐强,当时的人们都说'主昏于上,政清于下',这又该作何解释呢?"

不只太宗皇帝有这样的疑问,各位看官也一定有这样的疑问吧?因为这是历史事实,总该有它的道理,所以太宗皇帝才有这么一问。

只听魏徵回答说:"杨遵彦补救暴君的过失,拯救了北齐的百姓免于祸乱,但他有时候也是非常艰难的,这其中的危困只有亲历者自己能体会到。这样的状态怎么能与圣上严明、臣下畏法而直言正谏、君臣相互信任相比呢?简直不可同日而语。"

贞观十九年(645),太宗皇帝在一次高层领导集中学习讨论时又发表重要讲话:

"我看自古以来的帝王,因为骄傲自满而导致失败的,不可胜数。不用说那些远古的,就说晋武帝司马炎灭东吴统一全国,隋文帝杨坚出兵伐陈统一全国,这本来是开创帝业的大好事,可是他们坐拥天下后就越来越骄傲,生活越来越奢侈,自认为很了不起,所以臣子就不敢多言劝谏,国家政事也因此而松弛紊乱。

"想想我自己,平突厥,破高丽,兼并铁勒,席卷漠北,设置州县,边远的部族纷纷臣服,国家的声威日益广大。我很担心这样的情况会滋长骄傲自满,所以经常约束自己,处理国事到很晚才吃饭,忧虑治国有时通宵达旦。当看到臣下有谠言直谏可用于施政教化的,就应当擦亮眼睛,以良师益友来对待他们。我希望这样做,就可以使时局康宁、运道安泰。"

欲知后事如何,且听下回分解。

第五回
悦颜色为闻谏诤　纠过错当在始发

上回书说到太宗皇帝与侍臣讨论治国理政之道，频频有独到见解发表。那么这些大臣们在太宗面前又会怎样表现？是否会如李世民所希望的那样畅所欲言，无所顾忌地发表自己的意见和建议呢？别说，这还真就有问题了，且容我慢慢道来。

话说这太宗皇帝称得上是仪态威武、仪表严肃、气度不凡，这是一种集大气、霸气、杀气于一体的王者之气，很多进见的人在这样的气场之下都会举止失当，不由自主就乱了方寸。各位看官想想看，在这种情况下怎么可能融洽、自如地交流呢？正言直谏就更谈不上了。

李世民自己也知道这一情况，所以每当接见臣下奏事，必定显出和颜悦色的样子，希望营造一种轻松愉悦的氛围，好让大臣们不至于太过紧张，也好听到他们的谏言诤语，知悉治政施教的得失。

登基之初，太宗皇帝就对王公大臣们说："人想看到自己，必须借助明镜；人君想知道自己的过错，就要借助于忠臣。人君如果自以为贤能，臣子又不匡正其过错，那么想不陷于败亡之地都不可能。人君一旦失去天下，臣子也不可能独自保全身家性命。就像隋炀帝暴虐无道，他的大臣们都闭口不言，终于使他听不到自己的过错，结果国亡身死，他的大臣虞世基等最终也难逃被诛杀的厄运。这事刚刚过去，并不遥远，我希望你们引为鉴戒，当发现我处事有不利于百姓的，一定要直言规谏。这既是我的良好愿望，也是你们的职责所在。"

贞观元年（627），太宗皇帝又一次对侍臣们说："正直的国君任用了奸邪之人做臣子，国家一定治理不好；忠正的臣子侍奉昏庸之主，也很难治理好国家。如果正直之君遇到忠正之臣，那就如鱼得水，这样才会有天下太平、四海安宁。"

太宗皇帝谦虚地说："我虽然谈不上圣明，但幸好有你们多次匡正补救，我希望凭借你们耿直的谏言，共创天下太平。"

谏议大夫王珪代表大臣们表示说："臣下听说过木头顺着墨线就能锯直，

君主听从谏言就能圣明。所以古代的君主一定有直言诤谏的臣子,向国君谏言而不被采纳的时候就以死相谏。今天,陛下您开启圣明的思虑,听取臣民的意见,我等愚臣处在这个无须忌讳的朝代,愿意尽献自己的愚见。"

太宗很赞赏王珪的表态,并下令今后举凡宰相进宫商议国家大事,谏官一定要跟随进入,让他们也参与政事,如果有所规谏,一定要虚心采纳。

这就是唐太宗李世民的过人之处,他很善于用机制确保正确的方法能发挥作用。

贞观二年(628),太宗和侍臣们又一起研讨一个重要问题:面对君主的昏暗,臣下该怎样做才是正确的?

唐太宗李世民以一个典型案例引出话题,他说:"明君时常想到自己的短处,因而越来越圣明;昏君总是袒护自己的短处,因而越来越愚昧。隋炀帝喜好自我夸耀,显摆自己的长处,无视自己的短处,拒绝接受谏言,臣子实在难以犯颜进谏。相比之下,虞世基不敢直言,恐怕也不能算是大罪过。想当年,箕子装疯卖傻以自保,连孔子都说他是仁者。隋炀帝后来被杀,难道虞世基应该与他一起死吗?"

侍臣中有个叫杜如晦的回应了这个话题。说到这个杜如晦,此人还真不一般,有必要在这里略微介绍一下。杜如晦当年在李世民的秦王府担任兵曹参军,这是一个级别不高的职位,主要负责王府的安全、军务器械以及出行的仪仗等。当时府内人才济济,不断有人被调出,李世民为此很忧虑。房玄龄安抚说:"府中调走的人大多不值得可惜,只有这个杜如晦聪慧明智、通晓事理,是个辅佐帝王的人才。如果您只想保持藩王地位而无所作为,就用不上他;如果您想经营天下、成就帝业,没这个人可不行。"从那以后,李世民就特别关注也特别敬重杜如晦。作为李世民的心腹,杜如晦运筹帷幄,剖析事理、做出决断都很迅速,深得同僚佩服。玄武门之变,杜如晦和房玄龄居功第一,因此他后来被升任太子右庶子,不久升任兵部尚书。贞观三年(629),他与房玄龄共同执掌朝政,当时唐朝中央政府的组织机构、人员规模、法令制度、礼仪规范等,都由他二人制定,得到世人的高度赞誉,把二人合称为"房杜"。

介绍完背景,书归正传,我们来看这个杜如晦究竟如何回答太宗皇帝的问题。他说:"天子如果有刚正直言的臣子,即便无道也不至于失去天下。孔子曾经称赞史鱼在国家有道的时候耿直如矢,在国家无道的时候依然正直如矢。虞世基怎么能够因为隋炀帝暴虐无道、不纳谏言就闭口不言呢?虞世基苟且偷安地居于重要位置,又不能自动解职请求退隐,这与箕子装疯而逃不是一回事。"

杜如晦真是见解非凡,而且敢于直言不讳,在这个话题上几乎是否定了太宗皇帝的观点。为了使自己的观点更有说服力,更能站得住脚,他借助一个历史故事来进一步证明自己的观点。

他这样说:"当年晋惠帝、贾后联手要废除愍怀太子,身为司空的张华竟然不能竭力净谏,屈从惠帝和贾后的旨意,苟且偷生以免杀身祸患。等到赵王伦起兵废掉贾后,派人捉拿张华,张华还为自己的行为辩解说:'废太子的时候不是我不说话,而是说了也不会被采纳。'派来的使者说:'你身为三公,太子无罪被废,你说话没人听,何不隐身而退?'张华无言以对,于是被使者杀掉,且祸及三族。"

杜如晦接着又引用太宗皇帝曾多次引述的一段话来论述自己的观点:"古人有言:'危而不持,颠而不扶,则将焉用彼相矣?'国家危急而不出手扶持,社稷倾覆而不加以匡正,怎么能够用这样的人辅佐朝政呢?正确的做法是面临死难而气节不改。张华既不能靠忠直劝谏成全节操,又不能以曲意顺从保全性命,他作为臣子的气节已经丧失了。虞世基处在能够说话进谏的位置,竟然连一句直言规劝隋炀帝的话都没有说过,实在该一起去死。"

太宗皇帝很欣赏杜如晦的见解,肯定了他的观点:"你说得很对。臣子一定要尽职尽忠辅佐,才能求得自身安全和国家太平。想那隋炀帝难道不是因为下面没有忠良之臣,了解不到自己的过失,罪恶积聚、祸患满盈,才招致灭国亡身的吗?所以说如果人主所行不当,臣下又不加以匡正补救,阿谀奉承,凡事都说好,如此君昏臣谀,危亡就不远了。我今天跟你们探讨这个问题,是希望我们君臣上下,都能尽力做到至公至正,共同切磋商议治国理政之道。你们务必竭尽忠诚,直言规谏,及时匡正我的失误;我也保证不会因为你们直言进谏、忤逆旨意就动辄责备发怒。"

一代君王能如此这般表态,还真不多见。太宗皇帝是这么说的,也是这么做的,他要求臣下竭力尽职,自己更是勤政不辍。

贞观三年(629),他对司空裴寂说起自己理政的状态:"近来大臣们上书奏事,条数太多,一时看不过来,我就将它们粘贴在房间的墙壁上,这样进进出出都能看到,以便我不断思考。我之所以这样勤勉、孜孜不倦地做事,一个很重要的原因就是想详尽地了解群臣的想法。常常因思考如何治理国家而忘记了时间,三更天才睡觉。我也希望你们也能用心不怠,这样才与我的心意相符合。"

裴寂这个人倒有些意思。当年在隋朝任晋阳宫副监,用晋阳宫所藏的粮食、武器等支援李渊起兵反隋。等攻入长安,又是他劝李渊称帝,所以他颇受高祖尊宠,被任为尚书左仆射。这个职位大致相当于宰相,掌握大权。后又改任司空,这在当时是一个位高而无实权的虚职。也就是这次与李世民谈话之后不久,他直接被免去职务,回了山东老家,再后来被流放广西。事后太宗皇帝念及他有辅佐君王创业之功,也想再征其入朝,可惜的是诏令到达的时候,裴寂已经身死。

时间一年年流过,太宗皇帝不断与大臣们交流自己治国理政的心得体会,这其中,情绪控制也是他关注的重要问题之一。

贞观五年(631),太宗皇帝对房玄龄说:"自古以来,帝王中多有任由性情喜怒无常的,高兴、喜欢的时候就任意赏赐无功之人,发怒的时候就滥杀无辜之人,这是导致国家混乱乃至败亡的重要根源。我现在从早到晚把这个问题挂在心上,常常希望你们能尽情极力规谏。同时,你们也应当接受其他人的谏言,怎么能因为别人的意见与自己不同就护短不纳呢?一个不能接受谏言的人,又怎么可能去规谏他人呢?"

"不能受谏,安能谏人?"太宗皇帝的分析,把"臣谏君"扩大延伸到"吏谏臣",也就是说,每一级官员都有责任向上一级官员提出自己的意见和建议,自己也必须接受下级的意见和建议。只有这样,一个下情上达的体系才是完整有效的。

贞观六年(632),御史大夫韦挺、中书侍郎杜正伦,与秘书少监虞世南以及著作郎姚思廉等人上密奏议事,很符合太宗皇帝心意。于是太宗皇帝就召见他们,并对他们发表了重要讲话。

太宗皇帝说:"我仔细研究发现,自古以来的臣子建立忠君报国的事业,如果遇上贤明之君,便能竭尽忠诚、进言规谏,但还有像龙逄、比干那样的忠臣竟然不能避免身亡家破、连累妻儿。做一个贤明的君主不容易,当一个忠直的臣子也很难啊!我听说龙是可以被驯养和降服的,不过它的颔下有一块逆鳞,如果触犯逆鳞,龙就要杀人。国君也是这样的。"

说到此,太宗皇帝话锋一转:"你们几个竟然不避触犯逆鳞,各自上密奏商讨国事。如果能经常这样做,我怎么会担心社稷倾覆呢?你们冒着生命危险忠恳规谏的心意,我没有一刻敢忘记。所以,今天召你们来,我设宴,咱们君臣共享欢乐。"

宴席结束后,太宗又赏赐给他们数量不等的锦帛,以资奖励。

各位看官可能会问,他们几位大臣在密奏中究竟说了些什么,竟然令太宗皇帝为他们设宴并赐帛?《贞观政要》虽然记载了这件事,但也没有揭秘具体内容,所以啊,这就算是一个历史之谜吧。不过,太宗皇帝回复韦挺时的一番感慨,或许多少能说明问题。

韦挺经常上疏打报告陈述治国理政的得失,太宗皇帝回复他说:"我看了你所写的奏章,都是十分中肯正直的肺腑之言,言辞和道理都很好,我特别欣慰。历史上,春秋时齐国发生内乱,管仲箭射齐桓公衣带钩;晋国发生蒲城之战,勃鞮剑斩晋文公袖口。但是齐桓公不因射钩之罪怀疑管仲,晋文公对待勃鞮一如故旧,因为他们知道犬吠非主、忠心无二的道理。家里养的狗只咬别人而不会咬主人,管仲和勃鞮当时的作为是各为其主、绝无二心的表现。你的深厚诚意,在奏章中完全体现出来了。如果能保全这种节操,就能保持美名;如果懈怠,就很可惜了。我殷切地希望你由始至终勉励自己,垂范将来,给后代留下美名,让后世的人看今天的事情就像现在的人看过去的事情,这不是很好吗?最近我很少听到别人议论我的过失,看不到自己的缺陷,全靠你竭尽忠恳,多次进献嘉言善语,如甘露滋润心田,你的诚恳忠直一时怎能说完!"

看得出来,唐太宗李世民对韦挺的嘉勉真的是情真意切,对他的期望也是有感而发。后来,太宗亲征辽东,命韦挺主管军资粮饷,但遗憾的是在这个重要的事情上,韦挺出现了不应该出现的差错,误了期限,被太宗皇帝罢免官职,废为庶民。此是后话,暂且不表。

贞观八年(634),太宗皇帝对侍臣们说:"我每次闲居静坐,就开始自我内省,只怕自己的所作所为上不合天意,下被百姓所怨。我只想得到正直的人匡正进谏,好使我的耳目与外界相通,使百姓没有怨气积压在心里。

"多年过去了,近来我看到前来奏事的人,大都有畏惧之心、惊恐之状,语无伦次。这只是普通的奏事,情况尚且如此,更何况要直言进谏,一定会因为畏惧触犯龙鳞而谨小慎微,不敢直言,这怎么能行!所以我告诉你们,但凡有谏言,纵然不符合我的心意,我也一定不会认为是忤逆犯上。你们想想看,他本来是要上前进谏的,如果我当场斥责,他一定心怀畏惧,还怎么敢说真话、直言进谏呢?"

难得唐太宗李世民在这个问题上将心比心,设身处地地换位思考,更难得他一再坦言自己不会对谏言者动怒加罪。前文说过太宗皇帝形象威严,表情严肃,令一些大臣举措失当。现在太宗皇帝推心置腹地一再表明自己的心迹,不会因为大臣直言进谏而发作怪罪。

善于控制情绪是一个人内在的形象建设,没有高深的素质修养很难做到。太宗皇帝深知这个道理,所以他能设身处地想透事理,努力营造使大家敢说真话的宽松环境。如果听到逆耳之言就大发脾气,只会导致阿谀奉承之风盛行。

可是,随着时间推移,太宗皇帝担心的事情还是发生了,朝中大臣议论政事的情况越来越少。贞观十五年(641),百思不得其解的唐太宗向魏徵提起这个问题:"近来朝中大臣都不议论朝政,这是为什么呢?"

太宗皇帝的疑问是有原因的。他深知自己形象威严、表情严肃,所以很注意外在形象,尽可能和颜悦色地与臣下交流商议国事;他深知闻逆耳之言而发作会阻断谏言之路,所以很注意情绪控制,尽可能不发脾气;他深知君臣高下有别,所以很注意营造宽松和谐的氛围,尽可能让大臣畅所欲言。按说自己该注意的都注意了,该做的也都做好了,为什么还是没有人站出来指出治国理政中的失误呢?难道说是自己领导英明,一点过错都没有?肯定不会是这样的。既然或多或少有问题、有过错,而大臣们却不肯指出来,这显而易见就有问题了。所以太宗皇帝才想要了解清楚这其中的原委,他特意向敢于直言诤谏、一贯实话实说的魏徵来询问。

魏徵思考了太宗皇帝的问话后回答说:"陛下虚心采纳臣下意见,臣下本来应该是有谏言的。古人说过:'未信而谏,则谓之谤;信而不谏,谓之尸禄。'不被信任的时候来谏言,会被认为是诽谤;被信任的时候不谏言,就是受禄而不尽职。可是陛下你应该明白,人的才能、气度各有不同。懦弱的人,虽有忠直之心,但不敢轻易说出来;被国君疏远的人,担心不被信任也不敢说出来;心中看重俸禄的人,忧虑对自身不利也不敢说出来。所以长此以往,大家互相保持沉默,随便应付,苟且度日,混一天是一天,只拿俸禄而不干活。"

各位看官,我们为大家简单归纳一下魏徵的分析:臣子不主动谏言发声,原因各不相同:水平低者说不出来;被疏远者无法表达;重名利者不想谏言。

这三种情况分别表现为言之无物、言之无门和无心言之。

太宗皇帝听罢魏徵的分析,觉得很有道理。想想看,对任何人而言,因为说真话、说正确的话而招致杀身之祸,肯定是最划不来、最得不偿失的事情,与其惹祸,不如不言。因此,大臣不谏言,不是大臣不忠,而是这事风险代价太大。想到这一点,太宗皇帝不禁感慨道:"的确像你说的这样。我经常想这件事,臣下虽然想进谏,但动辄畏惧死亡的祸患,这与大义凛然赴鼎镬而被烹、慷慨赴死迎利剑而遭砍没什么两样啊!所以,忠贞之臣,不是不想竭尽忠诚,而是太难了。大禹听到善言就拜谢,就是这个缘故。我现在敞开胸怀,采纳直言规劝,真的希望你们不要过分畏惧而不敢进谏。"

大概是魏徵的一番话给太宗皇帝印象深刻的缘故吧,过了一年,在贞观十六年(642)的一天,李世民与房玄龄等大臣又聊起这件事。太宗皇帝说:"自知者明,说起来容易,要做到却很难。就像写作之文士和巧技工匠,都觉得自己水平高超,别人比不上。可是如果把他们放在各自的领域里与其他人相比较,则谁优谁劣就自然显现出来了。这么说来,国君必须得有匡谏之臣来不断指出其过失。日理万机,若一人独断,即使再忧劳,又怎么能确保尽善尽美而不出差错呢?这让我想起魏徵,遇事总能随时规劝纠正,许多时候都切中我的过失。魏徵于我就像明镜,照见自己的形象,美丑全部显现。"

太宗皇帝有感而发,举起酒杯,赐酒给房玄龄等人以资勉励。

虽然太宗皇帝与诸位大臣在这个问题上不断深入交流,不断深化认识,但并不意味着这个问题就得到了彻底解决,也不代表唐太宗李世民的认识不会出现反复。这不,太宗皇帝与褚遂良的一番对话就是例子。

有一次,在与谏议大夫褚遂良探讨虞舜、大禹的时候,太宗皇帝提出问题:"历史上,舜帝制造漆器,大禹雕镂祭祀的俎器,当时规谏的就有十几个人。我觉得像这类装饰食器、祭器的小事,何必要苦苦劝谏呢?"

褚遂良回答说:"陛下,话不能这样讲,这怎能说是小事呢?雕刻器物会贻害农耕,织造彩带会耽误纺绩,这将导致自上而下的奢靡之风,这就是国家败亡的开始。今天做漆器,明天就会用金,后天就要用玉。所以刚正的臣子就要在一开始加以劝阻,等发展到一定程度,过失已经很多了,再劝谏也将无济于事。"

太宗皇帝闻听此言,想了想说:"你所言极是。我所做的事,若有不当,不论是刚开始,还是快要结束时,你们都应该进言规谏。近来我读前代史书,看到有的臣子向国君规谏,国君就回答说'已经办过了'或者'已经允许了',竟然不立即停止错误的做法并加以改正。这样下去,国家危亡的祸患很快就会到来。"

　　从这一段历史故事里,我们能够看到唐太宗李世民一直在鼓励大臣直言进谏,大臣们也是认真对待。真可谓:君臣俱深虑,何愁有败事?

　　接下来还有怎样的故事发生,且听下回分解。

第六回
得美人王珪谏言太宗不当　失骏马皇后巧说世民过错

话说贞观初年，有一天，唐太宗李世民在酒席宴上与黄门侍郎王珪交谈，当时有个美人在太宗身旁伺候着。有关黄门侍郎王珪的事，我们在前面已经介绍了，而关于美人在太宗身边侍酒这件事，有必要先给各位看官交代清楚：我们现代说美人，一般是指这个人长得漂亮，貌美如花，但是在唐朝，美人还是后宫妃嫔的封号，不仅有级别，而且级别还挺高，为正四品。说起这位美人，还真有点来历和故事。她本是庐江王李瑗的爱姬，而这个李瑗呢，正是高祖李渊的从父兄之子，也就是说李渊与李瑗是叔侄关系。但这个庐江王李瑗在贞观初被王君廓引诱谋反，事情败露后被诛杀。这样他的爱姬就被收入宫内，封美人号。

话题回到酒席宴上，唐太宗指着美人对王珪说："庐江王荒淫无道，密谋杀害了这位美人的丈夫而将她占有。李瑗暴虐到了极点，怎么能不灭亡呢？"

太宗皇帝是有感而发，也许还有一句潜台词，那就是：如此的美人，怎么能任由暴虐的庐江王霸占享用？他不配，所以我才在他被诛杀之后将美人收入宫中。

听了太宗皇帝的话，王珪立即站起来，躬身施礼，问了一个问题：

"陛下您认为庐江王强取这个美人，所作所为究竟对还是不对？"

太宗皇帝几乎是不假思索就亮出自己的观点："天下哪有杀了人又强取人妻的道理！"

话虽是这么说的，可是太宗皇帝再一想，不解地问道："爱卿拿这个明明白白的问题问我是与非，你这是什么意思？"

王珪不慌不忙地说："陛下容禀！我记得《管子》中记载：齐桓公到郭国，问那里的百姓郭国是什么原因导致亡国的，百姓回答说是因为郭国的国君喜欢善良的人而厌恶邪恶的人。齐桓公说：'如果像你们所说的那样，郭国的国君那真是一个贤明之君啊，又怎么会亡国呢？'老百姓说：'不是这样的！我们的国君喜欢良善之人但不能任用他们，厌恶邪恶之徒又不能远离他们，所以国家灭亡了。'"

说完这个典故,王珪话锋一转,说:"陛下,现在这个美人还在您的左右,所以我窃以为陛下心里是赞赏庐江王的做法的。如果陛下认为庐江王的做法是错误的,而又将其爱姬留在身边,那就是知道什么是邪恶而又不远离它了。"

太宗皇帝怎么也想不到王珪绕了这么一大圈,又是明知故问又是引经据典,竟然是为了巧妙指正自己在处理这件事情上的不当之处。再一想,王珪说得挺有道理,的确是自己在这个问题上考虑欠妥、处置不当。

可以说是一语惊醒梦中人。现在唐太宗李世民既然想通了,那么对王珪这一番分析,不仅不生气,反而还非常高兴,认为所言极是。于是呢,李世民立即下令把这个美人交还给了她的亲族。

各位看官,你不得不敬佩唐太宗李世民的执行力。当他觉得自己做法有所不妥时,即便如美人在侧这样的事,也会毫不犹豫忍痛割爱,使其离开。

看一个人对待自己过错的态度,不在于他嘴上怎么说,而在于其行动上怎么做。闻过则喜,从善如流,知错而能改,并且能立即改正,这样的执行力才是让自己走向正道的上佳选择。

在这个事例中,王珪敢谏言,更善于巧妙谏言;太宗皇帝能纳谏,不是只做做姿态,而是体现在行动中,立即改正。

我们接着说太宗皇帝知错能改的又一个故事。

爱美之心,人皆有之。美人不能爱,爱马总可以吧?太宗皇帝喜欢马,那是出了名的。很多人都知道昭陵六骏,那是唐太宗为纪念自己在建立唐王朝而东讨西伐、南征北战的过程中所骑乘的六匹战马,他命阎立德、阎立本兄弟二人用青石雕刻其英姿,置于自己陵前。

昭陵六骏暂且不表,单说太宗皇帝爱马惜马引发的一件事:

太宗皇帝有一匹骏马,特别喜爱,所以就单独饲养在宫中,而不是在养马场。可就是这匹享受优厚待遇的马,在某一天莫名其妙无病而亡。这下可了不得了,唐太宗李世民痛失爱马,一怒之下竟要杀了这宫中养马之人。

这件事惊动了长孙皇后。这位长孙皇后,可真是少有的贤内助。自小喜好读书,知书达理,重视礼节,生活俭约、朴素而不奢华,成为皇后之后,善于规谏,常常能够及时补救唐太宗李世民的一些失误。

面对怒火中烧的太宗皇帝,长孙皇后出面谏言规劝,她说:"陛下您应该知道,从前齐景公也曾经因为马要杀人,晏婴站出来,请求让自己先列举养马

第六回　得美人王珪谏言太宗不当　失骏马皇后巧说世民过错

之人的罪过,然后再行刑。晏婴是这样说的:'你身为养马之人,专司养马,而马却死了,你严重失职,这是你的第一条罪过;国君因为马死了而要杀养马之人,百姓听闻后就会埋怨国君,这会有损国君的英名,这是你的第二条罪过;诸侯听到这个消息,必然轻视我们的国家,这是你的第三条罪过。'齐景公当然已经听出晏子这是正话反说,其实是在暗示自己因马杀人的过错,于是赦免了养马人的死罪。陛下也曾在读书时看到过这个记载,难道此时此刻您就忘记了?"

还别说,这长孙皇后真不一般,她没有正面劝谏,而是巧妙借助历史上与之类似的著名例子,通过说故事的方式,委婉地表达了自己的意见。她不明说太宗皇帝此举不当,更不以皇后身份对自己的丈夫进行指责,她就是讲故事。唐太宗李世民是何等睿智的一代明君,经过长孙皇后这一番用心良苦的规谏,他的怒气逐渐缓和平息下来。一个有可能铸成严重错误的事情,就这么被消灭在了萌芽状态。

事后太宗皇帝对房玄龄说:"皇后在很多事情上启发我、帮助我,对我很有好处,真的很难得!"

据说在贞观十年(636)长孙皇后去世后,太宗皇帝痛惜不已,慨叹自己从此"内失一良佐",足以证明他对皇后的赞许。此是后话。

当然,不是所有的事情都简单到用几句话或者引经据典就能说清,有时候会因为一件事引发君臣争论。

各位看官且听我说。贞观七年(633),太宗皇帝准备要巡幸九成宫,出宫到别的地方游玩放松一下。九成宫在宝鸡麟游境内,距唐长安城有160多公里。这件事引起了一个人的注意,此人就是散骑常侍姚思廉。作为散骑常侍,他的职责就是在皇帝外出时伴随左右。本来嘛,皇帝去哪儿你就跟到哪儿,不出什么问题,这就算尽职尽责完成了任务。可是这一回他愣是觉得太宗皇帝此举不妥,所以进言规谏。

他说:"陛下高居帝位,要安定天下,救济百姓,应该使自己的欲望服从百姓的愿望,而不是让百姓服从自己的欲望。这样看来,陛下远离皇宫到别的地方去巡游作乐,这是秦始皇、汉武帝所做的事,不是尧、舜、禹、汤等圣明之君所为。"

看到姚思廉言辞恳切之至,唐太宗李世民不得不回复他,解释自己九成宫之行的原委。太宗皇帝这样说:"我患有气疾,每遇天气变热,病势就立刻加重。九成宫所在之地,夏无酷暑,利于调养,所以,并不是我内心喜好游玩而去那里。不过,我还是非常赞赏你直言规谏的诚意。"

太宗皇帝不仅不生气,反而赏赐五十段帛给姚思廉。

姚思廉规谏太宗皇帝九成宫之行,只是一例。早在贞观初年,时任凉州都督的李大亮也曾有过类似的举动。

事情是这样的:贞观初年,李大亮在凉州任都督时,曾经有一位由京城派出的使臣来到凉州,看见当地有极好的猎鹰,就暗示李大亮以此进献。这个李大亮表面上不说什么,却秘密地向太宗皇帝上了一道奏章汇报说:"陛下已经很久没有打猎了,而使者前来要猎鹰。如果这是陛下的意思,那就大大地违背了昔日的旨意;如果不是陛下的旨意而是使者自作主张,那就是陛下用人不当、用非其人。"

好一个李大亮,他竟然能从使者的言行想到这些问题,并直接向最高领导人说出来。如果真有此事,那是陛下您的不对;如果没有此事而是使者自作主张,那就是陛下您任人失察、用人不当。总之是太宗皇帝的错。

想想看,要是没一点勇气,一般人还真做不到。太宗皇帝看过奏章,回了一封信给李大亮。太宗皇帝这样说:"正是因为你兼有文才武略,志向坚贞刚强,我才将镇守边关的重任委托于你。近来你在凉州履职,声威业绩远扬边陲。每每想到你的忠心和勤政,我甚至在睡梦中也不能忘记啊!

"说到这个使者让你进献猎鹰,你没有曲意顺从,反而以古论今,从那么遥远的地方进献忠直之言,这一方面展示了你的真心,另一方面你言辞也恳切周到。我看了你的奏章,赞许感叹之情久久不能平静!

"有你这样的臣子,我还有什么忧虑?我希望你坚守这样的忠诚,自始至终一个样。《诗经》里说:'靖共尔位,好是正直。神之听之,介尔景福。'安于你的位置,忠诚正直地做人;神灵知道你的作为,会赐给你最大的福分。古人说,良言一句值千金。我觉得你所说的话,是非常可贵的。我现在赐你金壶瓶、金碗各一只,虽然没有千镒黄金之重,但都是我自用之物。你立志方直,竭尽臣节,至公无私;你担任职务履行职责,总是很称职。如今我以大任相委,表明对你的重托!

"我希望你在公事之余,抽时间多读一些古代典籍。所以我再赐给你一部荀悦写的《汉纪》,这部书叙事周密,文字简要,但内容广博,议论深刻,揭示了治国的根本和君臣大义。现在将它赐给你,希望你好好阅读、探究。"

各位看官,这就是正直之臣与圣明君主的故事。臣之正,在于面对不当、不妥敢于直言不讳;君之明,在于闻奏谏言而深明大义。

让我们继续。贞观八年(634),又发生了一件事。这一年,陕县丞皇甫德参上书议事,可能是言辞过于激烈,让太宗皇帝很没有面子,就说他诽谤朝廷,要治他的罪。

显然,这又将要铸成大错,需要有人站出来纠正太宗皇帝的错误决定。这时已经是门下省一把手、位居侍中的魏徵出面谏言。

魏徵说:"陛下息怒!过去,贾谊向汉文帝上书奏事,其中就说到:'有可以为君王痛哭的,也有为君王长声叹息的。'臣以为自古以来,上书奏事,通常多采用激烈而迫切的言辞,如果言辞不激烈迫切,就不能打动人主之心。正因为言辞激烈而迫切,就与诽谤之言很相似,还希望陛下能详察其所言正确与否。"

魏徵的意思很直接,看奏章主要看言语所及是否正确,是否有道理,而不要拿语气、措辞来评判。用现在的话来说,汇报工作,内容是第一位,语气、文辞并不一定重要。当然了,措辞精当、内容充实,二者完美结合那是最好。

在这件事情上,大概只有魏徵敢于站出来说这番道理,也只有魏徵能把这个道理说透,能够让唐太宗李世民改变自己的看法。果然,太宗皇帝在听了魏徵的论述之后,感慨地说:"除了你,别人是说不出这番道理的。"

事情的结局当然不是皇甫德参被治罪,而是太宗赏赐了他。

各位看官,我们讲述了太宗皇帝纳谏的故事,你们可能会觉得这些故事不管是辞退美人、不罪马夫,还是赏赐县丞,似乎都是些小事,在关乎治国理政、内政外交的大事上,太宗皇帝是否也能闻谏而纳、知错能改呢?还别说,《贞观政要》真就记载了这方面的典型案例。

贞观中期,具体哪年哪月没说,据史料考证应该是贞观十五年(641),太宗皇帝派遣使者到西域西突厥封立叶护可汗。这肯定是军国大事吧?问题是使臣还没有返回京城复命,太宗皇帝又派人多带金钱绢帛,到西域各国买马。这样的举措究竟对还是不对,又是魏徵第一个站出来直言劝谏。

魏徵说:"陛下派使臣去西域是以封立可汗为名,现在可汗还未立定,就又派人到西域各国去买马,那么,西域各国一定会因此而认定陛下封立可汗只是虚名,为了得到宝马才是本意。这样一来,即使可汗得以封立,也不会心生感恩;而如果可汗得不到封立,就会心生怨恨。西域各国得到这个消息,就不会敬重我大唐王朝。相反,只要让西域突厥得到安定安宁,那各国的宝马不用求取也会有人送来。过去汉文帝时,有人敬献千里马,汉文帝说:'我巡幸祭祀,一天走三十里;出兵打仗,一天走五十里。銮舆在前,副车在后,我单独骑千里马能走到哪里去呢?这根本就派不上用场嘛。'于是汉文帝赏赐路费,让献马之人牵马而回。汉光武帝时,有人献给他千里马还有宝剑,光武帝就用千里马拉鼓车,把宝剑转赐给骑士。当今陛下在治国理政上的所有作为,都远超大禹、商汤、周文王,怎么到现在反而要居于汉文帝、光武帝之下呢?再说了,当年魏文帝想搜罗求购西域的大宝珠,苏则劝谏说:'如果陛下的恩泽惠及四海,用不着搜求,那些宝珠也会不求自来的;反倒是搜求而得到的,未必称得上是珍贵的。'"

说完了这两个历史故事,魏徵对太宗皇帝说:"陛下纵然不仰慕汉文帝的崇高德行,难道也不敬畏苏则所说的话吗?"

还真管用,就魏徵这一番又是历史又是提醒的议论,太宗皇帝竟然全部听进去了。结果如何呢?《贞观政要》用这样一句话给这件事画了句号:"太宗遽令止之。"这事不做了,但太宗心里还挺高兴。

太宗皇帝不仅善于纳谏,有时候也会以幽默的方式表达自己的心意。贞观十七年(643),有位叫高季辅的大臣向太宗皇帝上了一道奏章,陈述治国理政的得失。这个高季辅在贞观初就出任监察御史,职位品秩不高,但权限大,他在工作中纠弹过错,从来不惧权贵政要,也是一个敢于直面问题、直言进谏之人。太宗皇帝曾赏赐金背镜,以表彰其清鉴。这次上奏章陈述朝政得失,太宗皇帝特意赐钟乳药一剂,也就是从钟乳石中提炼的补气健胃药。太宗皇帝对高季辅说:"爱卿上奏针砭时弊,如药石之良言,所以朕也用药物赐赠,以作报答。"

贞观十八年(644),太宗皇帝对长孙无忌等人说:"人臣对帝王,大多顺从旨意而不忤逆,没有人会与皇上对着干,总是用甜言蜜语取悦帝王。现在我提出问题,你们大家不要有任何顾虑,不要有任何隐讳,应该逐条说出我的过失,这才是我最希望听到、看到、得到的。"

长孙无忌、唐俭等人回答说:"陛下圣明,推行教化,天下太平,据我等观察,没发现什么过失。"

这时黄门侍郎刘洎站出来说:"陛下拨乱反正,艰苦创业,天下大治,实在是功高万古,的确像长孙大人等大臣所说。不过以臣所见,前不久有人上书奏事,也许是言辞道理不称陛下心意吧,陛下就当面追根责问,使奏事之人面有羞愧、心存悔疚退了下去。臣以为陛下这样对待上奏之人,恐怕不是鼓励人们进献忠言应有的做法吧?"

太宗皇帝想了想说:"这话说得对。我一定接受你的意见而改正。"

也许是太宗皇帝求谏、纳谏的作风起到了很好的表率作用,敢于直言不仅在大臣身上有反映,连太子也能直言进谏。

事情是这样的:有一次,不知是因为工作失误还是别的什么事情,太宗皇帝对负责皇家园林、苗圃、苑囿的穆裕大发雷霆,竟下令在朝堂之上将他杀掉。可想而知太宗该是多么愤怒。

这件事发生的时候,魏徵已经去世,所以大臣们没有人敢于站出来说话。这时候身为太子的李治冒着触犯天子盛怒的巨大风险进言劝谏,终于使得太宗皇帝的怒气消解。于是长孙无忌对太宗皇帝说:"自古太子进谏,都是在闲暇之时慢慢说,今天太子却能在陛下盛怒之时冒犯圣颜表明心意,实在是古往今来没有过的,实属难能可贵。"

太宗皇帝此时当然是听在耳中喜在心上。他说:"人与人长期相处,习性上自然会相互影响。朕自主政以来,虚心接纳臣下正直之言,也就有了魏徵朝夕进言劝谏。自魏徵去世以后,又有刘洎、岑文本、马周、褚遂良等人不断劝谏。皇太子自幼在我膝下跟前,他看到我喜欢进谏之人,于是也就慢慢养成了敢于进谏的习性,所以才会有今天的行为表现。"

太宗皇帝求谏、纳谏的故事还有很多,精彩值得期待。

欲知后事如何,且听下回分解。

第七回
唐太宗纳谏退妃嫔　张玄素力阻废乾元

书接上回。

前文我们说到了很多唐太宗君纳臣谏的故事,这是因为李世民在历代帝王中以纳谏闻名。这回书,我们继续给各位看官讲说太宗皇帝纳谏的故事,只是这段故事一波三折,很有传奇色彩,题目就叫"唐太宗纳谏退妃嫔"。

故事是这样的:

贞观二年(628),原隋朝通事舍人郑仁基的女儿年方十六七岁,出落得是花容月貌、沉鱼落雁,是个绝代佳人,当时没有人比她更漂亮。长孙皇后得知这个消息,访寻到这位美貌的年轻女子,请求将其留在后宫,作为妃嫔。能得到这位年轻貌美的女子,太宗皇帝当然是心中欢喜,也就决定聘纳此女,封为充华,位列后宫九嫔之列。这事说办就办,诏书已经下发,只是宣读册封诏书的册使官员尚未出发。就在这个时候,魏徵也不知道从哪里得到一个消息,说是这个姑娘已经许配给陆家了。于是魏徵急忙进宫对太宗皇帝说明此事,要阻止太宗皇帝在不明就里的情况下做出有损帝王形象的夺人之美的举动。

魏徵就这件事进言说:"陛下身为百姓之父母,抚爱百姓,就当以百姓忧虑为忧,以百姓快乐为乐。自古以来,那些有道明君,都能把百姓之心愿作为自己的心愿,所以自己住在楼台亭榭中,就想让百姓也都有安身之屋;自己一日三餐美味佳肴,就想让百姓没有饥寒之苦;自己眷顾妃嫔其乐融融,就想使百姓也有娶妻成家之欢。这些都是人之常情,也是人主应该做的。

"据臣所知,这个郑氏之女,很久以前就已经许配人家。陛下打算聘娶她的时候,既没有怀疑,也没有询问,此事一旦传播开来,疑问随之而来,难免让陛下有夺人之美之嫌,有损圣名。这难道是作为百姓父母的国君应有的道义吗?

"当然了,我听说的情况不一定准确,但唯恐损害了圣上的美德,所以不敢有所隐瞒,只能奏报。君王的一举一动都会被记录下来,我最大的愿望就是陛下对此事能特别留神和思虑。"

好一个魏徵,一张口就上纲上线。尽管他所依据的郑氏之女早已许配的消息只是道听途说，连他自己也没有十分的把握，但他还是斗胆直言，因为他觉得这事一旦是真的，就会极大损害圣上的美德和英名。当然，也许这是魏徵智慧过人的举动，用看似道听途说的口吻给太宗皇帝传递了一个确切的信息，好让太宗皇帝有面子，也有回旋余地。

绝色美女虽然令太宗皇帝心动，但魏徵的一番评说更令太宗皇帝震惊，思前想后也觉得这事有点不妥，严重一点说就是不怎么地道。他亲自写诏书答复魏徵，对自己的行为深刻自责，并且立即停止派遣册封的使者，下令将此女送还给她原许配的丈夫。

本以为纳谏言退妃嫔的事情就这么结束了，不料，朝中其他大臣这时又站出来，纷纷发表不同意见。左仆射房玄龄、中书令温彦博、礼部尚书王珪、御史大夫韦挺等均表示："说郑家女许配陆家，并无确切的证据，何况陛下为此已经举行了隆重的仪式，怎么可以中途停止呢？"

事情的反复就从这里开始。如果说大臣们对此事有不同看法和主张，倒也不值得大惊小怪。奇怪的是陆家这时出面表态了。

陆家上表说："我的父亲陆康在世时，与郑家过从甚好，时有相互馈赠。尽管有资财往来，但是当初并没有婚约交涉，两家没有结亲。外人并不知道这些实际情况，所以才有了那些妄自推断的传说。"

陆家的表态声明，应该说就已经否定了魏徵的意见，于是大臣们又劝太宗皇帝聘娶郑氏之女。

太宗皇帝感到很疑惑、很纠结，究竟是继续聘纳呢还是取消此事？说真的，太宗皇帝心里还是有点舍不得，可是又不能不在意魏徵的想法。于是他就问魏徵："此前你分析得有道理，群臣们的意见或许是顺从旨意，可是陆家为何要这么极力分辩，明确表示并无许婚一事？"

魏徵回答说："依我揣测，陆家的本意可以理解，他们这样的表态其实是把陛下与太上皇等同看待。"

唐太宗李世民一时没想明白，不知道眼前这事与太上皇有什么关系，怎么自己就等同于太上皇了？只好问道："此话怎讲？"

魏徵说："太上皇刚刚平定京城的时候，得到辛处俭的妻子，并渐渐对其宠爱起来。辛处俭当时任太子舍人，太上皇听到此事很不高兴，就下令将辛处俭调出东宫外，任万年县令。辛处俭心里纵然一百个不乐意，也不敢有半点怨言，他常怀恐惧之心，担心性命不保。现在陆家的处境也一样，陆爽认为陛下现在虽然宽容了他,可是担心以后会被暗加谴责和贬官,所以一再声明,自我表白,否认与郑家有婚约。他不得已而说出违心之言,完全可以理解,根本不值得奇怪。"

太宗皇帝听罢魏徵的分析,笑着说:"外面人的想法或许是这样,而我所说的,却未必能使大家都相信。"

太宗皇帝意识到了问题的严重性,为了消除人们的不信任,打消陆家的顾虑,避免大家因为这件事说三道四、妄加猜度,有必要郑重其事。于是太宗皇帝发出诏书,相当于专门下发文件,说:"现在听说郑家之女,先前已经受人礼聘。此前册封聘娶的时候,对此事没有详细审查,这是我的过错,也是有关官署的失职。现在我正式宣布,授郑家之女充华的诏册停止执行。"

到了这个时候,这件事才算结束。故事曲折,耐人寻味;谏言分析,值得品味。魏徵所言,说白了就是认为太宗这事做得不地道,有夺人妻之嫌,传扬开来,有损圣名,记录在册,就是污点。

既然这样做有损形象、有污名声,太宗皇帝立即启动纠错机制,从魏徵谏言开始,他一气做了如下动作:闻之大惊,心受震撼;高度重视,亲自回复;反省自我,深刻检查;立即纠正,停止册封。这一系列动作迅速干脆,以"女还旧夫"而告结束。

尽管后来又是大臣们劝纳,又有陆家表态并无婚约,令唐太宗心生疑惑和动摇,但这也是人之常情。唯有魏徵心知肚明,面对众说纷纭,面对太宗皇帝的疑问,他通过分析太宗父亲李渊当初的做法,透过现象揭示实质,才让太宗皇帝如梦方醒,这才有了太宗皇帝用行动改过之举,重新颁诏,承认过错,检讨机制,取消册封。

就这样,因为大臣的规谏,太宗皇帝不得不放弃聘纳绝色美女为妃嫔。两年之后,又发生了一件事,太宗皇帝再次因为大臣的规谏而放弃了自己的主张。

贞观四年(630),唐太宗下诏征调兵役,立即整修洛阳的乾元殿,以作为他外出视察巡狩时歇宿的行宫。没想到,政令到了专门负责审查政令得失的给事中张玄素那里,却被叫停。张玄素上书规谏,表达自己对此诏令的不能认同和不能接受。

他是这么说的:"陛下智虑周全,无所不及。您所下达的命令无论到哪个地方都会有响应,您心中有所欲求的事没有不顺当的。微臣就一直在想,那秦始皇成就帝业,是在周室余业的基础上整合六国的力量,统一天下,本打算把帝业流传万代,不承想只传到他儿子就灭亡了。我相信这是他放纵嗜欲、违背天意、残害百姓的缘故。由此可知,天下不可以单凭武力征服,神祇也不可以一味亲附倚仗。只有弘扬节俭,减轻赋税,慎终如始,才可江山永固、社稷无忧。"

张玄素的开篇就这么立意高远、有理有据,接着他从五个方面论述了不可立即修葺乾元殿的理由:

"方今之际,陛下承接百代君王之后,国家尚处凋敝之境,一定要用礼仪制度节制天下,而且陛下要以身作则、率先垂范。现在巡幸东都的日期尚未确定,就下令修葺行宫;诸位藩王到各自的封地任职,又要营造宫室。如此大兴土木,征发的人数就会很多,这难道是疲惫不堪的百姓所期望的吗?这是不可下诏修葺乾元殿的第一个原因。

"想当初陛下刚刚平定东都洛阳的时候,面对层层楼阁和宽广大殿,下令拆除,将其材料运往全国协调使用,举国百姓无不从心里敬佩陛下。哪有刚开始时厌恶前朝奢侈之状,现在又承袭其奢靡之风的道理?这是不可重修乾元殿的第二个原因。

"常常听说陛下要巡幸洛阳,却一直未见您出去视察,那么这样的安排就是做了并不急需要做的事情,是白白浪费人力、物力、财力的徒劳之举。国家现在并没有能够维持两年的积蓄,何必要搞出东西两都的排场呢?劳役过度,怨恨必生。这是不可重修乾元殿的第三个原因。

"百姓刚刚经历战乱,财力损失殆尽,幸得陛下施恩化育,初步得以自立自存,饥寒的威胁尚在眼前,生计尚不安定,三五年之内,恐怕难以恢复生机。为什么还要营造尚未确定巡幸的都城而夺取百姓本就疲敝的劳力呢?这是不可重修乾元殿的第四个原因。

"从前汉高祖准备在洛阳建都,娄敬进言分析了关中的地理优势,高祖当天就起驾西行,建都长安。难道高祖不知道洛阳居国土中心,贡赋到京的路程大致平均?只是它的地理形势不如关中险要稳固。陛下教化凋敝的百姓,改革肤浅的风俗,时间还不够长,民风还不甚和谐,斟酌这一切事实,还有东巡的道理吗?这是不可重修乾元殿的第五个原因。"

叙说了五条实实在在的反对理由,张玄素在奏章中接着说:"我也曾看到过隋朝刚造乾元殿时的情景,柱子和大梁都极为粗壮,如此大的木头不是附近所能生长的,大多来自豫章之地,采伐自赣南山中,需要两千多人拽拉一根,在下面装上由生铁铸成的轮子,因为用木轮的话,在拉动中容易发热着火。这样粗略算来,一根柱子的费用就高达数十万。准确核计,其余费用又数倍于此。看历史上,阿房宫修成,秦人四散;章华台筑就,楚人叛离;乾元殿完工,隋朝灭亡。况且陛下眼前的国力,怎比得上当时的隋朝?陛下承继天下凋敝残破的基业,役使饱受战乱创伤的百姓,耗费亿万钱财,沿袭百代君王的弊端,以此而言,其过失远远超出隋炀帝很多很多。我深切希望陛下思考这些事情,不要成为当年因为奢华而被由余耻笑的秦穆公,这就是天下最大的幸运了。"

各位看官,张玄素如此直言劝谏,也真的敢说话。尤其是他指出如果太宗皇帝这样做,其过错就比隋炀帝还要大,很可能成为被天下耻笑的对象。把话说到这个份儿上,你能想象唐太宗李世民看到奏章之后是怎样的心情?是恼怒气愤,还是伏案深思,或者是先怒后喜?

史书记载,唐太宗问张玄素:"你认为我不如隋炀帝,那么跟夏桀、商纣相比又如何呢?"

张玄素还是直言应答:"如果乾元殿最终兴修营造,就可以说陛下与桀、纣一样昏乱。"

太宗感叹一声,说:"我欠考虑、少思量,才导致失误到如此地步。"

太宗皇帝回过头对房玄龄说:"现在张玄素上表,洛阳乾元殿也实在不应该此时修造。以后果真有事要外出巡行,即使露天歇宿又算得什么苦?所有建造和征调赋役的事,即刻停下来。这事并不难处理,然而不惜以下犯上,自古以来就不容易,如果不是张玄素忠诚正直,怎能这么做呢?很多人的唯唯诺诺,赶不上一个人的直言进谏。所以我决定奖励他五百匹绢。"

这件事,就连以谏言闻名的魏徵也感慨不已,他说:"张公就有这回天之力,能扭转乾坤。可以说,仁者的话,能带来博大无比的利益和好处。"

重修乾元殿的事情,就这样在张玄素上书谏言之下被叫停。

欲知后事如何,且听下回分解。

第八回
斥奸佞魏徵谏言护同僚　表清白太宗愧悔误良臣

说起魏徵，人们总是首先想到他以敢于直言进谏而在历史上留下美名。不过细细想来，像魏徵这样的人臣还真不多见。魏徵之谏，不仅仅在于他的勇，在别人不敢出面说话的时候，他总能挺身而出；魏徵之谏，更在于他的识，很多问题别人也许想说却不知从何说起，他却总能一语中的，触及问题的实质，把问题说清、说透、说深刻。

这一回书，我们跟大家聊一聊魏徵谏言引发的故事。

话说贞观三年（629），唐太宗下诏宣示：关中地区免两年租税，其他地区减免一年。不久又有文书传下来说：已经抽调的壮丁继续遣发服役，已经缴纳的租税要献纳完毕，来年再作为折算依据。

这是怎么回事呢？说明白一点就是官家文件前后不一，互相打架，前一个诏书说减免租税，后一个文件说继续缴纳。

这事让魏徵又一次有了谏言的机会。魏徵上书说："我看到八月九日诏书，全国减免赋税徭役一年，这个消息令全国老少相互欢庆，人们都载歌载舞。现在又听到有新文书发布，说成年男子已征调服役的，要等服役期满后再折算为租税，已开始征缴的租税也应继续征缴，等到来年合计作为折算依据。这个消息，又令很多百姓感到失望。这种做法虽然最终是公平合理的，可是对于普通百姓来说，很难在一开始就理解朝廷的用意。他们用度不足，会认为是国家追悔前言、反复无常所致。

"我听过这样的话：'上天辅佐仁德的人，百姓帮助守信的人。'现在陛下刚刚继承帝位，亿万百姓都在关注您的德行。才发出庄重的圣旨，就有了改变的意思，这样做会使举国上下产生疑心，认为陛下就像四季失序那样不守信义。话说回来，纵然国家有亟须解决的危难，也不能做这样的决定，何况我们现在有泰山一样安稳的局面，为什么要这么做呢？我个人以为，那些为陛下出此主意的人，固然使陛下、国家在财利上有些益处，但在德行上则是大大的亏损。臣下的确智识短浅，但真心为陛下忧虑，还望陛下能稍微看看我奏章所言，仔细选择有益的事情去做。冒昧上书之罪，我甘愿承受。"

各位看官,魏徵谏言,有胆有识,按说太宗皇帝一定会有回应之言或者在政策措施上做出调整之举,但此事尚未解决,又来一事相扰。

简单说,就是当时临时负责选拔士卒的官吏,还有右仆射封德彝等人,都想把十八岁以上尚未成丁的男子(唐初法令,男子二十一岁成丁)抽调入伍充军。文书发出三四次,魏徵都执意上奏,认为此举不可。

没办法,封德彝只好再次上奏说:"现听负责征兵的官吏说,在尚未成丁的男子中大有身体健硕的人。"

封德彝这话说得很巧妙,等于是给唐太宗李世民传递了一个信息:可以征调入伍的人有的是,魏徵却一再反对,明显没有道理。

果然,太宗皇帝知悉之后,对魏徵非常生气,就发出诏令:"中男(十六岁到二十二岁)以上,即使没有年满十八岁,只要身体健壮、体形高大,也可抽调入军。"总之一句话,就是用红头文件的方式,强力抓丁充军。

没想到的是,尽管朝廷态度很坚决,而且圣上也发出诏令,魏徵还是不服,不肯签署文书。无奈,太宗皇帝只好召见魏徵和王珪,并严肃地对魏徵说:"中男之中如果真有身材矮小的,自然不会抽调他们入军;但如果身形结实健硕,就可以抽调入军,这对你有什么妨碍?你现在做得这样固执、过分,我真不理解你的用意何在!"

面对太宗皇帝的诘问,魏徵也一脸严肃地回答:"臣听说竭泽而取鱼,不是得不到鱼,但来年则肯定再无鱼可取;焚林而狩猎,不是打不到猎物,但来年肯定再没有猎物。现在如果连尚未成年的男子也尽数抽调入军,那么田租赋税和各种徭役将从哪里获得呢?况且近年来国家的卫戍士兵攻击作战能力不行,难道是因为人少吗?只是因为他们没有得到应有的待遇,从而导致作战斗志下降、精神萎靡不振。如果再多多抽调人去,仍旧充当杂使、做杂役,人数虽多,终究还是没有大用处。换个思路和方法,如果精心选拔身体健壮的成年男子,以礼相待,我相信他们会百倍地勇敢作战,又何必像现在这样多抽调人呢?陛下常说,我当国君,以诚信待人,务求官吏、百姓都没有狡诈虚伪之心。可是,我斗胆一言,自陛下即位以来,大的事情才处理了三四件,还全是不讲信义的,那么用什么来取信百姓呢?"

当着皇上的面,而且是在皇上正发脾气批评自己的时候,还能这样直言质问,并且还断言皇上处理的几件大事全都不讲信义,除了魏徵还能有谁呢?

不过他既然能这样问,心里就一定有应答之辞在候着。果然,太宗皇帝

第八回　斥奸佞魏徵谏言护同僚　表清白太宗愧悔误良臣

听闻魏徵一席言辞,面露惊愕之色,略微思忖,便再问魏徵:"依你所言,朕不讲信义之事,都是哪些呢?"

魏徵不慌不忙,慢慢道来:"陛下刚即位的时候,即下诏书:'拖欠的田租、久积的债务,以及亏欠官家的物资,全部免除。'当即命令主管部门列出免除的事项条款,但秦王府所征租税和财物,却不在官物之列。陛下是从秦王当上天子的,既然秦王府所征之物都不算作官物,其余还有什么东西可算作官物呢?

"另外,关中免二年田租户调,关外免除一年的赋税徭役,百姓蒙受皇恩,无不欢欣喜悦。可是没过几天又有文书说,已经征调的壮丁还要服役到期满,已经开始缴纳的租税仍要全部收取,所应免除的都从明年开始,壮丁遣散还乡后才改变征收赋税的办法。这样的规定,百姓心中不可能没有埋怨,还怎么取信于民?

"还有,共同治理国家的责任,还有赖于刺史、县令这些地方官,平常收取租税,悉数委托他们,到了选拔壮丁的时候,却又怀疑他们有欺诈虚伪的行为。这样,希望属下诚守信义不也就变得很难了吗?"

好一个魏徵,一口气有条有理地分析了三件事情,回答了太宗皇帝的疑问。

太宗皇帝想了想,不得不承认:"我见你固执不已,开始怀疑你并不了解这些事情的真实情况。现在听你这么一说,国家不守信义,看来是我不了解民间情况。我没有认真思考就做出这样的决策,过错是很大的。处理事情如果常犯这样的错误,怎么能治理好国家?"

终于,唐太宗决定停止抽调中男入军,并赐给魏徵一口金瓮,赐给王珪五十匹绢,以资奖励。

此事就这么过去了。可是,作为谏臣,如果总是当面质疑人主的决定,难免君臣生嫌隙;如果经常针对同僚的建议,难免臣臣反目。时间久了,总会生出一些是非矛盾。

话说贞观五年(631),在朝中,治书侍御史权万纪、侍御史李仁发,都因为密告诬陷他人而被太宗多次召见,他们因此而越发肆无忌惮,随意指责他人,任意欺瞒君上。受虚假错误信息的诱导,太宗皇帝开始对大臣们发怒,朝臣惶惶不能自安。朝廷内外的人明知道事情不对,可是没有人敢站出来与太宗皇帝争辩。在这个很多人性命攸关的时刻,自然又是魏徵挺身而出,向太宗皇帝据理力争。

魏徵很严肃地向太宗皇帝启奏:"陛下,权万纪、李仁发都是小人,不识大体,喜欢诬陷中伤他人,以告发、攻击他人骗取正直的名声,他们所指责告发的人,其实都没有罪过。陛下掩盖这两个人的短处,听信他们的坏话,他们就放肆地施行奸计,攀附君意,欺压臣下,行事违背礼法,以此来盗取刚强正直的美名。他们诬陷房玄龄、斥退张亮,完全没有起到整肃朝廷、勉励臣下的作用,平白地损害了陛下的圣明,连普通百姓都在发出指责的议论。

"我揣测圣上的良苦用心,并非认为这两个人深谋远虑,能委以重任,只不过是利用他们无所避忌的行为警诫劝勉群臣罢了。即使陛下信任、亲近曲邪不正之人,也不可用小人来图谋大臣。群臣素来并无狡诈之心,此等做法只会使他们寒心、离心。就连房玄龄、张亮这样的重臣,尚且不能在这个时候申明自己的曲直,想想那些远离朝廷、地位低下的官员,又怎么能幸免被欺蒙诬陷呢?

"我恳请陛下留意这种情况,再三思考。自从任用这两人以来,他们若做过一件有益于国家的事情,我甘愿被处死,接受不忠的罪名。陛下纵然未能选拔贤能之人来弘扬圣德,难道就要重用奸佞之徒而自损圣明吗?"

魏徵的这一番论证,有理有据,层层推进,既严厉批驳了权万纪、李仁发的小人之行,又善意地揣度太宗皇帝的心思用意;既肯定了被诬陷大臣的无辜,又指出了权、李二人的无益;既亮出了自己的赤胆忠心,又提醒太宗皇帝要崇德而莫自损。

面对这样入情入理的分析,太宗皇帝会怎么做呢?

《贞观政要》的记载只用了四个字"欣然纳之"。也就是说,太宗很高兴地完全接受了魏徵的观点,并且奖励他五百匹绢。

后来,事情的发展演变完全证实了魏徵的分析是正确的。小人就是小人,权万纪的奸佞之情一点点显露出来,被贬到连州任司马,做了地方官的佐官,可真是小人不可大用。李仁发也被罢官黜退。朝廷官员无不拍手称快、相互庆贺。

但是到了贞观六年(632),也就是一年后,空穴来风,波澜再起,而且这次事情的矛头不是针对别人,而是直指魏徵。这又是怎么回事呢?

原来,是有人告发了担任尚书右丞的魏徵,说他偏袒亲戚。告发敢于谏言、善于谏言的魏徵,说他处事不公、存私偏袒,这还是头一回。所以,太宗皇

第八回 斥奸佞魏徵谏言护同僚 表清白太宗愧悔误良臣

帝就派御史大夫温彦博调查处理这件事。

御史大夫的主要职责就是监督、监察朝廷官员的所作所为。按说能担任这一职位的人，应该处事公道，有原则性，但这个温彦博在这件事情中的表现似乎不怎么令人称道。

话说御史大夫温彦博接受唐太宗李世民的指令，开始调查有关魏徵偏袒亲戚的事情。经过一番查验，了解到是告发者本人不公正，有诬告之嫌，但是他在向太宗皇帝奏明情况时却又说："尽管魏徵无徇私偏袒之行，但既然被人指责，说明他也有可责备之处。"

于是，太宗皇帝就派温彦博传话给魏徵："你规谏匡正我的意见有数百条之多，岂可因为这件小事就损害你众多的优点呢？希望你自今以后也最好检点一下自己的言行。"

各位看官，太宗皇帝就是想借这件莫须有之事，告诫魏徵：不要总是眼睛盯着皇上，自己也可能在行为举止上有问题；不要总说别人，自己也可能成为别人议论的对象。

几天以后，太宗皇帝冷冷地问魏徵："近来在外边，你可曾听到什么不对的事情吗？"

魏徵一脸严肃地回答说："前几天温彦博奉命向我宣敕陛下之话：'为什么不检点自己的言行举止？'我觉得这就很不对头。我听说君臣应在意气上相合相投，道义上一体无二，没有听说过不心存公道而只注意言行举止的。如果君臣上下都尊崇不讲正直公道只检点言行举止这样的道理，走这样的路子，那么国家的兴亡或许真的就不可预料了。"

这番话直说得太宗皇帝心头一惊。不是魏徵无端上纲上线，而是分析至深至透。所以，太宗皇帝连忙变了脸色，说："前几天我说过这话之后，就觉得后悔，实在是我说错了。今天我们君臣二人把话说明了，还希望你一如既往，以国为重，不要因为这件事而耿耿于怀，有意隐藏回避。"

魏徵向太宗行过拜礼，说："臣以身许国，直道而行，从来不敢有欺罔行为。但愿陛下能让我成为良臣，而不仅仅是忠臣。"

太宗皇帝不解地问："良臣和忠臣有什么不一样吗？"

魏徵说："良臣能使自身获得美名，君王享受崇高的称号，子孙代代相传，福禄没有止境。而忠臣呢，自身遭受诛灭，陷君王于大恶和骂名之中，到头来家国皆亡，独有忠臣之名。以此而言，良臣与忠臣两者相去甚远。"

太宗感慨地说:"但愿你不要违背你方才所言,我也一定不会忘记江山社稷之大计。"

君臣谈话之后,太宗赏赐魏徵二百匹绢。

欲知后事如何,且听下回分解。

第九回
魏徵直谏,太宗终止封禅　太宗降责,魏徵细究原委

上回书说到,贞观六年(632)魏徵被人诬告,太宗皇帝借此提醒魏徵注意言行,不承想魏徵一番说道,令太宗皇帝感到自己所言不当,最后赏赐魏徵二百匹绢收场。

其实,臣谏君受,这样的事情在魏徵与唐太宗李世民之间就像是家常便饭、寻常之事,不断发生着,往往是在一次结束之后没多久,又会因为其他什么事再度发生。各位看官,且容我们慢慢道来。

贞观六年(632),随着匈奴被平定,远方的外族入朝进贡,加之连年五谷丰登,祥瑞之兆也一天天出现。此情此景,使得各州府官员纷纷进言,不断请求太宗皇帝到泰山举行封禅大典,祭告天地,彰显功德伟业。大家的理由倒是很充分,说什么"时不可失","天意不可违","陛下现在进行封禅,我们都觉得有些晚",等等。

就在这众人呼吁之中,唯有魏徵又一次"唱反调",认为此举不可。这真的是大煞风景,让太宗皇帝很不舒服。无奈之下,君臣之间只好再度展开辩论,进行语言上的"刀枪对决"。

太宗皇帝说:"我只想听到你直截了当的意见,希望你不要有所隐瞒。我来问你,你觉得我功不高吗?"魏徵回答:"陛下功高。"

太宗皇帝又问:"你觉得我德不厚吗?"魏徵回答:"陛下德厚。"

太宗皇帝又问:"你认为现在华夏还没有得到治理吗?"魏徵回答:"治理好了。"

太宗皇帝继续问:"年景收成没有五谷丰登吗?"魏徵回答:"丰收了。"

太宗皇帝不依不饶地说:"既然如此,我真就不明白了,你为什么要反对我封禅泰山?我看不出这有什么不可以的。"

魏徵毕恭毕敬地回答说:"陛下功绩虽高,但并未惠及万民而令他们铭记在心;德行虽厚,也未能恩泽天下、泽及苍生;华夏虽得治而安定,但远不足以承担祭告天地的巨大费用;边远异族虽仰慕,但我朝仍没有更多的东西满足其要求;吉祥征兆虽然出现,但各种刑罚尚遍布天下;尽管连年丰稔,但粮仓

尚还空虚。以上种种,就是臣下私自认为不可封禅泰山的原因。"

稍稍停顿,魏徵接着说:"说到反对封禅这件事,我不用久远缥缈的事情来比喻,就用人来打比方。这就好比一个人长年患病,不能忍受,苟延残喘,如今经过治疗刚刚痊愈,也只是皮骨仅存。如果此时就让他背负一石米日行百里路,结果会怎样?他一定不可能做到,反而会要了他的命。"

魏徵继续阐述他的观点:"前隋的祸乱,远不止十年。陛下就好像天下良医,用心施治,不断解除天下疾苦。虽然如今天下得到治理,但还不是很殷实。此时若急于祭告天地,我心存疑虑,认为不妥。"

魏徵不无担忧地对太宗皇帝分析说:"陛下泰山封禅,各国参加盛典的使者必然云集,遥远地方的人,会急速地赶来。可是我们的情况是怎样的呢?自伊水、洛水向东,直到东海、泰山,地域广袤,草木丛生,遍布沼泽,茫茫千里,人烟稀少,鸡犬之声不闻,道路萧条,进退都很困难。我们怎么可以招引那些外来之人,把自己的虚空展示给他们呢?

"竭尽自己的财货去赏赐,未必能满足远来之人的欲望;增加减免赋税的年份,也不能补偿百姓的劳苦。如果再遇到水旱之灾,天时无常之变化,势必影响年景收成,难免会有庸人生出一些不逊之言甚至是邪谈怪论,到那时后悔就来不及了。恳请陛下明察,这可不是我一人的看法,也代表了舆论的声音。"

经魏徵这么一层层分析,不可泰山封禅的缘由很明晰地呈现在面前。太宗皇帝回味良久,连连称赞魏徵所言极是、所言极善,最终决定取消封禅之事。

这件事就这么过去了,但是在接下来的五六年间,唐太宗李世民与魏徵君臣二人之间还发生了很多值得回味的故事,各位看官不妨一观。

贞观七年(633),蜀王妃的父亲杨誉在皇宫禁地追逐婢女,被都官郎中薛仁方扣押查问。说起这个事,交代下背景很关键。蜀王就是李愔,他是李世民的第六子,此人性情暴虐,常常无理暴打属官,喜好游猎且毫无节制,因此常常侵扰百姓。王妃的父亲可能是受姑爷的影响,竟然在皇宫禁地追逐婢女,真是有什么样的主子就有什么样的随从、亲戚。

此事非同小可,掌管刑拘的薛仁方自然不会坐视不管,他就拘押了杨誉。可是还没来得及处理,杨誉的儿子出面了,此人身为千牛卫将军,主管宫殿侍卫和皇帝出行的仪仗,所以在皇帝面前说话有一些分量。这次他在殿廷上就向太宗皇帝陈奏说:"我大唐有规定,五品以上的官员,只要不是反叛之罪,就

第九回　魏徵直谏，太宗终止封禅　太宗降责，魏徵细究原委

不应当拘押扣留。我的父亲是皇室亲戚，却被扣押，只怕是有人节外生枝，不肯决断，有意拖延时间，给皇室抹黑！"

这话一出口，很明显是有意把问题朝皇室颜面上引。果然，太宗皇帝闻听此言，勃然大怒，呵斥道："明知是我亲戚，还要这么做，分明是有意刁难！"

于是下令将薛仁方杖责一百，并解除其官职。

此时，又是魏徵站出来，进言道："城墙下的狐狸和祭坛下的老鼠，本都是微不足道的东西，只是因为它们有所倚仗，所以不易被除掉，这就叫投鼠忌器。何况官宦之家与皇室亲戚，过去一直难以治理。东汉、西晋以来，外戚与宦官专权，发展到无法禁止、不能驾驭的地步。本朝武德年间（618—626），已多有骄横放纵的现象，自陛下登基以来，这种情况才开始有所收敛、减轻。

"薛仁方既然在履行自己分内之责，为国守法执政，岂可妄加刑罚，随意给予处分，以此来助长外戚的私欲妄为呢？如若开此一例，各种事端就会纷纷而来，无法禁绝，也无人敢禁绝，那时就悔之晚矣！自古以来能禁断这类事情的，只有陛下一人。

"防备那些料想不到的事情发生，这是治国的基本法则，怎么可以在水患未发生的时候自己毁掉堤防呢？臣下深切思考，没有看到陛下这样做有什么可行之处，有什么好处。"

太宗皇帝听完魏徵的话，叹口气说："的确如爱卿所言，我先前没有想到这么多。但是薛仁方擅自囚禁而不申奏，很是专权擅势，此风不可长，虽然不该治以重罪，还是应稍加惩罚，以示警诫。"

毕竟还是要给皇上一些面子吧。因为魏徵仗义进言，原本要杖责一百、解除官职的处罚，最后只是象征性地打了二十棍后就赦免了。

贞观八年（634）的一天，左仆射房玄龄、右仆射高士廉在路上碰到了掌管百工缮事的少监窦德素，顺便询问宫城里最近有什么营造项目。后来窦德素就将二人询问之事报告给太宗皇帝，太宗皇帝就叫来房玄龄问道："你身为重臣，只要管好皇城南衙之事就行了，我在北边宫城里造几间房屋，何必要你等来过问干预？"

房玄龄等人闻听此言，立即伏拜谢罪。可是偏偏魏徵不干了，他马上进言，毫不掩饰自己的感受："陛下，对于此事，我不理解陛下为什么责备他们，也不理解房玄龄、高士廉为什么要谢罪。房玄龄他们既然担任大臣，就如同

陛下的左右手脚和耳目,陛下建造房屋,为何不容许他们知道?他们因为向主管部门、主管领导询问了解情况而被陛下责备,我真的不能理解。修建房屋是有利还是有害,需要动用多少人力财力,他们了解后如果认为是好事,就当尽心竭力地协助陛下完成这件事;如果认为项目不当,所做无益,即便已经开工,他们也要奏请陛下停下来。我想这才是国君任用臣子、臣子侍奉国君的原则。现在他们过问此事本来没有错,而陛下却责备他们,他们将不知自己职责何在,只能一味地伏拜请罪,我无论如何都不能理解。"

这就是魏徵,哪怕一件原本与自己无关的事情,只要不公正、不妥当,就要仗义执言。这次面对房玄龄等无端受责,魏徵在一番不长不短的议论评说中,一口气提出四个不解,直言质问,竟然连太宗皇帝也感到惭愧难当。

后来又发生了一件事情,原先在桂州担任大都督的李弘节,以清廉谨慎而闻名,他死了以后,他的家人开始出卖珠宝。太宗皇帝听说了这事,就在朝堂之上公开宣布:"这个人一生所为,宰相都说他清廉,可是现在他家里人卖珠宝,那么举荐他的人难道就没有失察之罪?此事一定要严加处理,不能轻易放过。"

显然,在唐太宗李世民看来,一个清廉有加的官员,家里怎么可能有珠宝?现在其家人售卖珠宝,显然是他生前为官有贪贿之嫌,所以要追查、要问责。

此时,又是魏徵站出来,找机会对太宗皇帝说:"陛下一直认为这个人为官不正,但并没有发现他有收受财物的行为,今天听说他家人售卖珠宝,就要降罪于举荐他的人,我不知道这是什么道理和逻辑。我朝以来,为国尽忠、清廉守正而始终不渝的人,大抵只有屈突通、张道源两人而已。他们都为官清廉、为人正直,死后,屈突通的三个儿子来应选,只有一匹瘦马,张道源的儿子甚至连生计都难以维持,那时也没见陛下说过一句体恤他们的话。现在李弘节为国立功,前后多次受到陛下赏赐,在任上去世,并没有人说他贪污受贿,那他的妻儿售卖珠宝,也就没有什么罪过。

"在这件事情上,明知他为官清廉,却对他的家人没有一句安慰的话语;仅仅是怀疑他贪污,就要连带处罚举荐之人。虽然说这表明了陛下憎恶之举,但也说明您好善之心不够深切。我私下思虑考量,没有发现这样做有什么可取之处,深恐有识之士听说了这事,反而要心寒气馁、横生议论,还望陛下三思。"

第九回 魏徵直谏,太宗终止封禅 太宗降责,魏徵细究原委

太宗听罢魏徵的议论,搓着手掌,长叹一声,说:"匆忙之间没有深思熟虑,闻听爱卿此言,方知说出一句恰如其分的话真不容易。现在看来,这件事就不要深究了。至于你提到的屈突通、张道源的儿子,可以各授予一份官职。"

各位看官,又是魏徵在关键时刻挺身而出,这次,不仅保住了李弘节的一世美名,使其家人免受牵连,而且还为已经故去的老臣之子争取到了本应有的待遇。

贞观九年(635),从北蕃回来的人向朝廷报告说:"突厥境内遭遇大雪,人民饥寒,牛羊也都死了。那里的汉人都逃进山林当了强盗,人心混乱,形势险恶。"

太宗对侍臣说:"观察古代国君,推行仁义,任用贤良,则天下大治;施行暴政,任用小人,则天下败亡。突厥现在任用的人,我和你们都看得到,基本上没有忠良正直可取之人。颉利可汗又不关心百姓,恣情妄为。从人情事理来看,他的统治又怎么可能长治久安呢?"

魏徵进言说:"从前魏文侯问李克:'诸侯中谁会先亡?'李克回答说是吴国先亡。魏文侯问是什么原因,李克回答说,因为吴国屡战屡胜。数战数胜,君主必然骄傲,而数战之后,百姓必然疲乏困苦,不败亡还等什么!而今看来,颉利趁着隋朝末年中原战乱,倚仗自己人多马壮,侵入中原,至今仍不停战。这就是他必然败亡的原因所在。"

太宗皇帝听罢魏徵的分析,认为说得很深刻。这是君臣二人对一件事情的认识,难得地意见一致。所以说,不能一提到魏徵就总觉得是跟皇帝唱反调,有时候,把一个问题剖析透彻,向圣上阐述清楚利弊得失、是非对错,也是不容易的。

说话间就到了贞观十年(636)。太宗的第四个儿子李泰,是长孙皇后所生,在贞观二年(628)被封为越王,是太子承乾的弟弟,聪明绝顶,敏慧超伦,太宗皇帝特别宠爱。正是因为这一点,有人就在太宗面前搬弄是非,故意说朝中三品以上的大臣都轻蔑越王。

说这话的人用意很明显,就是想把几位重臣置于唐太宗李世民的对立面。各位看官想想看,对于李世民特别宠爱的越王李泰,大臣们也喜欢、尊敬,这才符合人之常情,才能够与最高领导保持一致。可李世民得到的信息

却恰恰相反，说大臣们都不尊重越王李泰，这不明显是跟最高领导背道而驰吗？说白了，有人散布这样的消息，其实是为了诬陷魏徵等人，想借此激怒太宗皇帝来收拾和打击魏徵。

果不其然，太宗皇帝还是"中招"了。他驾临齐政殿，召见三品以上的大臣，待他们坐定之后，就大发雷霆，满面怒色地说道："我有一句话要说给你们各位。以前的天子是天子，难道现在的天子就不是天子吗？以前天子的儿子是天子的儿子，现在天子的儿子就不是天子的儿子吗？我看隋朝的各个侯王，达官显赫以下的，没有不被他们作弄欺凌的。我的儿子，当然不允许他们放纵骄横，你们反倒轻蔑他们，怎么能这样呢？我如果放纵他们，恐怕你们也免不了要被他们作弄欺凌！"

太宗皇帝此言一出，可不得了，龙颜大怒，天子发威，房玄龄等大臣都吓得瑟瑟发抖，赶紧向太宗皇帝跪拜请罪。只有魏徵一人挺身而立，不为太宗皇帝的雷霆所惧，他很严肃地对太宗皇帝谏言："首先，我想申明的是，当今的各位大臣，一点也没有轻视越王。其次，在礼仪上，于君而言，臣下、皇子是同等的。经传称，侍奉国君的人，虽然低微，但位列诸侯之上。诸侯，被任用为公就是公，被任用为卿就是卿。如果不被任用为公卿，就只能位列公卿之下。

"现在三品以上的官员，位列公卿，都是天子的大臣，陛下理应礼敬、优待，即使他们稍有不当，也不该任由越王对他们随便加以折损侮辱。若说是国家的朝纲法纪已经废弃、败坏，那无话可说，但在当今圣明的时代，越王岂能如此？况且，说到隋朝的事情，那就看看吧，隋文帝不循礼仪之道，宠爱骄纵诸王，使他们干出很多无礼之事，过不多久便因遭罪而被罢黜。显然，前隋之事，不能作为榜样，有什么值得称道的？"

魏徵此番论证，是在太宗皇帝勃然大怒的情况下做出的快速回应，其目的是为自己和其他大臣正名，但又不满足于只是"洗清"自身。所以，他首先强调太宗皇帝所言之事并不存在，明显是有人栽赃陷害、别有用心；其次，他申明大臣与皇子地位平等，也有自己的尊严，不能随意侮辱；再次，前隋之事，乃败亡之道，绝不可仿效。如此层层剖析，把太宗皇帝盛怒之下的言语来了一个逐一否定、全盘推翻。

在这种君臣情绪碰撞，彼此言辞激烈甚至"火药味"很浓的情况下，一番唇枪舌剑之后，太宗皇帝会有怎样的反应呢？他听完魏徵的话，并没有把自己九五之尊的"面子"放在第一位，反而一改满面怒容，喜形于色，再次对群臣说:"但凡人们说话,只要理由充足周到,就不能不服。我刚才所说的,只是因为私心偏爱;魏徵所言,才是国家的根本大法。我刚才大发雷霆,自认为理由充足而且深信不疑,等听罢魏徵的话,才觉得自己很没有道理。身为一国之君,想要说话不出错,真的很不容易。"

各位看官,知道这事怎么结束的吗?

太宗皇帝召见房玄龄等人,对他们未能坚持己见、谏言规劝的做法进行严厉批评,同时对魏徵直言进谏之举重赏一千匹绢。

贞观十一年(637),发生了一件事,有关官署向太宗报告说,身为官员的凌敬有类似乞讨的行为,因为此人是经魏徵举荐才做官的,所以,太宗皇帝就责备魏徵等人举荐人才不够慎重。

这回魏徵该怎么说呢?

魏徵回应说:"我们每次承蒙陛下询问,都说明了所举荐之人的优缺点、长短处。有学识、能直言诤谏,是他的长处所在;看重生活境遇,喜好经营钱财,这是他的短处。现在凌敬替人写碑文,教人读《汉书》,以此求取一点利益的回报,这与人们所传言的乞讨并不相同。陛下没有用其所长,只看到他的短处,便觉得是我们在欺罔蒙蔽陛下,对此,我们实在不能心服。"

经魏徵这么一说,太宗皇帝恍然大悟,接受了这个意见。不久,太宗想到了一件事,就对身边的侍臣说:"我昨天到怀州,有个上密封奏章的人说:'为什么经常差遣山东地区的成年男子去苑内营造?现在的徭役似乎并不比隋朝的轻。怀州、洛阳以东,劫后余生的百姓不能忍受这种苛政,但是皇家畋猎还很频繁,陛下您这是骄奢淫逸之主啊!今天又来怀州畋猎,忠正的谏言不会再到洛阳了。'可是我觉得四季打猎,这乃是帝王经常性的礼仪。我这次到怀州打猎,对百姓秋毫无犯,并无叨扰。但凡上书谏言,自然是有标准的。于臣而言,可贵之处在于言之有理;于君而言,可贵之处在于闻谏即改。如今这样无中生有、随意诋毁,已经有点近似于诅咒了。"

各位看官,我们大抵能想象得到太宗皇帝是怎样的情绪。提意见归提意见,不能因为有意见就谩骂、诋毁甚至诅咒,因为这无助于改正错误、解决问题。所以太宗皇帝把这个密封奏章的事情说出来,也无非是给自己找个发泄情绪的机会,并借机给身边大臣提个醒。

其他大臣怎么反应不得而知,从史书记载来看,又是魏徵出面,他上奏表明自己的观点:"因为国家广开直言之路,所以上密封奏章的人就多。陛下亲自披阅,或许希望看到臣下有可取之言,所以那些心怀侥幸想借此成功的人就会有放肆的言语上奏。

"我个人以为,臣下规谏其君,应特别注意尺度和方式,委婉从容。比如当年汉元帝想用醇酒祭祀高祖庙,出长安城便门,打算乘坐楼船而去,御史大夫薛广德拦住御驾,摘下自己的帽子说:'臣以为您应该从桥上走,如果陛下不听从臣下之言,我将当场自刎,用颈上之血污染车轮,使陛下无法进入祖庙。'这样的规谏之举让汉元帝很不舒服。这时光禄大夫张猛进言:'臣听说君主圣明,臣下就会直言规谏。陛下乘船有危险,走桥上安全些。圣明的君主不坐危险的车船,我看广德的话有道理可取。'汉元帝听了张猛的话,说了一句:'说服劝导别人,难道不能像这样吗?'然后弃船登桥。这样看来,张猛可算得上是敢于直言谏君之臣了。"

有魏徵这样引经据典地分析论证,太宗能不高兴吗?但是想到自己施政治国十余年,虚心纳谏,励精图治,总不至于一无是处吧?于是他就专门对魏徵提出一个问题,君臣二人就此展开了一场问答式的分析。

太宗对魏徵这样提问:"近来我所做的事情有何得失?施政教化比以前如何?"

魏徵回答说:"若论恩威所加、远夷朝贡,与贞观之初不能相提并论;若论德义潜移默化,百姓心悦诚服,比起贞观之初,更是相去甚远。"

太宗大惑不解:"远夷来服,应该是德义所加的结果,为何以前的功业反倒比现在更大?"

魏徵说:"以前四方未定,陛下常能把德义铭记在心;后来四海安宁,陛下就逐渐骄奢自满。所以功业虽然盛大,德义却始终赶不上贞观之初。"

太宗又问:"我现在的做法与以前相比有什么不一样的吗?"

魏徵回答说:"贞观之初,陛下担心无人进言,就引导大臣进谏。三年以后,看到有谏言,陛下还能够高兴地采纳接受。最近一两年,陛下不怎么喜欢有人谏言,虽然也勉强接受,但心里始终不舒服,脸上露出为难的表情。"

太宗忍不住问道:"是这样吗?那请问我在哪些事情上是这样的呢?"

魏徵不急不慢地说:"陛下且容臣慢慢道来。我用三件事来证明。这第一件事发生在陛下即位之初,当时要判处元律师死刑,孙伏伽进谏:'此人法不至死,罪不当诛,不应该如此滥加酷刑。'陛下听从了,并把兰陵公主的园子赏赐给孙伏伽,价值万钱。当时就有人说:'如此平常的话竟得到这么丰厚的奖赏。'陛下却说:'我即位以来,还没有谏言的,所以要重赏。'这件事,就是陛下引导大家进谏。"

魏徵顿了一下,接着说第二件事:"徐州司户柳雄对前隋朝留下来的人妄自增加俸禄等级,有人告发了他,陛下令其自首坦白,不坦白就定罪。柳雄始终坚持认为自己是照实办事,不肯认罪伏法。大理寺经过查究,证实了柳雄的欺诈行为,决定处以死刑。没想到大理寺少卿戴胄上奏说:'按照律法,最多处以服劳役的徒刑,不该定为死罪。'陛下回复说:'我已经对柳雄裁断完毕,就应处以死刑。'戴胄力争不止,说:'陛下既然不认为我说得对,就请将我交由司法处置。我还是那个观点:罪不当死,不可滥用酷刑。'陛下很生气,执意要派人杀柳雄,戴胄拦住不放,来回反复四五次,最后只好赦免了柳雄。陛下为此感慨不已,说:'你们若都能如此坚守法制,我哪里还担心会滥用刑罚杀人?'这件事,就是陛下以喜悦的心情听取谏言、接受劝谏。"

魏徵继续说:"这第三件事,是往年的事。陕县丞皇甫德参上书,触犯了圣上旨意,陛下一气之下认为是诽谤。我当时上奏说:'上书言辞不激烈迫切,就不能引起人君注意,不能激发君主意志,所以急切的言辞就近似诽谤。'当时陛下虽然听从了我的意见,而且还赏赐我二十匹绢,但是陛下心里一直不舒服。这件事,就是陛下很勉强地接受劝谏。"

待魏徵说完这三件事,太宗想了想说:"的确如爱卿所言。除了你,没有人能够说出这些话。人都苦于不自知,不能察觉自己的毛病。你刚才没有说话前,我自认为自己的所作所为前后没有变化;听完你的论说,才发现自己的过失很惊人。我希望你永远保持这样的忠心,我力争始终不违背你的话。"

尽管唐太宗李世民这样信誓旦旦地表示,可是,一遇到不顺心的事情,还是难免要发作出来。贞观十二年(638),太宗皇帝在东部巡视,将要进入洛阳前,夜宿显仁宫,管理宫苑的官吏大多数被斥责处罚。

对此,伴驾东巡的魏徵进言,发表了自己的看法:"陛下这次驾临洛州,是因为这里是旧时征战之所在,您希望它安定富庶,所以想多施惠于当地百姓故旧。可现在城里的父老还没有承蒙皇恩德惠,官员与监管却多次受到处罚。或许是因为供奉的物品不精美,或许是没有进贡纳献美食,陛下因此而降罪他们,这就是不考虑知足而一心追求奢侈浪费。这样一来,就违背了圣上巡视的本意,那么用什么去满足百姓的心愿呢?"

说到这里,魏徵话锋一转:"隋朝的君主往往是先命令手下多进贡美食,如果不够多,就要严厉处罚。在上者有所喜好,在下者一定会百倍奉承。如此奢靡下去而没有限度,终会导致灭亡。这不是从史书记载中看到的,而是陛下亲眼所见。因为隋朝的国君昏庸无道,所以上天才令陛下取而代之。身为天子,就应当战战兢兢、小心谨慎,凡事都俭省节约,争取比前人做得更好,以此昭示子孙。今天怎么反而处在前人之下呢?陛下若知足,今日岂止是丰足?如果还觉得不满足,纵然再多万倍,也不会感到满足。"

各位看官,试想在魏徵之外,还有人能这样对皇帝说话吗?唐太宗李世民闻言大惊,连忙说:"如果不是你魏徵,我就听不到这样的话。从今往后,希望不会再发生这样的事情。"

欲知后事如何,且听下回分解。

第十回
析隋败太宗镜鉴　述中兴魏徵上疏

　　众所周知，唐太宗李世民虽说得了天下，登上了皇帝宝座，但他接手的是一个历经战乱、改朝换代的烂摊子，因此，如何很好地吸取教训、实现中兴，就成了他萦绕于心的大问题。登基之初，他就开始思考并与大臣探讨这个问题。本书的第一回，就是从这个话题说起的。

　　话说贞观三年（629），太宗在与侍臣讨论问题时说："君与臣，本来就是一同治理乱世，共同分享安危祸福。如果国君能采纳忠直谏言，臣子能直言以告，那么君臣就意气相投，这是自古以来所看重和推崇的；如果人君自以为是，臣子又不敢匡正过失，那么国家败亡就是不可避免的。国君一旦丢失天下，臣子也不能独自保全其身家性命。尤其如果像隋炀帝那样残暴淫虐，臣子们都不开口说话，使他自己无法看到自己的过失，以致走到亡国身死的境地。隋炀帝死了，虞世基也难逃被杀的下场。这样的事情刚刚过去，我和诸位不得不谨慎行事，千万不要做出一些被后世人讥笑的事情来。"

　　太宗皇帝李世民，身为大唐王朝的国君，他清楚地意识到自己肩负的担子并不轻松，所以提出要牢记前朝败亡的教训，谨慎施政。

　　那么，隋朝究竟有怎样的教训呢？

　　贞观四年（630），有一次，太宗皇帝与大臣们讨论隋朝的事情。魏徵应着话题说了一个故事："我以前在隋朝的时候，曾听说发生了一起盗窃案，隋炀帝下令於士澄缉拿罪犯。这个於士澄在查办案子的过程中，但凡发现有嫌疑之人，就严加拷问，结果很多人受不了这皮肉之苦，被屈打成招，到后来光承认自己是盗贼的就有两千多人。想想看，这一个盗窃案怎么可能会有两千多人作案？可是隋炀帝对这明显不合理的情况不管不问，还是下令要将这些人在同一天斩首。大理丞张元济觉得这个案子很奇怪，必有蹊跷，就试探着询问这些人，结果发现有六七个人在事发当日正被关在其他牢狱之中，之后才刚刚释放出来，又被作为嫌疑犯抓来审讯，由于忍受不了酷刑，不得已才屈认自己犯案盗窃。张元济因此更加认真地探究实情，两千多人中只有九个人在案发当日行踪不明。官员中有熟悉情况的，知道在这九个人当中还有四个也不是盗贼,但是负责行刑的官署因为隋炀帝已经下令,所以也不上报实情,而是不问青红皂白将这两千多人全部处死了。"

这件事要不是魏徵亲口讲出来,估计没人会相信。太宗皇帝听了这个案例,十分震惊,感慨而言:"唉,这不仅仅是隋炀帝无道,这些大臣也不尽心啊!身为大臣,就当匡正规谏,不惜冒着被诛杀的危险,可是他们却专事谄媚,只图取悦于国君而不顾及百姓死活。君臣处事到了这等地步,又怎能不败亡?前事不远,值得鉴戒。"

太宗皇帝看了看众位大臣,言辞恳切地说:"我全赖你们共同辅佐,以求天下大治,使全国牢狱空虚,无罪犯可囚。希望你们善始善终,永远像今天这样坦言相告、尽心竭力。"

到了贞观六年(632),太宗皇帝又一次与侍臣谈论这个话题,他这样引出问题:"我听说周秦两朝,最初取得天下并没有什么不一样的,然而周朝致力于做那些对国家、对百姓有利的好事情,不断积累功业和仁德,所以能够维持八百年基业;秦朝放纵自己、骄奢淫逸,喜好用刑罚治国,结果没有超过两代就灭亡了。这难道不是做善事的就帝业长久,干恶事的则天年不长吗?而且我还听说,桀、纣虽是帝王,但将普通人与他们相比,普通人也感到耻辱;颜回和闵子骞虽是普通人,但是把帝王与他们相比,帝王也会感到荣耀。我常常以此事为鉴戒,只怕自己比不上颜回、闵子骞这样的贤人,被人耻笑。"

唐太宗李世民在这里提到的颜回和闵子骞都是孔子的学生,颜回以仁德出名,身居陋巷,粗茶淡饭,别人都忍受不了这种清苦,他却不因此改变自己向学的志趣。闵子骞孝顺父母,与兄弟和睦相处,以德行著称。这两个人一直以来是公认的德行和人品的楷模。

面对太宗皇帝的问题和感慨,魏徵接过话茬儿,回应说:"臣也曾听说,当年鲁哀公对孔子讲:'有一个健忘的人,搬家后就忘记了自己的老婆。'孔子说:'还有比这个人更健忘的,我看桀、纣这样的人君,甚至忘记了自己的身份。'臣希望陛下常常想想这些事,以免被后人耻笑。"

在这次对话中,还是魏徵巧妙地点出问题的关键:为君之人,任何时候都不能忘记自己的身份和职责。这话说得再明白、再通俗一些就是:身为最高领导,就当牢记职责,勤勉为政,施行善政,民生为本,社稷为天,谋求长治久安和可持续发展。

说话间就该引出另一件事了。贞观十四年(640),太宗皇帝因为平定了高昌国，心情大悦，在两仪殿宴请侍臣。

这个高昌国，有数百年历史，其国都高昌城在吐鲁番附近。高昌国先后几易其王，直到麹嘉为王，传九世十王，最后被唐所灭。这件事对太宗有怎样的影响呢？且听太宗皇帝自己怎么说。

太宗皇帝在宴席上对房玄龄说："这个高昌国如果不失臣下的礼仪，何至于走到灭亡的地步？我今天虽然平定了这样一个国家，但心里更加感到危惧。只有力戒骄奢淫逸，自我提防，采纳忠直之言匡正自己的过失；驱黜邪佞，任用贤良，不以小人之言来议论君子。以这样的做法兢兢守业，也许可以使国家得以长治久安。"

站在太宗皇帝的地位和角度看，此言堪称深刻，富有见地，大臣们估计应该称赞一番，顺便也表表忠心。可是偏偏有魏徵在场，不等别人说话，他就先开口，而且也不准备给皇帝留面子。

魏徵这样说："恕臣下直言，我看自古以来那些帝王，在平乱创业的时候，必会警诫自己，保持谨慎，采纳普通百姓的意见，听取忠正的建议。等到天下安定，就放纵自己的欲望，喜欢听阿谀奉承之言，厌恶刚正忠直的谏言。就拿张良、刘邦来说，张良本是为刘邦运筹帷幄、出谋划策之臣，可是面对刘邦登基后准备废嫡子刘盈而立庶子刘如意为太子的决定，张良无奈地说：'今日之事，不是凭口舌之争所能解决的。'他始终不敢用话语去劝谏高祖刘邦。陛下您现在的功德盛壮，汉高祖刘邦是没法跟您相比的。您自即位十五年来，圣德光耀四海，今天又平定高昌国，还不忘将国家安危记在心上，刚才又说要任用贤良、广开言路，这真是天下最大的幸运。这让我想起历史上齐桓公与管仲、鲍叔牙、窜戚三位臣子一起喝酒的故事。当时桓公对叔牙说：'为什么不向我祝福，说些好听的？'叔牙站起来举起酒杯说：'我但愿君王不要忘记当年出奔在莒国的情形，管仲不要忘记在鲁国被束缚的情形，窜戚不要忘记曾在车下喂牛的情形。'桓公听罢叔牙之言，赶忙离席起身，真诚答谢道：'我与两位大夫一定不能忘记您所说的，如此这般，国家就不会有什么危险了！'"

魏徵讲的这个故事，太宗皇帝当然也是有所耳闻的。他深深地被触动，对魏徵说："我一定不会忘记当年身为百姓的时候，你也不要忘记叔牙的为人，这样才能君臣一心，社稷无忧。"

魏徵不仅仅是当面提醒太宗皇帝，也把太宗皇帝的嘱咐记在心上，经过一段时间的考虑,他决定上疏,向唐太宗李世民提交一个专题报告,把一些问题再好好地理论一番。

这是一篇很长的专题报告,且容我们仔细为各位看官拆开来解析。

在报告的第一段,魏徵用一个生动的比喻阐释了一个重要的观点:君为首,臣为手脚。离开手脚,独用头脑,功业难成。

魏徵这样说:"我听说国君就好像人的首脑,臣子就如同人的四肢,头脑与四肢协调同心,才构成一个完整的身体。如果身体缺乏某些器官,就不是一个完整的人。头脑固然至关重要,但必须借助四肢手脚能才合成一体。同样的道理,国君虽然明察睿智,也需要借助如同手脚的大臣们才能够治理好国家。所以《礼记》上说:'民以君为心,君以民为体。内心庄重则身体舒服,内心严肃则表情恭敬。'《尚书》也说:'元首英明,大臣忠良,万事康宁。''元首无大略,大臣定懈怠,万事皆落空。'如果舍弃了四肢手脚,只发挥心首的作用,而想要成就事业,我从来没有听到过有这样的事情。"

魏徵当然也明白,君臣之间相遇相知、相和相投是很难的事情,所以在报告的第二段,又以水和石相遇作比喻,展开深刻分析。

魏徵论述说:"君臣之间意气投和,自古以来就很难得,这就如同让石头顺从水,千载难逢,而要让水顺石而动,无时不有。明君如石,贤臣似水,君臣相投,唯在礼义。"

对魏徵来说,他可能比别人更能理解君臣之间如果没有高度一致的理念,如果缺乏必要的约束准则,那么彼此的关系就很难相处,更谈不上同心协力治国理政。他这样讲:"从历史上看,那些能开辟盛业的君主,必定心怀至公之道义,广泛任用人才,于内能使大家倾心尽意,于外能发挥各自的作用。君臣和谐,如盐梅入汤般相融无间,团结得像金石一般坚固无隙,不只是凭借高官厚禄吸引人,更能以礼待人。当年周文王在凤凰之墟巡游,系袜子的带子开了,他发现左右没有可以使唤的人,就自己俯身系好。难道周文王时代天下尽是有才德之人而没有一般劳作之人?难道现在这样的圣明时代独独缺乏贤能君子?关键是国君了解不了解、礼遇不礼遇、任用不任用贤才罢了。"

魏徵进言,从来都是观点鲜明,又引经据典加以佐证。这次他同样要讲大量的历史故事给太宗皇帝,而且打破时空,把前后故事杂糅在一起,形成大气磅礴又一气呵成的夹叙夹议。

他这样讲:"伊尹,是有莘氏的陪嫁之臣;韩信,是从项羽阵营叛逃出来的武将。商汤尽礼相待伊尹,伊尹全力辅佐商汤,终于灭夏而立商朝;刘邦知人善任,拜韩信为大将,韩信攻必克、战必胜,最终助刘邦成就汉室江山。如果夏桀不抛弃伊尹,项羽善待韩信,他们已有的基业和安天下的追求怎么会毁败在自己的手里呢?"

应当说,魏徵的这个反问很有力。尽管历史不能假设,但不同的做法和选择往往会改变历史的走向和结局。

魏徵意犹未尽,继续展开他的分析论述:"微子,是商纣的庶兄,箕子,是商纣的良臣,但是微子在宋国接受了周武王的封土,箕子向周武王讲授《洪范》,连孔子都说他们是仁人,没有谁认为他们做得不对。《礼记》记载了一段对话,鲁穆公问子思:'被放逐的臣子回来为原来的国君服丧,这是古来就有的吗?'子思回答说:'古代那些有德行的君主,任用人能按照礼节,斥退人也按照礼节,所以,有被斥退的臣子回来为原先的国君服丧的礼仪。现在的君主,用人的时候恨不得将其抱在膝盖上,斥退的时候恨不得令其坠入深渊,那些被斥退的臣子不做攻打君主的谋划就很不错了,怎么可能回来为其服丧?'"

魏徵就这样沿着自己的思维展开故事陈述:"齐景公问晏子:'忠臣侍奉君主该如何做呢?'晏子回答说:'国君有难不会陪着去死,君主出逃也不会去送行。'齐景公很不解地问:'国君给他分封土地,授予爵位,现在国君有难他不赴死,国君出逃他不送行,这是什么道理?'晏子说:'忠臣进言而被国君接受,国君终身都不会有危难,忠臣陪谁去死?忠臣进谏而被国君采纳,国君一辈子都不会逃亡,忠臣何须送行?如果谏言不被接受,国君有难而为他去死,这是枉死;如果谏言不被采纳,国君出逃而去送行,这是伪忠。'忠臣不伪不诈、不畏不惧,一片赤心,所以不会枉死;即便真的面对死亡,也要死得有意义、有价值,死得其所。《春秋左氏传》记载:崔杼弑杀了齐庄公,晏子站在崔杼家门前,崔杼的门人问晏子:'你是来为国君殉死的吗?'晏子说:'国君难道是我一个人的国君?我为什么要殉死?'门人又问:'你打算逃走吗?'晏子说:'国君之死,是我的罪过吗?我为什么要逃走?国君如果是为国家而死,我就为他而死;国君如果是为国家而逃亡,我就为他而逃亡。如果他是为自己的私利而死,为自己的私利而逃亡,不是最亲近的人,谁敢担当这样的事情?'崔杼的家人打开门,晏子就走进去,抱着齐庄公的尸体大声痛哭,哭罢,站起身来狠狠地跺地三脚,以表达自己的愤懑,然后转身离去。孟子曾说过:'君视臣如手足,臣视君如腹心;君视臣如犬马,臣视君如路人;君视臣如粪土,臣视君如仇寇。'君若礼遇臣,臣就敬君忠君;君若不把臣当人,臣就视君如仇寇。虽说臣事君没有二心,至于是去是留,还要看所受到的恩惠多少而定。身为人君,怎么能不礼遇自己的臣下呢?"

魏徵这一番穿越时空的高论,归于一点,就是强调国君礼遇臣下的重要性,但这远远不是魏徵此次上疏的目的,魏徵最关心也最担心的是当朝大臣们所受到的待遇。他这样分析这个重要的现实问题:

"我注意观察了一下在朝的群臣,他们担负着管理国家的职责,有的奉命戍守边关,有的参与朝政,大家都在为国家建功立业。他们都是一时之间选拔出来的贤能之士,身处至关重要的部门,被委以重任。虽然委以重任,但是朝廷对他们的信任并没有达到笃信不疑的程度;信任不深,他们难免会心生疑惑;心生疑惑,就会抱着得过且过的态度;抱着得过且过的态度,就难以树立臣子应有的节操;没有节操,正名、礼教、纲常就难兴难行;正名、礼教、纲常不兴不行,要想与他们一起固守太平基业,求得数百年大唐国运,那是不可能的事情。

"我还听说,国家器重、爱惜有功之臣,不追究以前的过错,这样的做法与前朝圣君相比,没有一点差别。但是只在大事上宽恕而在小事上计较,遇到不顺心的事情就责难、发怒,避免不了私心偏爱的情绪化表现,这样是无法治理好国家的。君主严厉禁止的事情,臣下尚且还会犯,何况圣上开了违法的头,下面就会更加放肆,更加严重违法。河道壅塞而河堤崩溃,受到伤害的人很多,如此情景,让天下的黎民百姓到哪里安身呢?这就是所谓的国君开了一个不好的头,下面就会生出百种不测之变,国家没有不混乱的。"

魏徵这一大段论述,缜密地分析了君臣无信则国无治的深刻道理,概括起来就一句话:任人以信为先,治臣从治君始。

接着,魏徵再度引经据典,继续把问题深刻化:"《礼记》上说:'爱一个人就应该知道这个人的缺点和不足,恨一个人也应该知道他的优点和长处。'如果憎恨一个人而不知道这个人还有很多优点,那么为善之人就会心生畏惧;喜欢一个人而对他的缺点视而不见,那么为非之人就会越来越多。《诗经》上也说:'君子如怒,乱庶遄沮。'意思是君子如果对奸佞之人发怒斥责,那么作恶的事情就会停止。古时的威怒是用来惩罚作恶之人的,现在的威怒却是在助长奸佞,这已经大大背离了唐尧、虞舜的本意,也不是禹夏、商汤所做的事情。《尚书》上说:'安抚我的就是君上,虐待我的就是仇寇。'荀子也说过一句名言:'国君是船,民众是水。水可以浮载船,也能将船打翻!'孔子说过:'鱼离开水就会死,水离开鱼仍然是水。'所以,尧、舜总是战战兢兢,一天比一天谨慎。这样的道理岂能不深刻反思,岂能不反复考虑?"

在这一番理论分析之后,魏徵开始直面朝政:"将重任委托给大臣,把小事交给小臣,这是处理国事的常情,是处理政务的基本做法。现在委任职务,重视大臣而轻视小臣,等到有事情发生,却又听信小臣而怀疑大臣。听信自己所轻视的小臣,而怀疑自己所重视的大臣,想用这样的办法达到治理国家的目的,怎么可能实现?

"治理国家贵在相对稳定,不求多变。现在或者对小臣委以重任,或者对大臣任以小事,小臣占据不该有的高位,大臣失去应有的职守,大臣有时因为小小的过失而获罪,小臣有时因为大错而受惩罚。如此官位与地位不相称,受罚并不是他们的罪过,想要他们没有私心杂念,想要他们尽心竭力,这不是很难做到的事情吗?

"小臣不可委以大事,大臣不可因小错受罚。委任大臣以高位又去追查他的小过,那些刀笔小吏便会顺承旨意,舞文弄墨,玩弄文字游戏,歪曲事实,罗织大臣罪名。大臣们如果辩白,则必然会被认为是心不服罪;可是如果不辩白,圣上就会认定他们所犯罪行都是事实。既然说与不说都构成罪过,那就只好以侥幸免祸的态度处事,这样就会使奸诈的事情萌发滋生;奸诈的事情萌发滋生,就会形成虚伪的风气;虚伪的风气盛行,国家就不能得到治理。

"另外,委任大臣,是想使他们尽力为国,但他们如果有所避忌而不敢言说,就不能尽心尽力。如果所举荐的人得当,即使是故旧也不必避嫌;如果所举荐之人不当,即使是关系疏远之人又有什么值得称赞的?对待大臣不能竭尽诚信,拿什么要求他们做到忠恕?臣虽然会有失误,君也未必都对。在上者不信任在下者,必定觉得在下者无可信之人。如果在下者无可信之人,那在上者就值得怀疑。《礼记》说:'国君多疑,百姓迷惑。国君不了解臣子,国君就忧愁。'君臣上下之间互相猜疑,就谈不上治理国家了。现在诸位大臣,有的远在一方,如果流言蜚语不断传播,而他们若不会像曾子之母那样越墙而逃,我私自想来想去,觉得还没有这样的人。流言杀人哪!天下如此辽阔,四海之内,士子百姓如此之多,难道就没有一两个可信之人?信赖臣下,就没有不可信之人；怀疑臣下，就没有可信之人。怎么可能单单是臣下之过错呢？即使是一个普通人，一旦与他人结交为友，都可以做到以命相许、至死不渝，何况君臣之间意气相投，如同鱼水。如果为君者能像尧、舜那样，臣就会像稷、契那样，岂能因小事而变节，因小利而易心？如果真有此事，那或许是因为臣下不够忠心，但这也与在上者不信任在下者、君对臣过于刻薄有直接关系。

"岂不闻君待臣以礼，臣事君以忠？以陛下之圣明，当今之功业，如果能广泛地寻求天下俊才，君臣上下同心，那么三皇五帝就将追加为四皇六帝，夏、商、周、汉何足列数？"

魏徵洋洋洒洒、一气呵成，反复论证君臣之间互信无疑的道理，陈述君臣相疑的危害，最后，以带有鼓励甚至恭维色彩的话语，给太宗皇帝描绘了一个千古明君的蓝图。

对此呕心沥血之作，任谁都会被感动。太宗皇帝仔细览读之后，给予深度赞扬、高度肯定，并采纳了魏徵的意见。

两年后，贞观十六年（642），太宗皇帝又专门咨询魏徵："我克己为政，仰慕并盼望赶上前代有雄才大略的明君。我把积累美德、增加仁义、建立伟业、为民谋利这四者作为平时首要的事情，以此来勉励自己。人苦于不能察觉自己的过失，所以，今天请你来，看看我之所行，优劣如何？"

魏徵说："德、仁、功、利，这四者，陛下您兼而有之。内平祸乱，外除戎狄，这是陛下所创之丰功；安抚黎民百姓，使他们各自都有谋生的职业，这是陛下所谋之大利。从这方面看来，陛下立功、谋利的事情做得真不少。只是这德、义这两方面的事情，还希望陛下继续自强不息，也一定能达到圆满的地步。"

各位看官，魏徵此论可谓高妙之极。为君者之丰功厚利，无非社稷安定、苍生安康，这样的境况到了贞观中期，已经是有目共睹的事情。只有这积累仁德，是一个相对抽象的话题，也是一个十分敏感的问题，大约明君与圣君的区别，也只在德仁之间吧。可是，既然太宗皇帝问到这件事，身为特进的魏徵不能避而不答，所以，才这么委婉地说出自己的看法。言下之意，要成为圣君还需要继续努力。

又过了一年，太宗皇帝巧妙地转换了一个话题，再次谈论君臣过错。他问侍臣："自古以来，开创基业的君主，传位到子孙时，多发生祸乱，这是什么缘故呢?"

司空房玄龄说:"这主要是因为幼主生长在深宫,从小就享受荣华富贵,不曾体悟、了解世间民情真伪,不懂得治理国家的安危之道,所以执政之后祸乱多生。"

太宗不客气地反问:"你的意思是这个过错都是国君造成的?我却以为应该归咎于臣子。功臣的子弟多数没有德才,只是吃老本,凭借祖辈、父辈的功勋荫庇而身居显赫之位,不注意培养道德礼仪,以奢侈放纵为喜好。如此,国君幼弱,臣子无才,国家将倾覆而不扶助,怎么能不发生祸乱呢?想那隋炀帝念及宇文述曾经帮助自己的功劳,擢升其子宇文化及为右屯卫将军,而宇文化及不思报效,反过来行叛逆弑君之事,缢杀隋炀帝,这不是臣下的罪过吗?我今天说这些话,就是要你们各位警诫勉励自己的孩子,使他们不要触犯国家法律,这便是国家之幸。"

太宗皇帝不等大臣们答话又接着问:"宇文化及与杨玄感都是隋朝受皇恩深厚的大臣的子孙,却都反叛了隋炀帝,这是什么缘故呢?"

宇文化及是宇文述的儿子,杨玄感是隋朝宰相杨素的儿子,太宗皇帝以他们为例提出问题,就是想再次强调大臣教子的重要性。

岑文本回答说:"只有君子才能做到感恩戴德。宇文化及、杨玄感之流,都是小人。这便是古人尊重君子而轻贱小人的缘故。"

岑文本在这里巧妙地回避了大臣教子无方的话题,而是肯定了君子知恩图报、小人无情无义。所以太宗帝也只好承认岑文本说得对。

看来,在这个问题上,君臣之间一时半会儿还真达不成认识上的高度一致,那就以后再说了。

接下来又该说些什么内容呢?且听下回分解。

第十一回
明君简政设官　良臣精心施政

书接上回。

让我们把目光和注意力再次转回贞观元年,看看一代明君怎样简政设官,看看众多贤臣又如何精心施政。

贞观元年(627),唐太宗李世民向房玄龄等大臣交代了一件十分重要的事情。

太宗皇帝说:"治国理政的根本之一,就在于行政机构精简而高效。要衡量一个人的才能高下,授予适当的官职。所以《尚书》说:'任官惟贤才。'又说:'官员不一定齐备,关键是有德才。'如果得到贤能之士,即使人数少,也足够用;如果尽是无能之辈,纵然人数众多,又有何用?古人认为选拔官员如果不任用有用之人,就好比在地上画饼,画的饼是不能用来充饥的。《诗经》中也说:'谋划事情的庸人虽多,但总归是不管用。'孔子曾说过:'管仲家里管事的人不兼职,怎么能说节俭?'又说:'千张羊皮,不如一只狐狸腋下的皮毛昂贵。'这些话都记录在经典中,今天不能一一讲出来。我给你们讲这些,就是想说,我们应当精简机构,减少官员,使各自担负起所任之职,这样才能够无为而治。你们应当认真思考这个道理,并着手衡量和决定官员人数的多少。"

各位看官,唐太宗李世民登基之初,首先考虑的是如何治国理政,他从思想建设、制度建设、机制建设等方面入手,逐一强化落实,为贞观之治奠定了坚实基础。

根据太宗皇帝这次谈话的精神和要求,房玄龄等规划了大唐王朝在贞观年间的基本行政机构。说出来估计很多人都会觉得不可思议,当时文武官员总共只有640人。显而易见,这是一个精干而高效的政府机构。

太宗皇帝同意了这一方案,并且不忘叮嘱:"从今以后,如果从事乐工以及杂务的人,技艺超过同类者,只能格外多给钱物以资奖赏,一定不能超员授给他们官爵,使他们与朝廷的贤良君子并肩而立、同坐而食,而令朝廷贤良君子引以为耻。"

现在的人很难想象一个王朝的管理机构,就只有这六百多号人。更难想象的是,作为这个王朝的最高领导,李世民会清醒而具体地叮嘱:对于那些在劳动岗位上做出优异成绩和突出贡献的人,可以多奖钱财,但一定不要奖赏官职。这一做法在官本位的封建时代被确定下来,大有超越时代的先见之明。想想我们现在的一些做法,常常把在本职岗位上做出成绩的人提拔到领导岗位上,这一定是时代进步的体现吗?难道只有这样做才是真正尊重人才、尊重劳动?对待先进模范,在提拔当领导之外,是否还有更好的奖励机制和方式?

还是继续看贞观之治吧。

过了一年,太宗皇帝又一次对房玄龄、杜如晦等提出新要求:"你们身为仆射,位居宰相,应当为我分忧,协助我操持国家大事,还要广开耳目,在更大的范围内寻求察访贤良智慧之人。近来听说你们受理的诉讼状子,一天竟多达数百件,这样光是阅读公文就已经没有闲暇了,还怎么帮助我寻求贤士呢?"

在唐太宗李世民看来,像房玄龄、杜如晦这样每天处理数百件诉状的工作状态固然可嘉,但不符合高级领导干部抓大放小的工作基本要求,因为整天埋头于具体、细碎的事务当中,肯定影响对战略、方向的把握,最起码分配到思考大政方针方面的精力就会很有限。所以唐太宗下了一道命令,凡是细碎的事务都交付左右丞处理,只有那些冤屈、疑难等重大案件应该上奏的才交付给仆射。这样规定的目的,就是通过分级制,把高级领导干部从具体的事务性工作中解放出来,更好地协助国君处理大事,发现、选拔和培养后备力量。

太宗皇帝为什么如此关注人才队伍建设,肯定自有他的道理。他曾对侍臣说过自己的担忧:"我每天夜里常常思考民间百姓的事情,有时到深更半夜不能入睡。最担心那些都督、刺史能否胜任造福百姓的重任,所以在屏风上写下他们的姓名,坐卧之时经常看着,谁在任上做了好事,就记在他的名下。可是我处在深宫之中,视听无法达到远处,要了解民间真实情况和官员作为,只能委托给都督、刺史。他们的能力如何,实在决定着国家的安危,因此尤其需要称职之人。"

太宗皇帝为此又专门召见右仆射封德彝,从决定和影响国家安定的根本所在这一高度,与他讨论人才问题。在唐朝贞观年间,左、右仆射的职位与宰相同级。

太宗皇帝对封德彝说:"国家达到安定的根本,就是得到人才。我近来要求你举荐人才,你却一直未曾推荐。你要知道,治理天下,事务繁重,你应当积极作为,分担我的忧劳才是。现在让你举荐人才,你却一言不发,我还能寄希望于谁呢?"

面对太宗皇帝的批评责问,封德彝赶紧解释:"我虽然愚钝,但怎敢不尽力去办?只是到目前为止我没有发现能力突出、有特殊才能的人。"

也许封德彝就事论事,说的都是实情,或许是因为工作繁忙,或许是自己觉得掌握的信息不够,抑或是接触的人有限等原因吧,总之是没有发现特别优秀的人选,这似乎都能讲得通。所以说封德彝只是解释,并无推脱之意。

但是,太宗皇帝不这么看,他不回避就事论事,而是要进一步借事说理。他说:"前代圣明的君王任用人才就像使用一件器物,用其所长,避其所短,从来不会向别的朝代去借人才,都是在当时找到所需要的人才,怎么能说没有人才呢?难道非要梦见傅说、遇到姜尚然后再治理国家?况且,哪个朝代没有贤能之人?只是因为我们不知道而遗漏了而已。"

封德彝听罢太宗皇帝的批评,红着脸羞愧地退了出去。

过了一年,太宗皇帝还是发现举荐人才方面有问题。这次他担心的不是没人举荐人才,而是担心举荐上来的这些人有才无德,贻误大事。所以他专门找来吏部尚书杜如晦询问此事:"近来看到吏部选拔官员,只是选那些能说会写的人,而很少了解他们是否德行高尚。如果几年以后,他们邪恶的行迹开始显露,虽然我们可以对其加以惩罚甚至杀头,但老百姓已深受其害,无可挽回。怎样才能得到德才兼备的人呢?"

唐太宗李世民向杜如晦提出的问题,其实就是人才选拔的机制建设问题。要有一套科学有效的机制,把真正有才有德的人遴选出来、提拔上来,安排到合适位置。

杜如晦在吏部尚书的位置上,还是了解和掌握基本情况的,他回答说:"两汉时期选拔的人才,都是德行称著于乡间的人,先由州郡推荐上来,然后才选入任用,所以当时号称贤良的人才很多。现在每年选拔人才,候选者会集一处,有数千人之多。这些人表面忠厚,粉饰言辞,所以不能完全了解他们的为人。负责选拔的官员只是配给他们一定的官阶罢了,而非常重要的量才择官的道理,实际上并不精通,更没有贯彻执行,所以得不到真正德才兼备的人。"

太宗皇帝听了杜如晦的话,觉得两汉时期选拔人才的做法值得借鉴,就打算照此办理,命令各州郡征召举荐。只是这时正好遇到朝廷要给功臣进行世袭封爵,所以这事还没来得及施行就停下来了。

要说到两汉的做法,有可取之处,但也存在很大漏洞。汉文帝时,为了征询政治得失,下诏推举贤良方正、能直言极谏者,中选者授予官职;汉武帝时举孝廉,凡举为孝廉者,往往被授予一定的官职。但是,这些贤良、孝廉之人,名义上是各州郡按照一定标准从民间选荐的,实际上多由世家大族操纵,互相吹捧,弄虚作假。

至于说到贞观初选拔人才,由于把众多候选人集中起来,场面混乱,给一些官员受贿创造了便利条件。所以,那些真正德才兼备的人没有被选拔出来也就不足为怪了。

可以说,如何选贤任能,一直是困扰唐太宗李世民的重大问题之一。到贞观六年(632),唐太宗还在跟魏徵探讨用人的话题。

太宗皇帝对魏徵说:"古人说:君王一定要选择合适的人才担任官职,不可草率行事。我现在每做一件事,都会被天下人看到;每说一句话,都会被天下人听到。任用官吏选拔的都是正直之人,那么做好事的人就会得到勉励;误用恶人,那么居心不良的人就争相钻营。受到的奖赏与他的功劳相当,那么没有功劳的人就会自动退下;施加的惩罚与他的罪恶相等,那么干坏事的人就会有所畏惧。所以我深知赏罚不可随便施行,用人择官更须慎之又慎。"

魏徵对答说:"全面地了解一个人,从来都是很难的事情。所以要根据考核官吏的政绩来决定是升迁还是贬谪,考察其为人善恶好坏来决定取舍任弃。现在选择人才,一定要仔细考察他们的品行,如果性情良善,可以任用之。即使他能力有限不能胜任工作,也只是水平高低的问题,不会造成大的祸害。错误地任用品行有问题的人,假使他能力强、很能干,那他所造成的危害一定极多。天下混乱的时候,只选择有才干的人,很少考虑他们的品行;现在天下大治,就一定要才能与品行两者都具备才可以任用。这就是乱世用才,治世用德。"

贞观十一年(637),侍御史马周向太宗皇帝提交了一份专题报告。这个侍御史是个什么身份呢?简单说就是主要负责监督朝廷官员,弹劾百官罪行,参与审理官员刑事案件。这次"马常委"就如何加强官吏队伍建设提出了自己独特的建议。

马周上疏这样说:"治理天下,以人为本。要想让百姓安乐,关键是刺史、县令的人选要优秀。县令很多,不可能个个优秀,如果每个州能配备一个优秀的刺史,那么每个州都可以安定繁荣。如果天下所有的刺史都能尽心竭力,符合陛下心意,那么陛下就可以拱手端坐在庙堂之上,百姓也不再担心不能安居乐业了。

"自古以来,郡守、县令都是选拔那些贤良有德之人来担任,打算擢升为将相的,一定要让他们先试做地方官,从基层做起,或者直接从现有的郡守中挑选可以入朝担任丞相、司徒及太尉的人。在这个问题上,朝廷一定不能只重用朝内的臣子,而轻视了那些优秀的地方官员,忽略了刺史、县令的人员选拔。现在百姓之所以感到不安定,一个很重要的原因就在于此。"

马周建议给每个州配备一个优秀的刺史,以此来强化地方各级政府治国施政的效果,提升地方官员执政能力水平。太宗看到这份报告,觉得言之有理,认为此事应当立即处置,所以他马上吩咐侍臣做出安排:"各州刺史人选,我亲自决定;县令的人选,责令五品以上官员各推荐一人。"

几乎就在马周上疏的同时,治书侍御史刘洎也向太宗皇帝提交了一份内容类似的报告,对尚书省左右二丞拟任用之人应精心遴选谈了自己的看法。

刘洎的报告是这样说的:"臣听说尚书省日理万机,实在是处理国家政务极为关键的部门,寻求能胜任尚书省工作、担当此职责的人选,不是一件容易的事。尚书省左右仆射、六部长官好比天上文昌宫内的众星,而左右二丞好比文昌宫的管辖,是关键之关键。如果不称职的人占据了这个位置,会被其他官员非议。

"我看到近来尚书省的诏敕总是拖延滞停,文案积压,严重影响行政效率。我虽然平庸低劣,也恳请陛下允许我谈谈对这个问题的看法,探究一下产生这个现象的根源。

"贞观初年,国家尚未设置尚书令、左右仆射等职位,当时尚书省的事务极为繁杂,工作量比现在多出一倍以上。当时任左丞的戴胄、任右丞的魏徵,都是通晓行政管理事务的人,他们心怀坦荡、品性刚正,遇到弹劾检举的事情,从来都不回避。陛下对他们施予恩惠慈爱,促使百官庄重严肃,各个官署都不敢懈怠,这都是任人得当的缘故。等到杜正伦继任右丞,也做得不错,很能勉励部下,努力做好工作。

"近来,国家的重要法纪已经不能正常施行,功臣国戚身居高位,能力水平却不足以胜任其职,彼此又倚仗功勋、权势互相倾轧。在职的其他官员,也不遵循国家的法律准则,尽管有的还想奋发努力,却又害怕他人谗毁诽谤,所以事情都由郎中定夺,遇事就请示上级,一推了事。尚书又模棱两可,不能果决处置。有的纠察弹劾案件应该上奏,却故意拖延,案件已经处理得很清楚了,仍然再三询问。公文发出去没有期限,延迟了也不责备,公文一出手,就历时一年有余。有的事情为了迎合上意,就不按实际情况办理;有的事为了回避嫌疑,就压制正当理由。办案官员只求结案了事,并不在意是非曲直;尚书把谄媚逢迎当作奉公守法,也不管是非曲直。官员互相之间姑息宽容,彼此掩盖行事的缺失。

"本来从众人中选拔人才,是为了授官给那些有才能的人,没有才能的人不能举任。官员是代天理事,怎么可以随便授官给没有才能的人呢?至于皇亲国戚和开国元勋,只适宜在礼仪和俸禄上予以优待。他们有的年事已高,有的长期患病、神志不清,既然对现时政事没有什么用处,就应该让他们休息,颐养天年,安闲舒适地消磨晚年时光。让他们对政事指手画脚,长期妨碍进贤之路,真的很不应该。

"总之,要消除这些弊端,就应当精心选拔尚书省的左右丞及左右郎中。如果这些关键的岗位都由适当的人来任职,国家的重要法纪就会全部得以施行,也能矫正小人竞相奔走谋官的风气,而不仅仅是改变诏敕拖延迟滞的现象。"

刘洎的这份报告,犹如一颗重磅炸弹,一下子就炸开了被严重的官僚主义、形式主义所掩盖的行政机构不负责任、办事拖沓、互相推诿、不思进取的事实真相。如果没有一定的洞察力,不会有如此深刻的发现;如果没有忠正之心,也不会如此直率地上疏。直言无忌,玩的不只是胆子大!

当然,也许刘洎的报告还颇有一点自荐自举、当仁不让的意思,估计太宗皇帝也一定认真地研读了刘洎的报告。为什么这么说呢?因为不久以后,刘洎就被任命为尚书左丞。

受这件事的启发,到贞观十三年(639),太宗皇帝向侍臣们提出了一个自己认为颇为可行的想法:"我听说天下太平后会有大乱,乱后又必有太平。继大乱之后,就是开太平大运之始。能安天下的人,在于得到贤良之才而任用之。你们既然不知道贤才在哪里,我也不可能遍识天下英才,这样日复一日,长此以往,必定还是得不到人才。我现在打算让人才自我举荐。这样做你们看怎么样?"

又是魏徵站出来,很干脆地予以否定。魏徵说:"了解别人是很困难的事情,有自知之明也不是很容易。何况愚昧昏庸的人,总是自以为是,自以为自己贤能,到处夸耀自己的长处,如果让人自我举荐,恐怕会滋长浮夸轻薄之风。臣以为不能实行自我举荐的办法。"

太宗皇帝苦思冥想的一个自认为可以有效施行的人才选拔举措就这样被敢于实话实说的大臣魏徵直接顶了回去。唐太宗李世民此时作何感想,我们不得而知,但是,一个基本的逻辑就是:既然你魏徵认为圣上的想法不好,那么你认为的好办法又是什么呢?

精彩值得期待。

欲知后事如何,且听下回分解。

第十二回
大手笔魏徵再上疏　说贞观太宗甚嘉纳

上文说到贞观十三年（639），太宗皇帝想通过"欲令人自举"以解决"公等既不能知贤，朕又不可遍识"而导致的得不到人才的严重问题，没想到魏徵一句"不可令其自举"，硬生生就否定了。

那么，做臣子的，既然你能够否定最高领导的想法，你就应当拿出更好的可行性建议。所以在贞观十四年（640），特进魏徵向太宗皇帝上疏，写了一份长篇报告。那么，魏徵在这个长篇报告里向太宗皇帝说了些什么呢？且容我们试着以魏徵的口吻给各位看官慢慢道来。

"臣下听说知臣莫若君，这跟知子莫若父是一样的道理。为父者如果不了解自己的孩子，那就无法保证家庭和睦；国君如果不了解大臣，就没有办法治理天下。天下安宁，国君有庆，必定依赖贤良之人的辅佐。贤能俊才在朝为官，可确保各项事业取得成功，国君无须过多操劳就可实现无为而治、民风淳朴。想那尧、舜、文王、武王被前代称颂，都是因为了解臣子且发挥了他们的作用，众多贤士充盈朝廷。舜帝时有传说中的八元、八恺贤臣辅佐，所以功绩显赫；西周新君因为有周公、召公辅佐，所以美名万古传扬。但是，难道四岳、九官、五臣、十乱这样的贤良之臣只出现在过去的时代而唯独现在没有吗？在臣看来，这在于国君寻求还是不寻求、喜好还是不喜好。

"我为什么这样讲？请看，就像明珠、美玉、孔雀、翡翠、犀角、象牙，以及大宛国的汗血宝马、西夷国的犬獒这一类的稀罕物，有的并无脚，有的本无情，出产于八方荒远之地，距此有万里之遥，进贡使者要跋涉万水千山，所经之地要通过重重翻译才能沟通，最终才能来到中国。可那进贡道路上献宝的人依旧络绎不绝，这又是为什么呢？这是因为他们知道，中国喜好这些东西。照此看来，让那些为官之人心里感念国君给予的荣华，享受国君赏赐的俸禄，用宏大道义统率他们的思想，他们怎会不尽职尽责呢？

"所以，臣以为，对官员们施行忠诚之教，他们就会成为龙逄、比干那样的忠臣；施行孝道之教，他们就会成为曾参、子骞那样的孝子；施行诚信之教，他们就会成为尾生、柳下惠那样恪守信用的人；施行廉洁之教，他们就会成为伯夷、叔齐那样高洁的人。

"话虽是这么说,可是现在的群臣之中,很少有品德廉洁、才能卓越的人,这大概是对他们要求不严、磨炼不精的缘故吧。如果用大公无私、忠心无二来勉励他们,以远大理想来要求他们,使他们各守其职、各尽其责,那么就可以走向正道了。

"考察一个人,就要在他显贵的时候观察他所举荐的,富有的时候观察他所供养的,日常生活观察他的爱好,习学之际观察他的言语,穷困之际观察他所不接受的,卑贱之际观察他不屑为之的事情。这样择材录取,根据他们的能力,用其所长,避其所短,用'六正'勉励他们积极进取,以'六邪'警诫他们不犯错误,如此一来,就可以收到自励自勉、自警自诫的效果。

"西汉刘向所撰《说苑》对人臣之'六正''六邪'有专门论述,是这样说的:'人臣之行,有六正六邪,行六正则荣,犯六邪则耻。'什么是六正呢?第一,在事情苗头还未萌芽,形势征兆还未显露的时候,就能预见到存亡危机和得失机要,预先消除危难,防患于未然,使人君超然立于荣显之处安然无恙,能如此者,就是圣臣。第二,一心一意竭尽全力,每天进谏好的意见,用礼义劝勉君主,将治国良策进献给国君,国君有好的想法就顺势而为,国君有过失就及时匡正,能如此者,就是良臣。第三,早起晚睡,勤政不辍,进贤不懈,经常用前代圣明君主的行为处事方式激励国君的意志,能如此者,就是忠臣。第四,明察秋毫,深究成败之理,提前预防、设法补救,堵塞漏洞、杜绝根源,逢凶化吉、转危为安,行政能力很强,使国君终日无忧,能如此者,就是智臣。第五,奉公守法,居官处事不接受馈赠,不谋求俸禄,谦让赏赐,生活节俭,朴素立身,能如此者,就是贞洁之臣。第六,在国君昏庸、国家发生混乱的情况下,没有阿谀奉承的行为,敢于触犯龙颜,当面议论国君的过失,能如此者,就是正直之臣。以上这六种,就是所谓的'六正'。

"那么,'六邪'又是什么呢?具体说来,第一邪,安于做官,贪图俸禄,不务公事,随波逐流,左右观望。这样的臣子,就是占着职位不干事、滥竽充数而无为的人。第二邪,曲意逢迎,国君说什么都说好,国君做什么都说行,暗地里寻求国君嗜好的东西贡奉上去博得国君欢心,为自己争取容身之所,整天想方设法讨国君开心,从来不考虑这样做的后果。这样的臣子,就是溜须拍马、阿谀奉承之人。第三邪,内心充满邪念,外表却小心谨慎,巧言令色,嫉贤妒能。他想要举荐谁,就大肆夸赞那人的优点而有意隐藏缺点,他想要贬退谁,就借机渲染那人的缺点而有意掩盖优点,使国君赏罚不当,政令不行。这样的臣子,就是奸佞之人。第四邪,费尽心思来掩盖自己的过错,擅长诡辩、四处游说,对内能挑拨离间骨肉之情,对外则给朝廷制造麻烦。这样的臣子,就是逸邪之人。第五邪,专权弄势,专横跋扈,颠倒是非,混淆轻重,结党营私,损公肥私,擅改政令,自大自贵。这样的臣子,就是居心叵测的贼人。第六邪,用花言巧语哄骗君主,陷国君于不义境地,私结党朋,蒙蔽国君,使国君黑白不分、是非不明、恶名远播。这样的臣子,就是败政亡国的人。以上六种,就是所谓的'六邪'。

"贤良的臣子,立命处事遵循'六正'之道,不行'六邪'之术,因此确保了朝廷的安定和天下大治。这样的人在世时受到百姓爱戴,去世后被怀念追思。人臣就应当这么做!

"《礼记》中说:'秤挂在那里,不可用轻重欺骗它;墨斗摆在那里,不可用曲直欺骗它;规与矩设置在那里,不可用方圆去欺骗它;君子明悉礼义,不可用奸诈欺骗他。'这样看来,要想了解臣子的真实情况,也就不难了。如果再加上礼遇他们,用律令约束他们,善做善成者给予赏赐,为非作歹者施以惩罚,那么他们怎么会不求上进呢?又怎么会不尽力呢?

"国家想要选拔忠正贤良的人,罢免缺乏才干的人,已经有十多年时间了,我只是听到了这样的说法而没有看到这样的结果,没有见到这样的人,这是什么原因呢?根本所在就是话说对了而事做错了。话说对了,是出于公允的道理;事做错了,则是走上了邪路。这样难免对与错互相混杂,好与坏相互攻击。国君喜欢的人即使有罪,也不会遭受刑罚;国君厌恶的人虽然无辜,也不免受罚。这就是所谓喜爱就希望他生,厌恶就希望他死。对有的人因为一点点小的过失就抛开了他的大善,因为一点点小的过错就忘记了他的大功。这就是所谓国君的赏赐不可以无功求取,国君的惩罚不可以有罪而免。如果奖赏不足以勉励大家向善,处罚不足以惩恶,那么希望邪正不相混淆,又怎么可能实现呢?如果奖赏不遗漏疏远的人,惩罚不偏袒亲贵的人,以公平为规矩,以仁义为准绳,通过考核各级官吏的功过善恶来确定他们的职务、名分和等级,根据所担任的职务考察他们的工作实绩,这样邪与正都不会被隐瞒,优劣善恶、功过是非自然分明,一目了然。朝廷在这个基础上选取那些有真才实学的人,不重用华而不实的人,录用忠厚有德的人,不留浅薄无德的人,这样用不着多说就可以教化,一年时间就可以看到结果。如果只爱那些徒有华美外表而无内秀的人,不为老百姓选择好的官吏,虽有至公至正的言辞,而无至公至正的行动,因为喜爱一个人而对他的缺点视而不见,因为憎恶一个人而把他的优点忘到脑后,枉徇私情去接近邪佞之人,违背公道而疏远忠良之人,尽管从早到晚勤政不怠,费心劳神,苦苦思虑,想要求得天下大治,终究是不可达到的。"

各位看官,以上就是魏徵上疏的全部内容。在这份亲自书写上奏的报告中,魏徵把自己的所思所虑变成一个个直言不讳的犀利反问:我们这个时代到底有没有可用之才?我们为什么发现不了德才兼备的人才?我们到底把什么看成最宝贵的东西?当今朝廷命官为什么少有优秀者冒尖?我们是否认真思考过臣之"六正""六邪"?大臣们不尽心竭力的根本原因究竟是什么?选贤用能的政策出台十几年了,为什么效果不佳?以个人好恶评判一个人为什么行不通?如何才能建立起人才选拔任用、考核奖惩的完备机制?为什么只有最高领导者的勤政不怠远远不能实现有效治理?

这十个尖锐的问题随着这份奏疏摆在了太宗皇帝的面前,他不能不认真对待,他不能不深刻反思,他不能不探究答案,况且这些问题,不也正是他一直以来关注的吗?

再三研读魏徵的奏章,太宗皇帝的心绪也逐渐由凝重变得轻松起来,他的思虑由焦躁慢慢变得清晰起来,因为在魏徵的奏章里,不仅提出了问题,更重要的是他分析了问题,这就等于指明了解决这些问题的方向和路径。太宗皇帝能不心花怒放吗?

《贞观政要》记述这件事情的最终结果就一句话:"太宗甚嘉纳之。"

魏徵一片苦心终于换来太宗皇帝的高度赞赏,所提建议也被采纳。

当然,有些时候,太宗皇帝也会巧妙地了解大臣的看法,并调整自己的做法。贞观二十一年(647)的一件事就很有意思。

这一年的某一天,太宗皇帝在位于终南山的翠微宫中准备任命司农卿李纬担任户部尚书。户部尚书是掌管国家经济的重要职位,可想而知,能担任这个职务的官员一定是德才兼备、能力超群之人。李纬是否是这样的人呢?大概太宗皇帝也不一定有十足把握做到用人无误,所以他就要听听大臣们的意见。

当时,重臣房玄龄留守京城处理朝政,恰好有人从京城来翠微宫,太宗皇帝就问来人:"房玄龄听到我打算任命李纬当户部尚书的消息,他有什么意见吗?"来人回答说,房玄龄倒也没说什么,只是说李纬的一把胡子长得真好。

这简直就像打哑谜,太宗皇帝却从这一反馈话语中听出了意思,所以他立即做出决定,改任李纬为洛州刺史,大幅度降级任用。

之所以会发生如此重大的调整,还是因为房玄龄看似无关痛痒的那一句话,这或许也正是房玄龄智慧之所在。他既没有直言太宗皇帝用人不当,也没有明确表示李纬能力不足,他虽然说的是李纬胡子好看,而真正要表达的意思却是李纬虽有某些长处,但是要担任户部尚书这样一个重要职务可能还是差那么一点水平,有点不够格。

太宗皇帝当然从房玄龄的话里听出了他的真正含义,心里明白自己的这个任命有点草率,于是立即改变自己的决定,重新调整,对李纬降职任用。

这件事在《新唐书》里记载的情节稍有不同,但结果大同小异,都是降职任用。故事结束了,这回书也就说完了。

欲知后事如何,且听下回分解。

第十三回
赏有功唐太宗不私其亲　封世袭李百药奏论以驳

这回书,我们把时间拉回到贞观元年(627)。

唐太宗李世民通过玄武门之变,终于登上君位,一幅新的时代画卷就要在他的手里慢慢展开。对于这位年轻而又想大有作为的新君而言,他不能不考虑如何治理天下这个重大的战略问题,但同时他又要立刻做一件事给大家看,这就是对有功之臣论功行赏。这回书,我们就从太宗皇帝论功封赏这件事说起。

根据《贞观政要》的记载,唐太宗李世民特别封中书令房玄龄为邗国公,工部尚书杜如晦为蔡国公,吏部尚书长孙无忌为齐国公,这意味着在李世民眼里,这三位功臣属于并列一等功,并实际封给食邑一千三百户。

在那样一个"家天下"的年代,这样的封赏足以让人感到羡慕甚至是嫉妒,也会让一些自认为功高的人由羡慕嫉妒发展到内心愤愤不平。有一个人可以说就是这批人物中的典型代表,他就是太宗皇帝李世民的叔父、淮安王李神通。

淮安王李神通对于房玄龄、杜如晦、长孙无忌三位大臣被封为国公并列一等功,感到很不公平。为什么他感到不公平呢?主要不是因为给三位封赏太多,而是相比之下觉得陛下先前给自己的封赏太少太低。这么一比较,心里难免失衡,就觉得不公平了。如果是别人,也许会把这种不满情绪压下去,不敢随便说出来,也不敢轻易表现出来,但李神通觉得自己与当今圣上有着非同一般的关系,所以,他要一吐为快,并且他选择上奏,直接向太宗皇帝也就是他的侄儿李世民表达自己的不解和不满:"想当初,高祖皇帝刚刚举起反隋的大旗,我就率兵响应,义无反顾参加进来,应该说绝对是最早建功的人。经过无数次出生入死的拼杀,终于建立大唐王朝。现在皇侄儿君临天下,就应当封赏有功,这无可厚非。可是像房玄龄等舞文弄墨之人,竟然功勋列在第一等,我心里实在想不通,也不服气。"

面对这样直接的申诉,如果是别人,倒也好说些,可现在说这话的偏偏是自己的叔父,而且是早年跟随自己父亲一起反隋打拼天下的长辈、前辈,也着

第十三回　赏有功唐太宗不私其亲　封世袭李百药奏论以驳

实是有些功劳的,该怎么回复？李世民不得不慎重对待。

怎么才能说清这其中的道理,让叔父心服呢？太宗皇帝采用借事说理之法,来了一个深刻论述。他这样回复叔父的奏章:"治理国家这样的大事,一定要审慎对待赏赐和惩罚。赏赐所加,要和一个人的功劳大小相当,这样,那些无功之人自然会退出争名抢利的行列;惩罚所施,一定要与一个人所犯的罪行相符,这样,那些作恶之人都会感到惊惧而收敛自己的行为。从这个道理上讲,赏罚的决定不可以随便做出。我今天论功行赏,把房玄龄、杜如晦、长孙无忌他们并列为一等功臣,是因为他们确实有运筹帷幄、谋定天下的功劳。这就像汉朝的萧何,虽然没有上马杀敌的功劳,却发挥着谋划战略、指引方向、掌控局面的作用,所以功居第一。至于叔父您,本是朝廷至亲,我也不是吝惜封赏,但实在不敢徇私情、滥用封赏让您和那些功臣站在同一等。"

太宗皇帝这番议论,很明确地传递出三个层面的信息:第一,赏罚不可随便,一定要与功过相符,对于居功至伟的人,就要重赏;第二,对一个人功劳的认定,一定要有符合实际的客观标准,要充分考虑其价值的独特性;第三,论功行赏,一定不能徇私情,不能以个人好恶和亲疏远近来裁定。

李世民在这里提到的萧何的故事,本就是一个很经典的例子。汉高祖刘邦即位以后,论功行赏,群臣争功,都觉得自己对大汉王朝有不可磨灭的贡献,但刘邦认为萧何功劳最大。群臣不服,提出异议,认为萧何"未有汗马之劳,徒持文墨议论",从来都不上阵杀敌,只是凭借舞文弄墨就功居群臣之上,哪有这样的道理呢？刘邦通过一个生活中的例子解释说:"狩猎的时候,追杀走兽猎物的是猎狗,向猎狗指明追捕方向和对象的则是猎人。你们诸位能够杀敌立功,只不过就像是猎狗;至于萧何,才是发出指令的猎人,没有他运筹谋划,你们怎么可能立功？"群臣面对这近乎侮辱的说法,都不好意思再发表不同意见。

现在,李世民遇到的事情与当时刘邦遇到的事情几乎一模一样,所以,李世民也就拿刘邦的说法回答问题。结果,一些自认为有大功的大臣也不好意思了,纷纷表示:"陛下以最公正的态度对待臣下,赏赐不徇私情,不偏袒至亲,我们还有什么可说的呢？"

说起来,当初唐高祖李渊已经建置宗室名籍,兄弟、子侄以及再传、三传的子孙,孩童以上被封为王的就多达几十人。鉴于此,李世民再次向群臣表明自己的态度:"自两汉以来,只是封儿子及兄弟为王,其他疏远一些的皇亲,如果没有大功,都不会受封。如果所有的亲属都封为王,势必要给他们分派更多从事苦力的人,这无异于加重百姓的困苦来养活自己的亲属。这实在不是我所想看到的。"

最高领导的意图再清楚不过了,就是要改革这一不合理的制度和做法。于是,宗室当中很多过去已经封为郡王的人,因为没有名副其实的功劳,都被降为五等爵位的县公。

真的是此一时也彼一时也,贞观初年论功行赏这件事,让我们看到一位新君之明。但是,时过境迁,明君也有犯糊涂的时候,巧的是这糊涂也是犯在封赏这事上面。

怎么回事呢？这还得从贞观十一年（637）发生的一件事说起。

贞观十一年（637）,也许是读史书太多太深,唐太宗李世民的目光停留在对王朝兴衰结果的关注上,他的思维沉浸在对兴衰原因的探究上。按说这应该是君王之明的又一体现,但是,这次太宗皇帝却钻进牛角尖,犯了以点带面、以偏概全的错误。

为什么这么说呢？因为据《贞观政要》记载,唐太宗李世民坚定不移地认为,周朝基业能传承八百年,是因为对宗室子弟实行分封；秦朝到二世就灭亡了,就是因为废除了分封制；刘邦死后,吕后尽管想危害刘氏天下,但刘氏最后依靠宗室子弟的力量获得安定,确保汉室江山没有落入他人之手。基于对这些历史事实的分析,太宗皇帝得出结论：分封皇亲贤臣,应当是确保子孙长久、帝业绵延、江山永固的基本途径。

既然意识到了,那就不能迟疑,太宗皇帝立即开始做制度化安排,准备将异母弟、荆州都督荆王李元景,三皇子、安州都督吴王李恪等21人,再加上功臣司空、赵州刺史长孙无忌,尚书左仆射、宋州刺史房玄龄等14人,总共35人,一并封为世袭刺史。

其实,周朝基业八百年传承和秦朝二世而亡,根本的原因并不是分封的兴与废,李世民却要拿这一自以为是的观点作为自己分封之举的理论依据。如果这一做法得以施行,不言而喻,就是用错误观点指导的一个错误的行为。这种错上加错的事情,无疑将是一代明君不可轻易洗刷掉的极其不明智的污点,而且必将对贞观之治产生不可估量的负面影响。

此时,有一个人站了出来,直言不讳地剖析太宗皇帝拟行世袭封爵的不

第十三回 赏有功唐太宗不私其亲 封世袭李百药奏论以驳

当之处。此人就是礼部侍郎李百药。礼部是负责典礼事务、文教科举、外事活动的重要部门,礼部侍郎就是这个部门的副长官。

关于这个李百药的一些情况,在这里有必要向各位看官有所交代。李百药,字重规,定州安平人,也就是今天河北省人,出身于仕宦家庭。父亲李德林,字公辅,北齐时官至中书侍郎,参与国史修撰,编成纪传体《齐史》27卷,到了隋朝时,官至内史令,被封为安平公,在任内又奉诏续修《齐史》,但令人惋惜的是全书未成而卒。李百药自幼受到家庭影响,少年时就好学博闻,富有独立见解。在隋开皇初年曾任东宫通事舍人、太子舍人、礼部员外郎等职,还承袭了父亲李德林的安平公爵位。他的才能得到隋文帝赏识,一时朝中奏议文告,多出自他的手笔。遗憾的是到隋炀帝时他受到排挤,官运蹇滞不通。隋末农民大起义时,他曾被胁裹到沈法兴、李子通、杜伏威等人的队伍中。后归入大唐,受到唐太宗的重用,起用为中书舍人,赐爵安平县男,又任礼部侍郎,后官至宗正卿,封安平县子。李百药在唐太宗时参加了制定"五礼"及律令的工作。在辅佐太子李承乾时,对承乾漫游无度的行为数有匡正,对于朝中的其他政事,也不时提出自己的看法,在政治上有些作为。

这次,李百药针对太宗皇帝的打算,专门上了一道奏章议论此事。但是,要把这件事背后那些深刻的道理说清楚,还真不容易,而且如果不注意切入问题的角度和论证的方法,有可能会使太宗皇帝一意孤行把生米做成熟饭,那样的话局面就不可收拾了。所以,李百药决定采取绕弯子的办法,先顺着太宗皇帝李世民的思维说开来,慢慢揭示主题,一点点明示自己的观点。

在李百药上书给太宗皇帝的奏章里,一开始是这样讲的:"治理国家、护佑百姓,这是一个国君通常要做的事情,而且是要努力做好的事情;尊重君主、安定高层,这是符合人情世故的基本道理;思虑并阐释治国安邦的规划,以求弘扬长久的业绩,永保万世基业,大家的想法都是如此。但是各个朝代坐拥天下的时间长短不一,国家治理也是安乱各异。为什么会这样呢?"

李百药在奏章论述的开篇,就巧妙地提出这个问题,这叫有的放矢,目的是把这个问题与太宗皇帝所依据的史实联系起来。

他继续论述道:"为什么各个朝代坐拥天下的时间长短不一呢?远观历史记载,论述都很详尽。比如,都说周朝享国超过了预期而秦朝却早亡,这其中的原因,就在于周朝建立了分封制而秦朝废除了分封制。人们普遍认为,周代君主借鉴夏商两朝长治久安的经验,遵循圣君治国安邦的方略,确保邦国城邑之间坚如磐石,根深本固,这样即使国家一些重要的大政方针出现问题,也会因为王室与诸侯之间的密切联系而互相扶持,化险为夷,度过危机,使叛逆不生,宗祀不绝。秦朝建立以后是怎么做的呢?他们违背古人的祖训,抛弃圣王的方法,凭借天险,废除诸侯分封,设置郡县进行治理,宗室子弟没有自己的封土,百姓缺少共同治国的责任意识,所以,到最后,一个普通人振臂一呼,秦朝的庙堂就轰然倒塌。"

李百药的这一段论述,乍一看,就是太宗皇帝所持观点的理论阐发,好像他就是在为皇帝说话。如果真是那样,这道奏章也就没什么值得关注的了。就在人们产生这样的疑惑的时候,李百药在接下来的论述中,话锋一转,在否定这一肤浅观点的同时,提出了自己的看法。他说:"人们都认为周朝长久、秦朝短命是因为分封制的兴与废,事实似乎是这样的。这种看法有道理吗?臣下以为,自古以来的帝王君临天下,都是受命于天。他们适逢盛世兴旺之运,殷切期望能开创神圣事业。即便像魏武帝曹操那样靠别人养大的人,如汉高祖刘邦那样原本只是押送苦力徒役的人,人们不要只是看到他们觊觎帝位,而要看到他们不辞上天受命这才终成帝业。如果天下百姓不归附他们,精华枯竭,即便有尧帝那样的光芒照耀四方,有舜帝那样的政绩比齐日月,有揖让之心,后代子孙也未必能守住先辈基业。像唐尧、虞舜那样的厚德之人,尚且不能确保他们的后代昌盛。由此可知,帝业有长短,一定是上天的旨意;国运有盛衰,则一定与人的治理有关。"

各位看官,佩服吧?通过罗列历史事实,再加以理论分析,李百药巧妙地把帝运和国运这两个概念区别开来,从而得出帝运长短在天、国运盛衰在人这一重要结论。

但是要把这一结论树立起来,还需要做大量论证。所以,李百药继续以历史事实为线索进行分析:"看看大周王朝,卜卦得到的预测结果是传位三十代,享国七百年,后来虽然衰微到极点,但是文王、武王留下的制度依然存在,可见帝业的命数,冥冥之中早已注定。等到周绍王南巡一去不归、周平王迁都洛邑,虽避开武力威逼,但祭祀的礼仪已经残缺,京郊的土地不能保存,衰微征兆显现,东周王朝已经受到分封邦国的连累了。再看那暴秦王朝,虽然来势凶猛,却只不过是闰余之运。秦朝受命的国君,德行不如夏禹和商汤,继位的国君,才能不如夏启和成王,即使将李斯、王绾这样的宰相分封诸侯,让将闾、子婴这样的人统率千乘之兵,也无法阻止赤帝子的兴起,无法抗拒刘邦

第十三回 赏有功唐太宗不私其亲 封世袭李百药奏论以驳

开创大汉基业。我之所以要比对周朝和秦朝的不同结局，就是想说明，事情的得失成败，各有道理原委，只是著书立说的人墨守成规，不注意辨别古今情况差异，不区分道理上的轻薄与淳厚，总想套用夏商周的远古制度来处置百代之后的今天之事，总觉得只有分封天下土地，把京畿之地变成卿大夫的食邑，才能长治久安。这完全是把结绳记事的上古之法用到虞舜夏禹之时，把帝舜之法施行于汉魏之时，其法令混乱、制度松弛的结果可想而知。"

各位看官请注意，李百药论述至此，已经公开亮出自己的观点，这一观点直接把太宗皇帝的想法彻底否定，并且毫不留情地进行了批驳："刻舟求剑，绝无收到实效的可行之处；粘柱调弦，断不能演奏靠谱着调的乐章。想那春秋时期，楚庄王询问周室九鼎轻重，晋文公请求死后掘地安葬，都是出于称霸兴兵的心理；子婴白马素车投降汉王时，没有诸侯施以援手。秦二世为何被赵高杀死在望夷宫；取代太康的后羿为何会被自己的臣子寒浞杀于桃梧；曹髦被公卿拥立为帝却为何遭司马昭杀害；周幽王只因为宠爱褒姒就废了申后和太子宜臼，却最终被申侯联合犬戎族杀死在骊山脚下。这些事例都说明，清明与混乱的人，以各自的行为改变着各自的命运和结局，不一定是受封的郡宰和公侯决定着国家的兴衰。"

不能不佩服李百药的严谨和缜密，他一口气说出七个典型事例，通过反问支撑自己"国运盛衰在人"的观点，同时意犹未尽地继续展开论述："即使实行了分封，经过几代之后，王室衰微，从藩国的宗亲开始，慢慢就变成了仇敌，一家之内习俗不同，一国之内各自为政，恃强凌弱、以大欺小的事情常常发生，国与国之间互相侵犯的战争此起彼伏。发生在鲁国的狐骀山之战，举国妇女都为伤亡者披麻戴孝；秦晋两国的崤陵之战，秦国大败，战车尽失。这样的例子太多了，不胜枚举，但是，还有陆机那样的人睁着眼睛说瞎话：'虽然新王继位截夺了九鼎，凶残之人占据了京城，天下却能太平安定、以治待乱。'这简直是一派胡言、荒谬之极！如果设官分职，选贤用能，使政绩优良者共同承担治国安邦的重任，那么贤臣良将何愁难觅！如此自然会吉兆呈现、风调雨顺，百姓如爱戴父母一样爱戴自己的君主，政治清明有如神助。曹元首也喜不自禁地感叹：'能与众人分享快乐的人，众人一定愿意分担他的忧虑；能与众人分享安康的人，众人一定愿意拯救他的危难。'这话说得太好了！怎么能说只有分封的诸侯才能与君王共安危，而任命的太守、刺史就不能与君主同忧乐呢？这样的认识和说法其实是很荒唐的。"

李百药再次直言自己对宗亲分封、爵位世袭持批判观点和否定态度,并继续对分封制的弊端和现行制度的优点进行比对分析,进一步丰富自己的观点:"实行分封,建立邦国,他们就会凭借资历和门第,忘记先辈创业的艰辛不易,轻视轻易得来的显赫尊贵,无不是一代比一代更加荒淫残忍,越来越骄横奢侈。满足他们需要的离宫别馆高耸入云,他们有的使用人力将尽枯竭,有的邀请诸侯寻欢作乐。历史上陈灵公与孔宁、仪行父君臣淫乱,一起侮辱徵舒;卫宣公荒淫无道,纳子之妻为妻,听信谗言杀死自己的儿子。他们都说自己想治理好国家,难道就是这样治理的吗?"

各位看官,说书的一张嘴,不能同时说两件事。这里说到李百药奏章里提到陈灵公、卫宣公的事,如果不给大家稍微介绍一下,恐怕这个背景就被忽略了。其实,这都是《左传》记载的历史故事。先说陈灵公,这个陈灵公与大臣孔宁、仪行父一起与夏姬私通淫乱。有一次他们在夏姬的住处饮酒作乐,陈灵公指着夏姬的儿子徵舒对仪行父说:"他长得像你。"仪行父笑了笑回答说:"他也长得像君主您。"徵舒受到如此侮辱,后来杀掉了陈灵公,孔宁和仪行父逃到了楚国。这就是陈灵公君臣淫乱、辱人被杀之事。再说说卫宣公,卫宣公看到自己儿子伋即将迎娶的女子长得很漂亮,就抢先一步,将其娶为自己的妻子,这个女人就是宣姜。宣姜为卫宣公生了公子寿和公子朔两个儿子。后来卫宣公听信宣姜和公子朔的谗言诬告,起了杀子之心,他假装派太子伋出使齐国,却暗中布置杀手,要在半路上结果伋的性命。这件事也不知怎么被公子寿知道了,就赶紧给太子伋通风报信,让他逃走,但太子伋认为君王的命令为大,不能逃走。公子寿只好偷走太子伋出使的符节,假扮成太子伋先上路,要替他一死,果不其然,他被卫宣公安排的人所杀。太子伋赶到,发现公子寿被杀,对杀手说:"君王命令你们杀我,公子寿有什么罪?"这些人便又杀了太子伋。这就是卫宣公听信谗言残杀亲子之事。

说完了故事背景,我们书归正传,继续说李百药奏章所言:"现在内外官员都由朝廷选拔,擢升普通百姓中有能力的人来担任,以澄澈如水的考核机制考察他们,年节慰劳优厚,提高他们的官阶,通过政绩优劣决定他们的升迁和罢免。在这样的制度体制内,这些人责任心、进取心强,办事认真,敬业守职,互相切磋,感情深厚。有的人廉洁奉公,无中饱私囊之举;有的人到异地走马上任,公私分明,妻儿不进馆舍居住。有的人虽然官阶高,但生活俭朴,宁愿吃自带的干粮也不生火做饭,毫无奢侈之风;有的人虽身负重任,但穿着平常甚至是补丁粗衣。有的官员就像后汉南阳太守羊续,粗衣素食;有的官员就像后汉莱芜县官范丹,家里一贫如洗,盛饭的甑满是灰尘。不是他们不懂得享受,也不是他们没有欲望和追求,只是他们专心致志为国兴利增加财物,这是何等令人爽心之举!"

经过以上这样的层层论述和逻辑分析,李百药对自己的观点做了初步的总结:"总而言之,爵位不是世袭的,任贤之路就会广阔平坦;百姓没有相对稳定的父母官,依附之情就不会深厚。这些基本的道理是愚昧和聪明的人都能分辨的,怎么能轻易质疑呢?至于那些灭国篡位、弑杀国君、扰乱伦常、干扰纲纪的龌龊之事,春秋二百余年间,基本上就没有消停过,哪有什么安宁的岁月?睢水祭祀时,杀鄫国之君当作祭品;鲁国平坦的道路,却成了乱伦幽会的便捷途径。纵然如后来西汉哀帝、平帝之时,东汉桓帝、灵帝之际,下层官吏的荒淫残暴也不至于到这样的地步。治理国家的道理,可一言以蔽之。"

李百药所谓的"一言以蔽之"的为政之道,是怎样的一句话呢?他没有明说,也用不着明说,这就是不言而喻的境界。

作为一代明君的李世民对李百药这句没有说出口的话自然心知肚明、心领神会。所以,李百药又从赞美太宗皇帝的角度着手,及时指出分封宗亲、世袭爵位的不可取之处:"陛下掌握纲纪、统驭天下,顺应天时、开创帝业,救亿万百姓于水火之中,还朗朗正气于宇宙之间。陛下开创基业留传后代,以美德比配天地,明察事理之后才发号施令,内心自明,常以先贤古圣自勉。现在陛下决意要恢复五等爵位,施行旧时制度,想要通过建立邦国以使诸侯与王室相亲。臣下窃以为自汉魏以来,分封诸侯的弊端至今还没有完全消除,尧、舜盛世已经过去,大公无私的道德风尚已经改变。晋朝分封之后失去驾驭之力,导致诸侯相侵,国土分崩离析,拓跋氏乘机建立后魏,致使汉人与胡夷杂居相处。无奈之下,晋朝南迁,导致国家重新陷入关山相割、大河相阻、吴楚隔绝的分裂局面。学文之人,偏好长短纵横之术;习武者,尽怀干戈争战之心。这些都是用来实现狡猾奸诈、阴谋野心的阶梯,使整个社会弥漫着浇薄轻浮的风气。隋文帝凭借北周外戚之力,废静帝而自立,创建大隋王朝;他驱驭天下英豪,有雄心壮志却又疑心重重;他坐享其成,继承北周国运,却没有通过搏杀建立功业;他执政24年,但百姓看不到君王恩德。等到隋炀帝继位,社会道德风气愈加纷乱,财力物力浪费严重,人才凋零殆尽,纵然天降神功武力,荡平贼寇而兵威不减,也终不能使国家振兴、帝业长存。"

对李百药来说，这一次不同以往，不是一般的奏章，不是一般意义上的工作总结或政务建议，而是直接与最高领导唱反调，在那个年代，这弄不好是要掉脑袋的。这一点，李百药自然能掂量来轻重，深知这其中的利害祸福。所以，他一定要在奏章的结尾转换语气、转换角度、转换结论，力争把太宗皇帝看奏章时不舒服的感觉甚至是生气愤怒的情绪化解掉，但是又不能太过明显地阿谀奉承，那样会适得其反、弄巧成拙。要怎么办呢？李百药采取高度抽象的理论化概括和展望，给太宗皇帝画了一张举世无双的明君标准像。不能不说这是李百药绝妙无比的智慧之笔：

"陛下，自从您尽心顺承太上皇的旨意，登上帝位，一直致力于用深厚的情感治国理政，不断总结和吸取前代君王治国的经验教训。虽然至善至真之道不一定能用语言描述，臣下仍然希望能像从乱丝中理出头绪一样说个大概。陛下爱敬尊长，品德淳厚，勤劳不倦，这是如舜帝一般的大孝。陛下向宫中小吏询问父王的健康状况，亲自尝膳以确保父王安全，这是如周文王一般的美德。每每遇到官司案件，陛下会力求案情大白，使违法者受到惩处，蒙冤者得以昭雪，以斩趾代替砍头之刑，这是如同大禹见到犯罪之人痛心而哭的仁慈悲悯之心。陛下表情严肃，言语正直，虚心纳谏，不慢待卑贱和言语迟钝的人，不抛弃山野之人的意见，这是如尧帝般寻求规谏之举。陛下大力提倡礼教，勉励追求学问，既擢升贤能之人以高官，又委任硕儒以卿相，这是如同圣人般循循善诱之举。臣子们认为宫中炎热潮湿，陛下休息和用膳的地方不合适，请求陛下移居到地势较高、宽敞明亮的地方，在那里修建一座阁楼。只是因为爱惜他人资产，陛下竟制止了臣子的建议，毫不吝惜身受寒暑，安心于低矮简陋的居室。近年来因为霜灾，粮食歉收，天下饥荒严重，国库空虚，内乱有所出现。陛下怜悯百姓，不断救济抚恤，竟没有一个百姓外出逃荒，陛下也只吃粗劣茶饭，中止赏乐，撤掉钟磬架子，生活一切从俭，说话必然凄婉动容，面容较以前消瘦了许多。每看到四方诸侯诚心归附，万里之外民心趋于仁厚，陛下依然于进退之间凝神思虑，唯恐劳烦百姓，苛待了远方，不务虚名，专意求实。心忧天下，远离游幸，每天早早上朝理政，听取大臣意见毫不懈怠，周知万物之理，以道义普救天下。散朝之后，还要召集名臣，共商国是，探讨得失，言谈出于肺腑，只论政事，绝无闲谈。夕阳西下之时，陛下一定会传才学之人进宫，在清静安闲之处，畅谈古代典籍，或写文咏诗，或清谈玄理，废寝忘食。在这些方面，陛下的所作所为大大超过了以往任何朝代的贤君。发

第十三回 赏有功唐太宗不私其亲 封世袭李百药奏论以驳

扬光大这种美德,用它去教化民风、明告天下,相信一年之内就可以使其遍及天地之间。现在,淳朴敦厚的美德还受到一些阻碍,浮薄狡诈的风气还没有改变,这是长期形成的,很难在短时间内消除。等到一番雕琢之后,质朴回归、浮华散尽,伴随去刑、教育施行,登泰山祭天地典礼得以举行,那时再考虑分疆治理的办法,讨论赏赐和分封诸侯的事,也不算晚。"

深刻而又完美的一道奏章,就这么在给太宗皇帝描绘盛世蓝图、美好愿望中结束。《贞观政要》的作者也禁不住赞叹:"美哉斯言!"

几乎就在李百药上奏章反对太宗皇帝分封世袭的同时,中书舍人马周也上疏,希望圣上能认真思考这件事怎样处理才适宜恰当,不要出于好意最后却伤害了他们。太宗皇帝最终采纳了李百药、马周的意见,取消了宗室子弟及功臣世袭刺史的诏令。

这件事到此结束。欲知后事如何,且听下回分解。

第十四回
封吴王李世民诉说家国人情　谏泰府褚遂良细论宠害事理

上回书说到唐太宗李世民分封宗亲的打算被礼部侍郎李百药的一道奏章给否定了。别说，李百药的这道奏章结构恢宏，内容博大，分析问题入情入理，虽然是长篇大论，但一点不空洞，也不让人觉得冗长烦琐，反倒有点意犹未尽的味道。太宗皇帝李世民只好采纳大臣建议，取消分封。

接下来这回书，我们跟各位看官说说太宗皇帝李世民与大臣在如何正确对待"官二代"这个问题上进行的一番交流。

贞观七年（633），唐太宗李世民任命自己的儿子吴王李恪为齐州都督，管辖济南附近的几个县。在做了这样的安排之后，太宗皇帝对身边的侍臣解释说："父子之情，岂有不希望常常见面的道理？可是国事不同于家事，必须要他出任地方官，成为国家的屏障，而且早一点给他确定的名分，断绝他的非分之想，这样在我百年之后，他们兄弟之间就不会发生争权夺利、你死我活的危亡祸患。"

作为皇帝的李世民这样考虑自有他的道理。大家想想看，李世民当年是怎么上位的？不也是通过兄弟之间争权夺利、相互残杀、你死我活而取得君位的吗？他不希望自己的儿子们在他百年之后也发生那样血腥的事情，所以他决定早早给他们做出安排，断绝他们的非分之想，也断了他们可能要走的夺嫡之路。

太宗皇帝是这样安排的，那这些大臣们又是怎样看待的呢？因为这看似是家事方面的制度安排，实际却会影响国家治理结构，影响国家制度。既然太宗皇帝给大臣们说了，大臣们不能不表态。可是，在这个关键点上，《贞观政要》偏偏没有明确记载。也就是说，我们无法得知大臣们的观点，连一句附和太宗皇帝的话都没有留下。那么，这是否意味着大家同意或者最起码是默认了太宗皇帝的决定呢？

咱们还是先看看《贞观政要》对后续事情的记载吧。

几年后，到了贞观十一年（637），侍御史马周向太宗皇帝提交了一份建议报告，围绕分封的制度化、规范化，表达了自己的忧虑。

第十四回 封吴王李世民诉说家国人情 谏泰府褚遂良细论宠害事理

马周在报告中这样说:"汉、晋以来,历代分封的诸侯王都因为封授不当,没有在一开始就确立一定的名分,所以导致灭亡。身为国君当然很清楚这样的情况,但是常常沉溺于私爱之中,这就相当于看到前面的车倾覆但依然不改变自己的车道,难免要重蹈覆辙。

"如今诸王受到的宠爱已经很厚重了,而我所担心忧虑的,还不仅仅是他们倚仗圣上的恩宠而狂傲自矜、目中无人。想当年,魏武帝曹操很宠爱三子曹植,封为陈思王。等到魏文帝曹丕继位,陈思王被禁闭,过着如同狱中囚犯一样的日子。这都是因为先帝恩宠过多,继位的君主就心有忌惮,不得不采取过激手段。这样看来,魏武帝对陈思王的宠爱,恰恰是陈思王受到迫害的原因。

"换个角度看,帝王的子弟还用担心自己不富贵吗?他们受封大国,封户不少,有好吃好喝、好穿好玩的,还需要什么呢?现在每年还特别加以优厚的赏赐,竟然没有具体的规定和明确的限制。

"俗话说得好:'贫穷之家不学而自知节俭,富裕之人不学而自能奢侈。'这都是自然而然的事情。现在陛下以卓越的圣智开创事业,岂能只安置好现有的子弟就算完事?臣以为还应当制定长久之法,使分封赏赐规范化、制度化、长效化,确保万代遵照执行,这样才能使江山社稷长治久安。"

马周的这份报告送上去了,太宗皇帝仔细认真地阅览,特别赞许,赏赐马周很多财物,以示褒奖。

什么叫君臣一心?君主想到了,臣子也想到了,而且想得更长远、更周全,能把君主想到的问题、说出的理念具体化为施政的举措,升级为长效机制,这才是真正的君臣一心。如果仅仅是对君主所论之言唯唯诺诺,对君主欲行之事遵照执行,不敢有主见,不敢提意见,更不敢坚持异见,很难说是君臣一心。

话分两头说,欣赏了马周的奏章,咱们再看另一件事。有一年,谏议大夫褚遂良,因为看到每天供给魏王李泰府中的各种生活用品超过了给太子府的,于是就向太宗皇帝打报告,要分析评论这件事的严重危害。

褚遂良在奏章中写道:"从前圣人制定礼节规范,有一个很重要的规定,那就是尊重嫡子,轻卑庶子。太子被称为储君,他的德行接近君主,应特别推崇尊重,所需所用之物没有限制,钱货财物与君王共享;而庶子就卑微得多,不能以嫡子待遇为例,这样才可以杜绝嫌疑,清除祸乱的根源。

"先王一定是依据人之常情,然后制定法律。知道有国有家,就有嫡有庶,两者不能一体而论。即使对庶子宠爱有加,也不能超越名分;嫡子是正体,必须特别尊崇。如果不能明确名分,就会使该当亲近的人被疏远,该当尊崇的人被卑视,如此一来,奸佞之徒就会乘机而动,以私爱损害公道,祸乱国家。

"陛下功业超越千古,道德冠盖历代君王,发号施令,为天下制定法令;日理万机,每天处理繁重的公务,有的或许未必尽善尽美。臣任规谏之职,对此不能保持沉默。看到供应太子府的东西反而少于魏王府的,朝野上下听闻此事,都认为这样的做法不妥当、不合规矩。臣记得《左传》上说:'宠爱子女,就应当教给他们做事的规矩法度。'忠诚、孝敬、恭谦、节俭,就是行为处事的规矩法度。

"从前汉朝的窦太后和汉景帝并不真的懂得教育子女要使其言行处事合乎规矩法度,于是放纵梁孝王,封赐给他四十座城邑,苑囿方圆三百里,大规模营建宫室,阁楼错落,复道相通,气势恢宏。梁孝王聚集数以万计的钱财,进进出出也敢使用皇家的仪仗。后来稍不如意,就积郁发病而亡。同样,汉宣帝也放任庶子淮阴王,后来淮阴王反叛作乱,几乎导致国家败亡,全赖大臣辅佐才免于祸难。

"现在把话说回来,魏王泰刚到封地就任,希望陛下时常用礼仪教化他;审慎地选择老师,用天下成败的道理启示他;既要敦促他养成节俭美德,又要鼓励他习学文章;使他尽忠尽孝,用道德礼仪要求自己。这就是所谓圣人的教化,不用严厉的态度和做法就能使人成器。"

褚遂良一番由今而古、借古说今的议论,言之在理,忧之在心,可谓用心良苦,也如他自己所说是职责所在。这样的报告,怎么能不打动太宗皇帝呢?所以太宗皇帝完全采纳褚遂良的建议也就在情理之中了。

那么,具体是怎么施行的呢?唐太宗李世民还真思量了一番。

这一天,他召集侍臣,提了一个问题:"现如今于国家而言,什么是头等紧急的事情呢?请你们各自说给我听。"

尚书右仆射高士廉第一个发言。他认为民生为要,让百姓休养是头等紧急的事情。

黄门侍郎刘洎则认为,安抚四夷,确保国防安全、边关和平是头等紧急

第十四回　封吴王李世民诉说家国人情　谏泰府褚遂良细论宠害事理

之事。

中书侍郎岑文本则有自己的看法。他说："《左传》上说：'道之以德，齐之以礼。'所以，施行礼义是头等紧急的事情。"

谏议大夫褚遂良当然明白太宗皇帝这是要干什么，所以他说："目前四方仰望圣德，不敢为非作歹，只是太子和诸王必须要有一个名分。陛下最好制定万代可行的法度留给子孙，这才是当今头等紧要的事情。"

太宗皇帝立即表态说："这话说得正确。"

为什么李世民认为褚遂良的话是正确的呢？他是这样想考虑的：

"我年近五十，已经有衰弱倦怠的感觉。虽然已立长子为东宫太子，但诸位兄弟及庶子还有大约四十人，我心里常常忧虑这件事。自古以来，嫡子、庶子如果不成器、不成材，何尝不会使国家倾败？所以这样头等重要的紧急之事，就需要你们为朕寻求贤德之人，用来辅佐太子及诸王。注意，一定要找正直的人！另外，那些在各王府伺候的官吏，任期不宜太长。时间一长，彼此情义深厚，也常常产生非分企图、窥窬之举。这个问题的确很严重。今后，那些在王府任职的官吏，不要让他们任期超过四年。"

看来，太宗皇帝已经开始考虑用一些制度化的安排来防范嫡庶之间的矛盾隐患。因为他自己登上帝位所走过的路就经历了手足相残、六亲不认、你死我活、惊心动魄的搏杀。

大家都知道，李世民在唐初并不是法定接班人。按照祖制，李渊立嫡长子李建成为太子，明确了大唐王朝的法定接班人，而李世民尽管战功卓著也只能"靠边站"，眼巴巴看着他人坐龙椅，他只能俯首称臣。

李世民当然不能忍受这样的安排，也不愿意接受这样的结局，更不愿意面对"人为刀俎我为鱼肉"任人宰割的命运。于是就有了"玄武门之变"，法定接班人死于"非命"，唐高祖李渊被迫"退位"。也因此才有了后来的"贞观之治"，一代明君李世民与一帮贤臣开启了大唐盛世国运。

因为太宗皇帝李世民自己是通过非正常程序登基的，所以对立太子这样的事情特别敏感、特别重视、特别用心，想找一套有效的制度化安排，不希望类似"玄武门之变"的事情发生在自己的子嗣身上。那么，他究竟会如何具体对待嫡子和庶子的事情，又是如何培养合格的接班人的呢？

欲知后事详情，且听下回分解。

第十五回
尽职守太子傅重教　严要求李世民尊师

书接上回。

太宗皇帝李世民从自己登基的经历中意识到处理好嫡庶关系至关重要，于是开始着手重点培养自己的接班人。

话说贞观四年(630)，太子少师李纲因为患有脚疾，不能穿鞋走路，这对他而言影响还是比较大的，因为作为太子的老师，要经常出入东宫，现在走路不便，肯定影响他给太子上课。

太宗皇帝得知此事，就特别准赐李纲可以乘坐一种叫步舆的便轿进入东宫，并且诏令太子李承乾要亲自搀扶老师上殿，太宗皇帝还亲自接见李纲，显示出对太子少师的极度尊重。而这位李纲，给太子讲述君臣父子的伦理，讲解问寝视膳的礼节规矩，能够把道理讲得透彻顺当，言辞中肯，满满都是正能量，因为讲得太吸引人，听讲的人都不知道疲倦。

后来太子结合自己的学习，曾经与老师讨论自古以来君臣之间必须遵循的基本原则以及尽忠尽节的行为，李纲正气凛然地表示："托六尺之孤，寄百里之命，接受托孤，辅佐幼君，代理国政，古人认为很难，我却觉得很容易。"

就是这个太子少师，每当发表言论，他的态度和言辞都慷慨激昂，没有什么可以改变他的意志。太子对他满怀敬意。

贞观七年(633)，太宗皇帝对太子左庶子于志宁、右庶子杜正伦说："你们辅佐太子，应当经常向他讲说老百姓的困苦之事。想当年我十八岁的时候还在民间，对百姓艰难无不熟知。等到登上帝位，每每商量处置一些事情，还时不时出现错误和疏漏，在别人直言劝谏之后才意识到自己的问题。如果没有这些忠谏之人劝说，怎么能够做好这么多事？而太子生长在这深宫之内，对民间百姓疾苦又能听闻多少呢？实在是因为国君身系国家安危，不可仗势骄纵。如果下诏说'有谏者即斩'，那么可以肯定地说，天下百姓和读书之人就都不敢再说真话实话了，这才是最危险的状况呀！所以希望太子能够克己励精、容纳诤谏。你们应该经常用这些道理和太子探讨，每当见到不对的事情，就该极力规谏,使他得到帮助,改正错误,有所增益。"

各位看官可能会问,太宗皇帝为什么突然间要说这些话呢?太宗皇帝给他们二人这样吩咐和要求当然是有原因的,他们二人分别担任太子左庶子、右庶子,这是十分特殊而又特别重要的工作,相当于紧随太子身边的"事务秘书",但更是太子的"思想观念保镖",他们二人的言论和行为举止会对太子产生直接的影响。如果他们尽职尽责,太子就会走正道、健康成长;如果他们失职或者不敢对太子严加管束,放纵太子,后果就很严重,很可能一个合格的接班人就此被毁掉了。所以,太宗皇帝才会对他们有如此这般交代和叮嘱。

贞观八年(634),太宗帝对侍臣发表过这样一段讲话:"智慧超常之人,自然不会沾染什么恶习;但智慧中等之人,一般不会保持恒久不变,而会随着后天的教育而不断变化。况且自古以来,太子的佐辅之人就很难选择。成王年幼,以周公、召公为太傅太保,其左右皆是贤人,从而每天都能听到好的教诲,能够不断增长仁义道德,于是便成为圣明之君。想那秦二世胡亥,任用赵高为太师,赵高教他刑法,等到二世继位,便诛杀功臣,残杀宗族,暴虐到极点,结果就亡国了。所以人的善恶,实在是受身边亲信所影响的。我今天为太子和诸王精心挑选老师,让他们学习效法礼教法度,尽可能有所助益。你们可以四处寻访正直忠信之人,争取每个人能向我推荐三两个。"

太宗皇帝是这样考虑的,也是这样提出要求的,这也符合基本的道理:但凡重大问题一定是先有深刻认识,方能有重大而正确的安排和规划。

那么,太宗皇帝真正做得如何呢?我们不妨看看之后发生的故事。

贞观十一年(637),太宗皇帝任命礼部尚书王珪担任魏王李泰的老师,他相信王珪能够胜任这个工作,但又担心自己的这个儿子李泰不尊敬王珪,所以他对尚书左仆射房玄龄特别交代一番。

太宗皇帝是这样说的:"自古以来,帝王的儿子都是在深宫里生、深宫里长,等到他们长大成人,没有不骄奢淫逸的,所以一个接一个地倾覆败亡,少有能挽救自己命运的。我如今严格教育子弟,是希望他们都得以保全,避免未来的败亡。

"这个王珪,我长期任用,知道他刚直不阿、志存忠孝,是一个难得的人才,所以才选他为皇子之师。爱卿,你可以在适当的时候对李泰说说,每次面对王珪,就如同见到我一样,应当尊敬有加,不得有丝毫松懈怠慢。"

房玄龄领命而去。

当然王珪也是严格按照做老师的准则要求自己,受到当时舆论的普遍赞誉。

贞观十七年(643),太宗皇帝与司徒长孙无忌、司空房玄龄讨论的问题就更加具体了。

唐太宗李世民认为,三师是以德行教诲太子的人,如果三师身份卑下,太子就没有学习的榜样。于是诏令制定太子接待三师的礼节规范,具体是这样的:

太子要出殿门迎接三师,先给三师行拜见礼,三师回礼之后要行答谢礼;出门、进门要礼让三师先行;三师落座后,太子才能坐;太子给三师写信,前面要称"惶恐",后面称"惶恐再拜"。

尽管唐太宗李世民如此用心,这一年还是出事了:皇太子李承乾被废,晋王李治被新立为皇太子。

这个李治,就是后来的唐高宗,也算是有作为的明君。在初立为太子之时,李世民对他还是有很多特别关怀,并没有让他去东宫,而是要求他居住在自己寝殿旁边。

也许太宗皇帝认为这样的做法对太子是一种保护,但是散骑常侍刘洎却认为这样的做法会令太子不能接触贤德之士,而只是在君侧侍奉,并不利于太子成长进步,反而是荒废时间。他觉得有必要表达自己对此事的看法,于是上书太宗皇帝。

刘洎写给太宗皇帝的这份"上书",还真的值得认真分析。

他先是从正反两个方面论证让太子"接人"和"不接人"的利弊:"臣下听说到郊外迎接客人,可以培养太子的德行;按年龄大小学习礼让,可以让太子由此成为正宗。这都是屈尊之礼,但彰显了与下交往的仁义,能听到百姓的议论,因而圣听四通八达,无须走出深宫轩庭,也能尽知天下之事。完全依照这样的法则,就能够实现帝王基业永固。可是如果生于深宫之中,长于妇人之手,未曾认识忧愁畏惧,无从懂得诗词风雅,纵然天资聪敏而常人莫及,成就天下事业也终究要依靠臣下辅佐。如果不重礼乐教化,不习万物之理,怎么可能鉴定伦常、分清万物?怎么可能明辨是非、判断曲直?其实,历史上很多圣贤明君的做法,完全可以借鉴过来教导太子不断成长精进。"

接着,刘洎选取历史上两个有名的典故,强化他的结论:一个是周成王做太子时拜太公、召公为太师、太保,崇尚圣哲,提高德行;一个是汉惠帝刘盈做太子时对商山四皓以礼相待,彰显品德。

那么,刘洎想说明什么问题呢?接着看。他说:"太子的德行关系到国家的命运,天下兴亡在于太子行善还是行恶。如果太子一开始就不努力,最终将后悔莫及,这就是'不勤于始,将悔于终'。西汉时晁错上书要求太子通晓治国理政方略,贾谊献计要求太子务必懂得礼教,都是出于这样的考虑。臣虽愚昧浅陋,也有这样的思考,希望我提出的让太子走出去,通过'接人'增长智慧这一建设性意见,能够被圣上听取。"

当然刘洎自己也明白,一味陈述旧事,借助历史故事来讲道理,固然有一定说服力,但要最终打动圣上之心,还是要回到眼前现实中来。所以,刘洎决定用太宗皇帝的德行来继续说明这个问题。

刘洎这样讲:"陛下天生睿智、承受天命,多才多艺,能文能武,匡正时弊、彰显德行,继承遗志、成就大业,四海八方归顺,天下清平安定。即便如此,圣上仍自勉一天更比一天谨慎,不断探求古代杰出的治国方略,为当代政务而劳神费心、勤于学习,远胜过光武帝、魏武帝。陛下如此勤奋自勉,却为何让太子悠闲游乐,不习典籍而荒废岁月?这是臣下第一个不能理解的地方。

"陛下在政务之余,依然致力于追求杰出的思想流淌在圣文中,华丽的辞章铺陈在圣旨上,实在是居于百代帝王之首。相比之下,就连屈原、宋玉的词赋和钟繇、张芝的书法也达不到升堂入室的地步。陛下如此自爱,可为什么要让太子悠然静处,不在文章书法上用功呢?这是臣下第二个不能理解的地方。

"陛下蕴含万物精华而秀冠天下,但依然隐藏圣智,能够俯身向普通人请教,听朝空闲之时,接见百官,态度温和,容颜亲和,询问古今治国之道,所以能够知道朝廷政令之是非、百姓心目中之好恶,凡事无论大小都会关心过问。陛下自己如此慎行,可为什么让太子终日进宫侍奉而不去接触贤德之人?这是臣下第三个不能理解的地方。

"陛下如果认为这些事没有意义、没有益处,那为什么要在这些事情上劳神费心呢?如果认为这些大有好处,就应当申明,给子孙做榜样。现在的情况是轻视而不去做,看不出这样做有什么正确的道理。臣下恳请以陛下为榜样,用来教导太子,向他推荐好的书籍,让他交往贤德之人,早上阅读经史典籍、察勘前朝成败之道;晚上接待宾客,探讨当代得失之理;时常练练书法、写写文章。这样每天都能听到从未听到的道理,每天都能看到从未看到的事物,太子的德行就会愈加完美,这实在是天下众生的福气。

"虽然说为太子选嫔妃也是一件大事,要在全国范围内遴选,从圣意来看,就是要选聘能管理好太子宫内事务的人,希望既做到防微杜渐,又重视长远打算,这是臣下所能明白的道理。既然对选嫔妃如此重视,那么选拔人才就应当更加重视,最起码应当同等重视。否则恐怕要招致世人讽议,说陛下重视宫内事务而轻视国家政事。

"古时候,太子上朝问安完毕,就退下去,以此表示对君父的尊敬;与君父异宫而处,住在国君寝殿之外的宫殿,以此来避免嫌疑。如今,太子进入陛下的寝宫侍奉,一住就是十天半月,太师、太傅以外的人,根本就无法见到太子,即便偶有空闲,太子暂时回到东宫,臣下拜见的机会还是很少。而事情发展变化却很快,这样规谏之事自然就无暇顾及。在这样的情形之下,陛下不能亲自教诲太子,臣下也没机会进谏,即使机制齐备,又有什么好的结果呢?

"臣下希望能遵循先前好的做法,放弃那些不怎么重要的事情,展示远大的规划,发展师友情谊,这样,太子的美德就会越来越盛大,帝业就会越来越广大,天下百姓,谁不庆幸有了依靠?太子温良恭俭、聪明睿哲,天下皆知,臣下又怎能不知?

"臣下自知见识浅薄,但仍不忘勤勤恳恳,此番所言,只是效仿古代忠贤之臣而献上自己的愚忠,希望能为沧海添加一点湿润,为日月增加一点光辉。"

刘洎以如此谦卑之辞结束自己的上书进言,你说太宗皇帝能置之不理吗?自然不会。他在认真阅读之后立即做出指示,让太子搬回东宫,并让刘洎和岑文本、马周等人按日轮流前往东宫,与太子一起学习讨论。

当然,这是李治做太子时发生的事情。后来,李治继承大统,登上帝位,就是历史上有名的唐高宗。而在李治被立为太子之前是李承乾做太子,但这个皇太子真不怎么争气,更由于图谋不轨最终被太宗皇帝所废。

当然,围绕着太子和诸王的教育成长、训诫栽培,太宗皇帝和各位大臣之间的沟通交流还在继续,新的故事还会不断上演。

欲知后事如何,且听下回分解。

第十六回
教诫诸王魏徵编著《善恶录》 规谏太子百药创作《赞道赋》

书接上文。

要想帝王之业千秋万代,有赖于后继者贤德不息。所以说,加强对太子及诸王的训诫教化,做好接班人培养工作是一项重大的战略任务。对于如此重要的事情,太宗皇帝李世民自然心知肚明,也自然会格外用心。

话说贞观七年(633),太宗皇帝对太子左庶子于志宁、太子右庶子杜正伦的工作做出重要指示:"你们教育辅导太子,应该经常给他讲讲老百姓生活困苦的事情,使他感受到民间疾苦;应该经常用一些深刻的道理与太子探讨交流,只要看到不对的事、不当的行为,就应该极力规劝,使太子得到帮助,受到教益。"

太宗皇帝一而再、再而三地对太子的教育问题发表重要讲话,提出具体要求,而且落实到人。尽管如此,他仍然觉得有必要把这个问题引向深入,置于新的高度来认识,而且要多措并举。所以几乎是在对太子左右庶子谈话、提出要求、做出安排的同时,他又特别交给魏徵一个重要任务。

太宗皇帝对魏徵盼咐说:"自古以来,侯王能自己保全自己的很少很少,这主要是因为他们生活在富贵环境中,喜好骄奢淫逸,大多不懂得亲近君子、疏远小人的道理。我想让我所有的孩子,都能看到前人的言论和行为,希望以此作为他们的行为规范。"

唐太宗李世民给魏徵说这话的意思,就是为了给魏徵布置一个在他看来十分重大的任务,他命令魏徵采录编辑自古以来帝王子弟得失成败的案例,取名《自古诸侯王善恶录》,要赐给诸王也就是他的孩子们研读学习。

圣命须遵从,任务必须完成好。魏徵迅速投入这一"重点工程"的建设之中,在完成《善恶录》编撰工作之后,魏徵觉得有必要再画龙点睛,所以特意写了序言。

魏徵在序言中是这么说的:"观察那些受命于天治理天下的帝王,都十分重视诸侯建置来确保王室后继有人,这些事都记载于典籍之中,能够拿来进行讨论。

"自从黄帝分封二十五个儿子、舜任命十六个部族首领,先后经历了周朝、汉朝,直到陈代、隋代,导致国家分裂、破坏社稷磐石的不在少数。诸侯王有的保全王族,与时代沉浮;有的则失其封土,丧其宗庙。如果仔细、深刻考察他们盛衰兴亡的情况,就会发现:但凡功成名立的,都是依靠最初分封的君王;而国丧身亡的,多属于后继子孙所为。

"为什么会这样呢?因为最初分封的这些君王,时逢事业草创,眼见帝王之业的艰难险阻,深知父兄创业的忧劳辛苦,所以才能处在上位而不骄奢,从早到晚而不懈怠。汉朝楚元王特意改用甜酒招待不嗜酒的贤士穆生,周公一餐而三吐哺只为接见贤士,都是最好的例证。他们喜欢听逆耳忠言,所以得到百姓的爱戴。这就是树至德于生前,流遗爱于身后。等到承袭封爵的子孙一代,大多生逢太平盛世,在深宫之中出生,在女人堆里长大,既不能意识到高位的危险而心有忧惧,也不能体会耕种劳作的艰辛。他们常常亲近小人、疏远君子、宠爱美妇、轻视美德,违背礼义、荒淫无度,不遵守法令制度,又僭越本分等级。他们常常倚仗国君一时的宠爱,就怀有与嫡长子匹敌之心;自夸在某件事情上的小功劳,便产生贪得无厌的欲望;抛弃忠贞正道,走上作乱邪路,不听规谏而一意孤行,误入歧途而迷不知返。在这等情形之下,纵然有齐天之功、超群之才,也必将落得个飞鸟折翅、鱼困涸辙的下场,本可以成就一番霸业,却最终身败名裂、惨遭杀戮,只留作后世的明鉴,这难道不值得可叹可悲、可怜可惜吗?"

魏徵的序言接着说:"太宗皇帝以圣贤姿态拯救倾危的国运,光耀七德、清扫六合,一统天下,万民朝贺,怀柔四方、和睦九族,吟唱《棠棣》乐歌,顾念兄弟之情,以连城封赐宗子,安顿诸王,兴盛王室,心中充满爱子之情,无日不挂念他们。于是命令下臣考察典籍所载,广泛寻求可资借鉴的规范,为子孙后代做长远打算。

"臣为此竭尽愚钝之能、浅薄之力,考察前代训诫。臣以为:凡诸侯重臣、有国有家者,其兴盛必然是由于积善之行,其亡败必然是由于积恶之行。所以说不积累善行,不足以功成名就;不积累恶行,不至于身败名裂。都说祸福无门,吉凶由己,这难道是一句空话吗?

"现在,我辑录自古以来诸王行事得失,分别善恶,各为一类,取名《诸王善恶录》,希望诸王能见善思齐、扬名不朽,闻恶能改、免乎大过。从善而行就会得到赞誉,过而能改就不会有灾祸。这些道理关系国家兴亡、社稷安危,诸

第十六回　教诫诸王魏徵编著《善恶录》　规谏太子百药创作《赞道赋》

王怎么能不尽力自勉？"

各位看官，仅仅从这篇序言字里行间，我们就能感受到魏徵的才智，太令人敬重。太宗皇帝阅览之后一个劲儿称赞说好，并对诸王说："这部书应当放置在你们座位右边，权当座右铭，作为你们的立身之本。"

太宗皇帝特别重视对太子和诸位王子的教育，有时候他还会亲自给诸王"上课"。

贞观十年（636），太宗皇帝把几个儿子叫到一起，有荆王李元景、吴王李恪、魏王李泰等人，他亲自授课："自汉代以来，皇兄皇子受封为诸侯王，享受荣华富贵的人很多很多，却只有汉光武帝的儿子东平王刘苍、汉景帝的儿子河间献王刘德他们二人名声最好，保全了自己的爵禄之位。相反，像晋武帝的儿子楚王玮这样因为骄横无礼、不守法度而最终使封国覆亡的，不止一例，这都是因为生长在富贵环境，喜好骄奢淫逸所致。你们都应当以此为戒，并不断思考，加深认识。"

太宗皇帝继续"讲课"，对这几个儿子提出具体要求："你们要选择贤才作为你们的老师。要诚心接受他们的直言规劝，绝对不能自以为是、我行我素、独断专行。我相信以德服人这句话绝非虚言妄语。我曾经做梦遇到一个自称是虞舜的人，我不禁肃然起敬，这难道不是因为敬仰他的德行吗？可是，如果梦见桀纣，就一定会砍杀之。尽管他们曾经身为天子，可是今天如果有人被称为桀纣，他一定会大怒的，这都是因为桀纣没有德行。相反，像孔夫子的弟子颜回、闵子骞，还有汉朝的郭林宗、黄叔度，虽然他们四人都是普通百姓，但他们品德高尚，所以如果今天称赞某人像这四位，他一定会很高兴的。通过这些事例，我们会明白一个深刻的道理：人之立身，可贵的在于德行，而不在于荣华富贵。

"这就说到你们几位。你们位列藩王，在家里享受封赐的食邑，衣食无忧，享不尽的荣华富贵，如果在德行修养方面不断精进，岂不更完美？你们也知道，君子和小人本来就不是固定不变的，君子与小人之间并不存在不可逾越的鸿沟，只要做好事，就是君子，做坏事就成为小人。

"所以说，你们应当克制欲望，勤勉有加，每天做好事，万万不可放纵欲望、放纵感情，以免祸患加身，使自己受到惩罚。"

能把皇帝做到这个份儿上，还有什么可说的呢？然而，尽管太宗皇帝用心良苦,但仍不能保证诸王甚至太子不出问题。李承乾由立而废就是不成器、出问题的典型。

这是一个回避不了的历史事实,也是绕不开的话题。

贞观五年(631),李百药担任太子右庶子,这个时候的太子李承乾在学习的时候还算用心,对上古时期治国理政的经典如"五典""三坟"还能比较用功研习,但是在闲暇时间里却嬉戏游玩过度。

身为太子老师的李百药看在眼里、急在心里。他能不管吗?当然不能不管,而且非管不可,并且要从严管束!因为管教太子本就是他的职责所在。可是该怎么管呢?

思来想去,他觉得还是想办法给太子提个醒为好。这样做,既不会让太子觉得是小题大做,也不会大事化小,是比较恰当得体的做法。于是他就创作了一篇《赞道赋》,很委婉地劝谕太子。

《赞道赋》,就其字面意思而言,就是为大道之德行唱赞歌。所以李百药在这篇赋体文章中充分展开想象,以自己深厚的学养为基础,结合大量的历史事实,用优美的文字,洋洋洒洒地表达了自己对道义德行的高度赞叹。

李百药的《赞道赋》是这么说的:"下臣曾经听说过先贤圣王的格言,也曾读到过典籍记载的遗训准则。自从开天辟地,到圣王建国,这些都是人伦纲常的根本。借助这些格言准则,就可以立言立德,开创不朽的伟业;履行这些准则,就能循天性而成道德;违背这些准则,就会心生邪念而作恶酿祸。天下兴盛衰亡似乎是天意所为,人间吉凶祸福则如同绳索纠缠。

"太宗皇帝承受天命,以德治国,施恩于万物,以百姓为根本,思索万物运行规律,研究古往治国经验,终日尽力做善事,珍惜光阴,勤政不辍。正因为如此,才能使德威如暖阳消融坚冰,到达偏远的疆域,被尊为'天可汗'。百姓们都很高兴,全国各地不断有好消息传来。显赫的圣唐!崇高的天威!

"上天设置太子,巩固帝业的根基,遵循治国的正道。身为太子,就应当从细微处领悟宏远的道理,在形象上神志凝聚、仪容光耀;事君、事父、事长时心怀敬意,践行元亨利贞四德;接受父亲教诲,关心父亲起居,表示对父亲的尊敬;敬奉圣上训诫,并发扬光大圣上的旨意;遵从父子之道,并引为借鉴和行事准则。

"礼教就是要正君臣之礼,笃父子亲情。君臣礼正,父子情亲,充满情义并达到极致,相信天下之人就都能够弘扬大道。如此说来,贤德的太子与不

第十六回　教诫诸王魏徵编著《善恶录》　规谏太子百药创作《赞道赋》

肖的太子肯定是不一样的！精雕细琢，温故知新，持守忠敬，遵行仁孝，美德就可以光耀四海，与日月同辉。

"以前圣王教子，兼顾四时节令和年龄来安排学习；役使天下百姓，必定以礼乐教化为先，移风易俗，教化世人。并非喜欢钟鼓之声，而是宣示志向，和悦心神；岂是吝啬玉帛，而是克己复礼，庇护自身。

"太子生于深宫之中，处于诸王之上，尚未深刻思考帝业之艰辛，就不会珍惜江山社稷之贵重；认为富贵自然到来，就会仗恃高贵而骄傲炫耀。慢慢地就会骄横放纵、违背礼义，轻视老师而简慢无礼，亲近奸佞而淫欲泛滥。长此以往，太子就会德行沦丧、失去威望。

"虽说天下为帝王私有，但每个太子的经历却大不相同，有的因为有才能而被提拔，有的因为遭诬陷而受废黜，完全可以通过体察他们的吉凶而考察他们的得失。请允许我为殿下大概陈述他们的情况，希望通过分析这些情况了解实质内容。"

好一个李百药，他在一番道德赞歌之后，直接对太子表明自己的心意，既有担忧，又有规谏，更寄予希望。在这里，李百药历数周、秦、汉、晋各代众多太子的成败得失，文字简练但要点突出，直抵问题的要害。我们也为各位看官略做梳理，一起见识一下太子老师的道德学问功底。

他大概的总结是这样的："大周朝重视积德，执掌天下，依赖文王、武王的功勋，开启了周朝七百年基业。扶苏作为秦始皇的太子，并不是威望不够，却以嫡长子身份被派到边塞监督偏师，最终被杀身亡，秦二世违背道义，使国家政权迅速丧失。

"汉代世袭长久，一个很重要的原因是贤明的太子相继而起。汉高祖宠爱戚夫人及其子赵王，拿国家大事当儿戏，欲废太子而立赵王。惠帝当时为太子，用张良之计结交'商山四皓'，使羽翼丰满，最终确保太子之位不可动摇。汉景帝为太子时，因为邓通讨好文帝亲自为文帝吸痈而使他很难为情，即位之后就罢免了邓通。吴王刘濞之所以作乱，成为汉景帝终生大患，就是因为景帝做太子时在游戏中争执发怒而杀了吴王太子。汉武帝刘彻为太子时，尽管年幼，却能提出皇帝年老时要防范大臣专权的绝妙建议，因为他看出了周亚夫恃功自傲的端倪，所以即位之后能发扬光大祖宗的功业，继承高祖、文帝、景帝的传统。戾太子刘据设立博望苑，广泛结交宾客，只是名声尚未显现，他哀叹时运不济，又被权臣江充谗言诬陷，一气之下率兵捕杀江充，造成都城军乱,最后畏罪自杀,不得善终。汉宣帝的太子即之后的汉元帝喜好儒术,大道得以彰显,德教出类拔萃,言语忠诚正直,起初任用丞相匡衡、韦玄成,能够听取治国之道,后来却因重用宦官弘恭、石显而造成过错。汉元帝的太子即后来的汉成帝,各种才艺虽不及元帝庶子定陶共王,但他奉父王急召进宫也不敢横穿专供皇帝马车行走的御道,这从细小方面体现出他的美德,特别受到高人称赞,也在历史上留下美名。中兴之君光武帝继承帝业,他的太子就是后来的明帝,明帝的太子就是后来的章帝,一个个严肃恭敬,明达政务,通晓礼学,敬爱至亲,厚爱兄弟,明帝之兄东海王的事业因之而巩固,西周时代的传统因之而传承。

"魏文帝曹丕没有受过良好的德行教育,私纳袁熙之妻,被孔融讥讽为'周公娶妲己'。他特别喜好出猎射禽,随从苦不堪言。他虽然很有才干、学识渊博,毕竟因为荒淫而名声有损,更严重的是竟把这些荒淫品行传给了自己的儿子魏明帝曹叡。曹叡竟然花费三年时间在芳林园构筑土山,奢侈浪费堪比秦始皇,治国理政不及汉武帝,只顾役使群臣堆土栽树,毫不在意百姓生计凋敝。

"晋武帝司马炎宽厚仁爱,但当初只因为长相奇特,其父晋王司马昭便只宠爱庶子齐王攸(小名桃符),欲立攸为太子,后来接受了裴秀等人的规谏,才确立了司马炎的世子地位,这才有了司马炎平定江南、一统天下的伟业。晋惠帝为太子时,其所作所为,在德行方面还是欠缺太多,尚书令卫瓘不敢明谏,只好借着侍宴之机假装醉酒,跪在御床前说:'此座可惜!'晋惠帝自己确立的愍怀太子是真正有天资灵性并努力学习六艺的理想接班人,但被贾后嫉妒,便派宦官去教唆他学坏,为非作歹,最终在贾后谗言诬陷之下被废为庶人,就像狂风吹掉泥沙般容易,还是因为自己的行为导致了败亡。这样的人怎么可能继承帝业,担当治国理政的重任呢?"

不得不服!李百药悉数历史上这十七八位太子的功过成败,言之有据,毋庸置疑。说完历史,李百药话锋一转,直言现实,从太宗皇帝慈爱子弟的良苦用心切入:"当今圣上慈爱,用至高至大的道义教化自己的孩子,既像汉武大帝设五经博士教授子弟那样,又像周公旦制定礼乐辅佐成王那样,崇礼重德;不像晋元帝那样因好刑罚就将《韩非子》赐给太子学习,而是重视儒家经术,把仁政德治作为治理国家的法宝。圣上既潜心研究治国方略的利弊,又

第十六回　教诫诸王魏徵编著《善恶录》　规谏太子百药创作《赞道赋》

致力于用文章学问修身；既能做到向平常人咨询好主意，又重视向经历世变的老人请教。

"陛下之所以要这样做，一个很重要的原因，就在于他知道要想实现政治清明、天下安定，首要的即在于得到人才并加以任用。历史上，尧帝以知人善任而成为帝王楷模，文王以人才济济而事业兴盛。所以正确的做法就是从正直的人中选拔人才，这是可资借鉴的明镜。衡量他们的才能，考察他们的品行，根据不同情况分派职务，不能违背制度处理政事。如果一味听信他人，不善识人，那么有德之人必然受到压抑，庸碌之人必然受到重用，谄媚之徒竞相钻营讨好，好玩之物势必不召自来。那些敢于直言正谏之人，将会因为忠信之举而获罪，而那些卖官枉法之人，就会通过财物贿赂而得到重用。于是国家法度将受到损害，人伦也会受到扰乱。"

接下来还有一大段赋辞，是李百药围绕历史事件再度发表自己的感慨。我们暂且不表，先说说《赞道赋》的结尾。

结尾处，李百药很谦恭地讲："小臣浅薄愚昧，却有幸得到陛下无限恩宠，享受荣华，把我从民间提拔上来，与达官贵人并列。得遇圣道施行，才有天下太平；幸喜太子华茂，立为皇室正宗。眼见得太子监国抚军勤政尽责，闲暇之际常能研习礼义德行，修身养性不断取得成就；抬头仰视，太子聪明智慧，卓尔不凡；有礼遇贤才的德行，有符合礼仪的举止。良辰美景和气清，娇莺婉转相唱鸣；华美宫殿深又大，帘幕帏幔寂无声；草木茂盛风云轻，含苞欲放花香馨。太子具备万物精华，纷繁而美好，尚极力思索迎来送往之事；讲求道德而孜孜不倦，爱好礼节而精心钻研。

"今天我执笔为文，在殿庭铺陈辞藻。这不同于王褒写《洞箫赋》，是供当时尚为太子的汉元帝娱乐的；也不同于曹植'飞盖相追随'的诗赋，是为跟从曹丕。我虽缺少优美的言辞赞颂太子的德行，但愿以自己的生命报答圣上的恩情。请允许小臣下拜叩首，祝愿太子永远树立良好的风气和名声，继承帝业大统以传至千秋万代，鸿名远扬盖过自古以来的贤人。"

李百药这篇《赞道赋》洋洋洒洒，意味深长，堪称大作、佳作，虽然说是写给太子的，但太宗皇帝李世民不会不知道。史书记载太宗皇帝不仅知道，而且认真阅读过，最后还派使者传话给李百药。

太宗皇帝的意见很明确:"我已经在太子那里见到你所作的《赞道赋》了,你陈述自古以来各朝太子的事例用来劝诫太子,扼要简明而很有法度。我选拔任用你为太子右庶子以辅助太子,其目的也正在于此。看来你很能胜任你的工作,一点都没有辜负我对你的期望,但是我还是要提醒你,一定要善始善终,切不可半途而废。现在赏赐你御马一匹,锦绸三百段。"

　　各位看官,连太宗皇帝都认为可资嘉奖的《赞道赋》,对太子李承乾会带来怎样的影响？是否对太子改过自新发挥了应有的作用呢？

　　欲知后事如何,且听下回分解。

第十七回
张玄素尽心施教几遇害 李承乾不思悔改终被废

书接上文。

上回说到太子李承乾不思德行、肆意纵情,醉心于游乐嬉戏,身为太子老师的李百药看在眼里、急在心上,为了规谏太子,防患于未然,因而创作了《赞道赋》,希望太子学习之后能改邪归正。这篇赋写得真好,很有水平,得到太宗皇帝李世民的高度赞赏,并给予赏赐。但非常遗憾的是,太子李承乾却似乎并未有所受教,其恶习并未稍加收敛,其举止并未自我约束。原本最应该从这篇赋中如梦初醒、引以为戒的人并没有觉醒,反而在错误的道路上渐行渐远。

我们凭什么得出这样的结论呢?请看史书记载:

李百药进言《赞道赋》发生在贞观五年(631),而太子承乾在贞观年间屡次违反礼节制度,奢侈纵欲愈演愈烈。眼看着太子越来越不像话,身为太子左庶子的于志宁认为自己必须要尽到辅助太子健康成长的职责,他发挥自己的特长,撰写了《谏苑》二十卷,打算用来劝谕太子,希望他走上正轨。这事发生在贞观十四年(640)。

与此同时,太子右庶子孔颖达也常常冒犯太子威严,直言劝谏,批评太子的不当之处。没想到太子承乾的乳母遂安夫人替太子说话,觉得太子已经长大成人,臣子不该屡次当面指责他的过失,这会让太子很没面子。其言下之意是你们未免小题大做,而且管得太多了。可是孔颖达不这么认为,他坚持自己的观点:"我承蒙国家给予优厚待遇,自感受陛下恩情深重。即使因为劝谏而死,我也不觉得遗憾!"

正因为此,孔颖达对太子的规谏才更加急迫。太子承乾命他编撰《孝经义疏》,他又借此著作表达自己的意见,提升了谏言的思想层次,还获得了更多的进谏途径。

这些事情,唐太宗李世民也是有所了解的,对他们二人的做法赞许有加,通过丰厚的赏赐勉励他们继续努力,尽职尽责,规谏太子。但是,这个不成器的太子终究辜负了大家。

其实，在贞观十三年（639）时，当时担任太子右庶子的张玄素，发现太子承乾常常因为打猎而荒废学业，也向太子上书劝谏。

张玄素说："臣听说老天爷对人不分亲疏，只保佑有德行的人。不管你是谁，如果违反天道，将遭人神共弃。古代有一年打猎三次的礼制，并不是教人杀戮，而是为百姓除害。所以商汤在狩猎时网开一面，也因此而天下归仁。

"如今殿下在御苑内打猎娱乐，不同于在野外游猎，但如果娱乐没有节制，终究有损于宽宏的度量。而要增进德行，就要学习古礼，学习古礼就要有老师辅导。我奉圣上恩召，向太子教授经术道德学问，希望太子能经常借事咨询，对自己有所补益。此外还要广选有名望、有德行的学士，朝夕相伴，早晚侍读。阅览圣人的遗教，审查做过的事情，每天反省自己的不足，每月检查自己还有哪些没有学会，这样不断努力，才会尽善尽美。

"做君王的人，没有不追求美好品德的，只是有些人的理性不足以抑制欲望、驾驭感情，结果沉溺迷惑以致昏庸。沉溺迷惑是很严重的过错，忠言会因此被完全堵塞，这种境况之下，臣下就会随便迎合，国君的德行将逐渐被损害。

"古人有言：'不要以为是小过错就不改正，也不要因为只是小小的好事而不去做。'祸患的发生，都是逐渐积累形成的。殿下居于太子位，应当注意树立良好德行。一旦养成喜好打猎的恶习，如何有效主持国政呢？即便谨慎从事，自始至终，也常常担心逐渐衰退。如果一开始就不谨慎，如何能使国家长治久安？"

作为太子的老师，张玄素这样讲，也算是尽职尽责。可是让人没有想到的是，张玄素这一番深刻论述，竟然没有对承乾太子产生任何积极的影响，因为他压根儿就没有接受。

在这样的情势之下，张玄素不得不再次向太子上书进谏："臣听说皇子入学受教以年龄大小为序，这是为了让他们知道，君臣、父子、尊卑之间的次序和长幼之间的礼节，要从内心去遵行，以后用之于普天之下，推行、传播到遥远之地，言说就可以覆盖天下。而今太子精力旺盛，睿智隆升，还必须习学文章礼节来检点自己的言辞，约束自己的举止。

"臣看到孔颖达、赵弘智等人，德行高尚、知识渊博，而且精通治理国家的要领。臣希望殿下能够经常让他们前来讲授经术，阐释事物的道理，谈古论今，以增加殿下的圣德光辉。至于像骑马游猎、狎妓酗歌之类，固然能一时娱

第十七回 张玄素尽心施教几遇害 李承乾不思悔改终被废

人耳目,但最终只会乱人心智、污人精神,久而久之,必将改变您的情性。古人曾经说过,心是万事的主宰,行动没有节制就会生出祸乱。我很担心殿下道德败坏的根源正在于此。"

应该说,张玄素的再次上书劝谏,已经不是一般意义上的劝诫,而是对太子的行为举止将导致的严重后果做了大胆的预判,言下之意就是说,如果太子不立即改正,还这样恣意妄为,最终很可能因为道德败坏而嫡位不保。

这次,太子看了张玄素的奏书,依然没有接受劝谏,不仅没有在心里反思自己,反而勃然大怒,斥责张玄素道:"难道你疯了吗?满口狂言乱语!"

张玄素尽职尽责做自己分内之事,太子自以为是,依旧我行我素。太宗皇帝对他们之间发生的这些事情究竟知道不知道呢?知道多少呢?史书对此没有明说,却有如下的记载。

贞观十四年(640),也就是张玄素连续上书太子劝谏的第二年,太宗皇帝做了一个决定,擢升张玄素为银青光禄大夫。这是个文官身份,相当于中央顾问委员会副主任,并由太子右庶子转任太子左庶子,也就是太子的首席老师。为什么会有如此晋升?就是因为太宗皇帝了解到张玄素在东宫曾多次进谏。

太子的老师升职了,但太子的恶习仍没有丝毫收敛。当时太子曾经在宫中击鼓作乐,鼓声一直传到宫外。张玄素又一次挺身而出,敲开东宫侧门觐见太子,极力恳切规谏。结果还好,太子承乾派人抬出鼓,当着老师的面砸毁,以示改正。但是令人想不到的是,太子竟暗中派人使阴招,趁张玄素上早朝的机会,用马鞭狠劲抽打他,张玄素几乎被打死。

但是张玄素并没有因为这样的遭遇而动摇自己规谏太子的意志。当他发现太子建造亭台楼阁,穷奢极欲,花费一天比一天多,他还是忍不住上书规劝:"臣愚昧无知,今兼职朝廷和东宫的职务,圣上对臣有江海一般深厚的恩情,臣却对国家没有丝毫的贡献,所以一定要竭尽忠诚、尽职尽责。

"太子被寄予厚望,担负重要使命,如果没有宏大厚重的德行积累,怎么能够继承大统,传承先王的功业?圣上与殿下以亲缘论是父子,以行事而言却事关家国。虽然圣上对殿下所使用的财物不加限制,但这个恩旨发布还不到六十天,太子所花费的财物已经达到七万之多,可以说挥霍到了极点,真不知道还有谁能比得上?

"而今在太子宫殿中的只有工匠,内苑里面不见贤良大臣。太子嘴上说要孝敬,却少有视膳问安的礼节表现出来;说要讲恭顺,却经常违背君父教导的原则;追求名声,却没有学习古代圣贤美德的实际行动。观察太子做事,却发现太子有凭借权势杀人的罪行。太子身边看不见正直的大臣,淫巧奸邪之人却越聚越多。太子喜欢的人,无非玩耍技艺之徒;太子奖赏的东西,无非图画雕刻等玩物。凡此种种,从表面上看就已经很过分了,这背后隐藏的不可告人之事,还不知道有多少呢?

"殿下,这发布政令的朝廷,跟市场没什么区别,各色人等出出进进,邪恶的名声会越传越远。这真的很严重!臣下曾经说过,右庶子赵弘智学问深厚,品行端正,是一个优秀的人物。臣也曾多次请求殿下,希望经常召见他并与之谈论交流,以增加殿下的美德。没想到殿下却心生猜疑,说臣下是妄自引荐。从善如流,尚且担心来不及,而今掩饰过失、拒绝规谏,必将招致祸患。古人说得好:苦药利病,苦口利行。臣下衷心希望殿下居安思危,日慎一日。"

可怜张玄素一片苦心,他怎么也不会想到,就是这道奏书,差点让他送了命。因为太子看了奏书,又一次发作,大怒之后,竟派遣刺客要杀害张玄素。

太子李承乾面对老师的奏谏,从最初的不接受,到后来的恼怒,再到大怒,说明他压根儿就没把老师的良苦用心当回事。他对张玄素从假意悔过到派人暗中袭击再到派刺客行凶,说明他已经完全丧失了仁德品行。这样的太子,以后继承帝位,一定是残暴无极、荒淫无度的失道昏君。

太子在荒唐的道路上不仅没有丝毫的悔过之情、收敛之举,反而变本加厉,越发不成体统,后来竟然发展到要谋反篡位。贞观十七年(643),事情败露,太子承乾被废黜。真就应了那句话:多行不义必自毙!

欲知后事如何,且听下回分解。

第十八回
兴仁义唐太宗以德治国　怀恻隐李世民因情感敌

究竟该以怎样的理念治国理政，是实行仁政德治，还是严格依法理政，这从来都不是简单化的非此即彼的选择。孔夫子曾经就这个话题发表过自己的认识："道之以政，齐之以刑，民免而无耻；道之以德，齐之以礼，民耻且格。"这段话大致的意思是说：用政令和刑罚来治理国家，老百姓会因为惧怕而不触犯律令，这样就会免于受到惩处，但并没有正确的价值观、是非观、荣辱观；如果以德治国并辅之以礼乐教化，推进精神文明建设，老百姓就会有明确的价值观、是非观、荣辱观，并且在这个基础上严格约束自己的行为举止。

这个问题，往大了说，关乎治国理政；往小了说，涉及在一般组织管理中是制度化管理为主还是人性化管理为主，最终影响组织文化理念的走向。

有意思的是，在贞观元年，围绕着应该施行仁治还是施行法治，唐太宗李世民与大臣之间就有过讨论。

话说贞观元年（627），在与大臣就仁法之治这个重大话题展开讨论时，太宗皇帝李世民发表重要讲话，阐发了自己的看法。他认为："古来帝王，以仁义治国者，国运长久；用法令治理百姓者，虽然能补救一时之弊，最终还是迅速败亡。既然已经了解了前代帝王的经验教训，就足以引为借鉴。我决定从现在开始，以仁义诚信来治理国家，希望能革除近代以来轻薄虚浮的风气。"

黄门侍郎王珪对答太宗皇帝，他说："天下风气凋敝、道德沦丧已经很久了。陛下承接这些余弊，发扬仁义道德，改变这种风气，这是百姓万代之福。但是，没有贤人就不能治国理政，所以关键还在于得到贤德的人辅佐朝政。"

太宗皇帝说："说到招揽人才，朕思贤之情，在睡梦中都不会忘记啊！"

听到太宗皇帝这样说，给事中杜正伦立即进言说："其实这世上一定有人才，随时可供使用。怎么能等梦见傅说、遇到吕尚，然后才开始治理国家呢？"

显然，杜正伦话里有话，思贤甚切、求贤若渴，不能总是只挂在嘴边，而是要有实际行动，应该有相应的机制去发现贤德之才、任用贤德之人。只满足于在领导岗位上表表姿态，然后就坐等人才上门，这样的做法肯定无助于发现和得到贤德之人。

就这样,在他们君臣一番你来我往的对话之后,太宗皇帝觉得这几位臣子的说法有道理,表示同意,接受了他们的意见。

到了贞观二年(628),太宗皇帝对侍臣们说:"朕原以为离乱之后,风俗难以改变。近来看见百姓逐渐知晓廉耻,官吏奉公,百姓守法,盗贼日渐减少,因此呢,我又觉得风俗习惯没有不可改变的,主要是看国家政治是清明还是混乱。从这一点来说,治国理政之道,必须以仁义来安抚,以威信来示范。如果政令依顺民心,废除苛刻,不搞歪门邪道,社会自然就会安定。你们各位应该共同努力推进这件事情。"

到了贞观四年(630),房玄龄向太宗皇帝上奏了一件事,说的是近来检查武库,发现所藏兵器已经远比隋朝充足。

太宗皇帝淡淡地说:"修整兵器、防备贼寇固然是要紧的事情,但是朕只希望你们把全部心思放在治国理政之道上来,务必竭尽忠诚,使百姓安居乐业,这才是朕所倚重的甲仗、兵器,才是最重要的力量。切莫以为靠武库里的兵器就可以统御天下。想那隋炀帝难道是没有兵器才导致灭亡的吗?不修仁义,百姓怨恨背叛,这才是他走向败亡的缘故。你们要好好地理解我的心意,应当以德行仁义来辅佐我治理天下,而不是只关心有多少兵器。"

各位看官,这件事在《贞观政要》的记载中是一个独立事件,没有因果,没有情节,也不涉及君臣之争,不过是臣下汇报、君上表态。当然,我们不能从这一历史记载中就得出房玄龄只看重兵器而不懂得综合治理的结论。其实房玄龄在李世民的领导集团中是一位政治素质好、综合能力强、管理水平高的贤德之臣,深受太宗皇帝信任和器重。这次太宗皇帝虽说话语中带有否定和批评的意思,但更多的是叮嘱和诫勉。

贞观十三年(639),太宗帝又一次总结论述自己以仁义道德治国理政的思想。他对侍臣发表讲话说:"树林茂密了百鸟就来栖息,水面宽阔了鱼儿就会游动,仁义积聚百姓自然归顺。人都知道畏惧和躲避已经发生的灾祸,但不一定知道施行仁义就不会发生灾祸的道理。这样看来,仁义之道,应当牢记在心,并持续推行,如果有片刻懈怠,仁义就会离我们远去。这就如同人们通过饮食供养身体一样,只有经常吃饱肚子,生命才能存活。"

王珪听太宗皇帝这样说,赶忙下跪叩头说:"陛下能说出这些道理来,真是我大唐百姓的幸运啊!"

第十八回　兴仁义唐太宗以德治国　怀恻隐李世民因情感敌

唐太宗李世民不断强调用仁义治国，并且要求各位大臣也要如此思考问题，君臣一心治理天下。那么，仁义之情、恻隐之心在唐太宗李世民身上是如何体现的呢？我们给各位看官说几则故事。

先说太宗皇帝如何对待曾经与他为敌之人。

第一个说说冯立。

冯立，当年在东宫率府深受太子李建成的宠爱。玄武门之变中，李建成死的时候，左右部下都逃散而去，冯立叹息一声说："我怎么能够在太子生前深受其恩，而在太子死的时候逃避灾难呢？"于是他率领兵士攻打玄武门，奋力拼杀，直到杀死了屯营将军敬君弘，他对部下说："现在能微微报答太子了。"随后解散了部下，自己也逃到荒郊野外，第二天却又主动回来请罪。李世民数落他说："你昨天率兵来战，杀我许多兵将，怎能免你一死？"冯立哭泣着回答："我挺身而出，侍奉我的主子，愿意以死报效，作战的时候，并没有什么顾虑害怕。"

冯立越说越悲伤，几乎承受不住。李世民安慰他，赦免了他的死罪，并任命他为左屯卫中郎将。冯立对身边的人说："得到皇上莫大的恩赐，有幸得到赦免，终生当以死报答。"没过多久，突厥兵进犯便桥，冯立率几百名骑兵，与敌在咸阳大战，他们所向披靡，杀死和俘获很多敌人。太宗听说后，对冯立十分赞赏。

第二个人与冯立有着类似的经历，他就是齐王李元吉府上的左府车骑谢叔方。

就是这个谢叔方，在玄武门之变时与冯立会合攻打玄武门，杀死敬君弘和中郎将吕世衡，严重挫伤了李世民部下的士气。无奈之下，秦王府的部属就抛出李元吉的头颅给他看。谢叔方下马啼哭，拜辞而逃，第二天也主动自首。李世民说："你是个义士！"下令释放他，后又任命他为右翊卫郎将。

当然，李世民以仁义对待曾经与他为敌的人，典型代表就是魏徵，这在前文已经有所交代，这里不再赘述。那么，李世民如何对待忠诚之人、如何对待有功之人，我们也说两个人物。

第一个人物是陈叔达。

贞观六年（632），左光禄大夫陈叔达被任命为礼部尚书。任命之后，太宗召他面谈，特别指出："我知道在武德年间，你曾经向太上皇直言禀告，说我有安定国家之功,不能黜退降职,等等。我这个人生性刚烈,如果遇到压抑挫折,在情绪上会有极端反应,或抑郁或愤懑,这很可能导致生病,严重时会有生命危险。你这个人忠诚正直,敢于直言,对我很有益处。这次提拔任命,就是对你的奖赏和肯定。"

陈叔达回答说:"隋朝父子相残,导致败亡,这一点,臣下看在眼里记在心上,怎么能够眼睁睁看着太上皇重蹈覆辙而不吸取教训呢?所以我才竭诚尽忠直言进谏。"

太宗皇帝赞许地说:"我知道你这样做,不光是为了我一个人,而是为国家社稷,所以我才决定提拔任用你。"

第二个人物我们说说萧瑀。

萧瑀是大唐武德和贞观年间很有影响的一位大臣,曾六度出任宰相。他为人刚正不阿,办事严厉刻板,不贪财好利,不徇私枉法,即便放在整个历史长河中来看,也是数得上的名相。

太宗皇帝曾经在一次招待群臣的宴会上对房玄龄说:"武德六年(623)以后,太上皇废弃了原来许诺的要立我为太子的打算。那个时候,我得不到兄弟的容纳,纵然有天大的功劳也无济于事,不仅得不到应有的赏赐,反而遭到妒忌迫害。就是在这样的境况下,萧瑀不受厚利诱惑,不惧刑戮威胁,无怨无悔地支持我。他真是国家的栋梁啊!"

太宗皇帝特意赐诗一首给萧瑀:"疾风知劲草,板荡识诚臣。勇夫安知义,智者必怀仁。"萧瑀赶忙拜谢太宗皇帝,并且表示:"臣受陛下如此特殊的训诫,称许我忠实诚信,臣定当牢记在心,竭忠尽诚,虽死犹生。"

不久之后,太宗皇帝晋升萧瑀为太子太保,负责太子的培养教育事宜。

说到太宗皇帝的仁厚宽怀,还有一件事不得不提。

故事发生在贞观二年(628),太宗皇帝准备安葬息隐王李建成、海陵王李元吉,这时,尚书右丞魏徵和黄门侍郎王珪主动请求参加送葬。他们二人的理由很简单,那就是当年他们受太上皇任命,曾在东宫任职,出入太子宫殿将近十二年,言下之意与太子感情深厚,而今请求送葬,也是人之常情,在情理之中。所以,他们二人联名上奏请求送葬。但是,二人在上表陈述送葬理由时却把这点情感放在了最后一条。

他们上表的内容可以分成三个层次来看,很具有参考价值:

第一层,他们先说前东宫太子对国家犯下罪行,得罪人神,他们没有殉死,甘愿接受杀罚,陛下却既往不咎,还授以官职。如此大恩,终身难报。

这样说,既将他们二人与太子划清界限,又能得到唐太宗李世民的认同。

第二层,他二人又说太宗皇帝道义光耀天下,德行胜过前代,登上山岗缅怀逝者,追念兄弟手足之情,明社稷之大义,申骨肉之深恩,择吉日安葬二王,此举令人感动。

这是对太宗皇帝的赞美,也是为了博得李世民对他们二人的理解。

最后的第三层,他二人说这一年过去了,国家有了新君,我们仍能行侍奉君王之礼,却还没有尽送葬之哀,遥望墓地,念及往昔种种深厚情义,希望在息隐王、海陵王安葬之日,能扶灵柩到墓地。

话已经说到这个份儿上,李世民也觉得他们有情有义,言之在理,自然就应允了。不光准许他们二人,连宫中、府中李建成、李元吉原来的旧部属下,都准许去送葬。

太宗皇帝不仅对当朝臣子有仁义之举,对于那些历史上的忠臣良将也会表达自己的仁义情怀。我们选择《贞观政要》记录的三个案例给大家做一番介绍。

贞观十一年(637),太宗皇帝巡视途中经过汉朝太尉杨震的坟墓,哀叹他因为忠诚而死于非命,于是亲自写祭文祭祀。

贞观十三年(639),太宗皇帝巡幸蒲州,念及隋朝鹰击郎将尧君素坚守忠义,至死也不叛隋降唐,于是下诏追授他为蒲州刺史,对他恪守忠义、尽忠臣节的高尚节操表示嘉奖,并交代要寻访其后代子孙妥善安置。

贞观十九年(645),太宗皇帝亲征辽东,在攻打安市城的时候,遇到了高丽军民的顽强拼死抵抗,久久攻不下来。太宗皇帝改变策略,派先前被俘虏的高丽部落酋长高延寿、惠真两个人到城下劝降,城里的军民看到这两个人,就坚守不动,可是一看到太宗皇帝的旗帜人马,又登城而战,擂鼓呐喊。眼见劝降无果,太宗皇帝决定加大进攻力度,不惜筑土为山,却始终没能攻克。无奈之下,太宗皇帝决定罢兵撤军。任谁也没有想到,太宗皇帝这时做了个决定:赏赐城里高丽军民三百匹绢,奖励那些为国家、为国君拼死效力的人。

这就是太宗皇帝!他的很多做法未必人人理解,却饱含仁义情怀。对今人如此,对古人亦如此;对自己人如此,对敌人亦如此。这样的宽厚远非常人所能及。

欲知后事如何,且听下回分解。

第十九回
论公平明君循法理政　据法律贤臣秉公说罪

书接上回。

说罢太宗皇帝的仁义情怀，我们再表一表贞观年间君臣之间就公平施政而展开的讨论。

李世民即位之初，中书令（相当于宰相）房玄龄就上奏汇报了一件事：秦王府老部下尚未得到封赏，反倒是太子东宫和齐王府的部下先得以被安排，大家难免有怨气。

房玄龄所反映的事情，从表面上看是因为封赏不到位导致的个别人心生怨气的问题，唐太宗李世民却一下子就看到问题的本质，那就是究竟是任人唯贤还是任人唯亲。所以太宗皇帝回复房玄龄的奏章，就不局限于就事论事，而是借事说理，并且要把这个道理说深刻、说透彻。

太宗皇帝这样回复房玄龄："什么是公平？自古以来的说法就是公正而没有私心。比如远古历史上，丹朱、商均分别是尧、舜的亲生儿子，但尧、舜废弃了他们，并没有传位于他们，就是因为他们不肖无德。还有管叔、蔡叔，虽说是周文王的儿子，却挟持纣王的儿子作乱，周公于是奉命诛杀了管叔，放逐了蔡叔。所以说，懂得治国理政的人，要以天下为公，不能有私心。以前诸葛亮在小小蜀地身为丞相，也强调吾心如秤，不能轻易为人作轻重；公平对人，不能有亲疏之分。我如今治理的可是大国啊！

"再者说，我和你们，衣食都来自百姓，老百姓把自己的力量奉献给了上面，但是上面的恩惠却还没有广施于天下百姓。现在之所以要优先选拔贤德有才之人，而不是照顾亲近之人，就是为了求得天下安宁、百姓安定。

"说到选人、用人，主要考察他能不能胜任职务，能不能做好工作，怎么能够因为是新认识的或是老熟人就采取不一样的态度和做法呢？人与人有过一面之缘就会有亲近感，何况是老旧部下，怎么可能一下子忘到脑后去呢？但是，如果他的才能不足以胜任职务，又怎么能只因为是老熟人就优先任用呢？

"你这次上奏，不是与我讨论分析这些人行不行，而只是说他们有怨气。

难道说消除了他们的怨气就是公正、公平？你觉得这是最公平的原则吗？"

的确如太宗皇帝所分析的，任人唯亲，老熟人、老旧部下不会有怨气，却令贤德之才心寒；任人唯贤，虽说有些人会有怨气，却能确保事业的可持续发展和长治久安。所以说，没有私心，才可能做到公正公平。

看得出来，太宗皇帝对房玄龄的奏事只是表达了自己的看法，这本身就是一种委婉的批评，也算是对忠臣的一种尊重和保护。而对其他人类似的建议，太宗皇帝却一点面子也不讲，直接就给出了明确的否定意见。

那是在贞观元年(627)，有人上书奏事，请求对原来秦王府的兵士都授予武官职务，补充到皇宫禁军中担任警卫工作。不言而喻，这些人以前跟随秦王李世民，现在李世民登基当了皇帝，这些人自然应该得到重用。况且，这些人知根知底，忠诚可靠，用起来也比较放心、比较顺手，安全系数高。

可是对这样一个皆大欢喜的提议，太宗皇帝却不以为然，他回复上奏之人说："我把天下看作一个大家庭，不能在任何事情上有偏私之心，才能、德行是我任人用人的唯一原则，我怎么能够因为是故旧部下就有所区别、另眼看待呢？再者，古人曾经深刻揭示，用兵如用火，控制不当就会引火烧身。所以在我看来，你的这个意见对我治国理政没有任何积极意义。"

各位看官，你难道不觉得唐太宗李世民在这个问题上的认识值得称道吗？可是你别忘了，还有一个很经典的说法：理论很丰满，现实很骨感。有时候思想认识深刻，行动上却不一定都正确。贞观元年发生的一件事就差一点让李世民自我否定。

究竟是怎么回事呢？

说的还是在贞观元年(627)，吏部尚书长孙无忌曾经在接受太宗皇帝召见的时候，不知道什么原因竟然不解佩刀就进了东上阁门。须知在当时这个行为可是犯了大忌，触犯了律条，要治重罪乃至被判死刑的。当他见驾结束走出殿阁，值班的监门校尉才发现。这个问题太严重了，估计这个监门校尉也是被自己的失职吓了个半死。

尚书右仆射封德彝立即就此重大安全事故提出自己的处理意见：监门校尉没有在第一时间发觉长孙无忌带佩刀上殿，属于本职工作的严重失职，罪该处死；长孙无忌带刀入阁，建议判处徒刑两年，并罚铜二十斤，也就是现在的并处罚款。太宗皇帝同意了封德彝的意见。

太宗皇帝同意封德彝的意见，就意味着在同一起安全事故中，对监门校尉和长孙无忌两位当事人区别对待,而实行同罪不同罚。

太宗皇帝为什么要这样处理?这里有一个特殊的背景:长孙无忌是太宗皇帝李世民的大舅哥,是货真价实、正经八百的皇亲国戚,他的妹妹就是长孙皇后。另外,长孙无忌在辅佐李世民夺取皇位的争斗中,以及后来的玄武门兵变事件中,都是坚定的铁杆人物。

因为有这样的关系背景,太宗皇帝自然会同意封德彝的意见。这虽然说不上是官官相护,但同罪不同罚,毕竟与太宗皇帝一直以来标榜的公正公平的理念是相违背的。一旦执行这个决定,就会让天下人觉得最高领导人嘴上讲一套而实际做的是另一套。这对于刚刚通过不正当手段登上帝位的李世民而言,就是严重的失信于天下的行为,这个后果就相当严重了。所以,大理寺少卿戴胄站出来对封德彝的意见进行驳议,也就是提出反对和否定意见,进而要让太宗皇帝改变主意。

戴胄用自己分管的专业工作的理论展开自己的论述:"监门校尉没有在第一时间发现长孙无忌带刀入宫,是严重的失职,按律当斩,判死罪没有问题;长孙无忌身为重臣,明知不能带刀入宫,却这么做了,同样也应是死罪。律法有规定,凡是在供奉圣上饮食、用药、舟车等方面出现差错的,都是死罪。如果陛下在处理眼下这件事情上考虑长孙大人的功劳,从轻处罚,那就称不上是司法公正,而是严重的司法不公;如果按照法律规定处理,原本该判死罪的却仅是处以罚铜,显而易见就极不恰当了。"

戴胄的一番议论,算是说到点子上了。念及旧情,死罪轻判,这是徇私枉法、法外开恩,有失法律之公平正义;如果名义上按律处置,却又罚款了事,这叫花钱买命,视法律为无约束之力的草绳,严重一点说这是典型的司法腐败。把这一番大道理摆在桌面上,议在朝堂上,太宗皇帝不可能视而不见,不可能听而不闻,更不可能置之不理。

戴胄对封德彝提议的驳议,算是给唐太宗李世民出了一道选择题。几经权衡,太宗皇帝最后表态说:"法律,不是我一个人说了算的法律,而是天下人的法律,是国家的法律。今天怎么能因为长孙无忌是皇亲国戚就随意曲解法律呢?这件事需要重新审议裁决。"

虽然太宗皇帝李世民已经决定这件事要重新审议裁决,可是,令人想不到的是封德彝还是固执坚持自己的意见。这种情况再一次影响了李世民,他的思想出现反复,又准备接受封德彝的意见。不得已,戴胄再次上奏表明自己的观点:"监门校尉是因为长孙无忌的不当行为而招致犯罪的,按照法律规定应该判处较轻。如果论他们二人的过失,犯罪情节相同,应该同罪同判同罚,而现在的判处却是一死一生,量刑的差别如此之大,实在令人不能接受。臣斗胆请求圣上考虑我的建议。"

史书并没有明确记载戴胄的具体建议是什么,但最根本也是最重要的,就是坚持同罪当同罚,要么都死,要么都不死。也许戴胄心里早已预料到不可能判长孙无忌死刑,所以他一再上奏,其实就是要维护法律公正,为监门校尉争取生命权。

果然,这件事最后的结果是太宗皇帝免去了监门校尉的死刑。

当然,这件事最后的结果也维护了法律公平公正的尊严。

说起这个戴胄,还真的是一个在法律面前认死理、敢较真的人。当时朝廷广开选举,大力开展人才选拔工作,可是这里面就有人弄虚作假,谎报官阶和资历。太宗皇帝知道了这个情况,便做出指示,让这些作假之人主动自首,如果不自首,一旦查出便是死罪。

不久之后,果真有一位作假谎报的人事情败露,戴胄出面处理。他根据朝廷法律判处此人流刑,也就是流放到边远地方,并没有按照太宗皇帝的指示"从重从严从快"处理。事后戴胄向太宗皇帝汇报,太宗皇帝指责说:"当初我曾下诏令,不自首者死,现在你根据法律判处流刑,这岂不是要告诉天下人我言而无信了?"

戴胄镇定自若地回复太宗皇帝:"如果陛下当时立即处死这个弄虚作假之人,这是臣下所不能干预的事情。如今您把此人交给大理寺审理,我就不能玷污了法律的神圣,不能违背法律进行判决,我只能按照律条量刑判处。"

太宗皇帝说:"你就知道按法律办事,竟一点儿也不顾及我一言既出却失信于天下!"

戴胄态度坚决地回答:"法律,是国家布大信于天下;说话,只是一个人喜怒情绪的表达。陛下一时发怒,想要杀死他,可是心里又觉得不能这样做,于是交给大理寺依法处置。臣以为陛下的这个做法恰恰就是忍小怒而存大信。这样处理,不仅不会让陛下失信于天下,反而会赢得大信。所以臣下愿意为陛下珍惜这一点。"

就是在戴胄的一再坚持下,太宗皇帝终于接受了戴胄的意见。他感慨道:"我执行法度有失误之处,你能及时纠正,我还有什么可担忧的呢?"

后来，太宗皇帝还针对一些人的议论对侍臣发表讲话。他说："我现在对贤能之人孜孜以求，专心致力于治国之道，听说哪里有贤才，就立刻想要提拔重用，但是总有人议论说这些人都是大臣的亲戚故旧，言下之意就是说我任人唯亲、用人不当。我想告诉你们的是，只要你们一片公心，公正地处事，就不必顾虑别人说三道四，更不要因此而拘束了自己做事。古人早就说过'内举不避亲，外举不避仇'，就是要推举、引荐那些真正贤能的人。所以，只要能够提拔任用贤才，即使是自己的子弟或者是与自己有仇怨的人，也不能不举荐。"

朝堂上的事情，一旦有失公平，大臣们就会谏言直陈，而面对皇家自己的家务事情，是否也会有人站出来纠正其不公呢？我们一起来看一段故事吧。

贞观年间，太宗皇帝下嫁长乐公主，这是他的第五个女儿。他命有关部门备办了丰厚的妆奁作为陪嫁，相当于长公主也就是太宗姊妹嫁妆的两倍。按说这是皇室自家的事情，顶多就是圣上太偏爱女儿，陪嫁多也就多了，超也就超了，不会影响天下，也不会显得对天下英才不公。可是魏徵却不这么认为，于是他上奏了。

魏徵就这件事对太宗皇帝直言不讳地表达了自己的观点："从前汉明帝准备封赐他的儿子时说了一句话：'我的儿子怎么能够跟先帝的儿子同等待遇？'结果只给了他相当于光武帝儿子一半的封赏。前代史书记载这件事，作为美谈传颂。天子的姊妹是长公主，天子的女儿是公主，既然加一个'长'字，就是要显示长公主比公主地位高贵。圣上对姊妹和女儿感情是有不同，但在礼义规制面前却不能有差别，规矩就是规矩，如果让公主的礼物超过长公主，在礼义规制上恐怕说不过去。既然不应该这样，那还是希望陛下三思，重新考虑一下。"

太宗皇帝听罢魏徵的分析，称赞他言之有理，于是退朝后把魏徵的话告诉了皇后。皇后听罢也是感慨不已，对太宗皇帝说："一直听说陛下敬重魏徵，但并不清楚具体的缘由。今天闻听他的劝谏之言，竟然能够用礼义克制国君的感情，这样的人真正称得上是国家的栋梁之臣啊！想我自己与陛下是结发夫妻，承蒙陛下对我以礼相敬、情义深厚，但我若是要进言，也要等陛下心情好的时候。我尚且不敢轻易冒犯陛下的威严，何况作为臣下，与圣上本来就情疏礼隔！所以韩非称劝说是一件难事，东方朔也说此事不容易，看来确实如此。忠言逆耳利于行,对于治理国家的人来说是极为重要的道理,采纳它国家就太平,拒绝它政局就混乱。我真心希望陛下明白这一点,思考这其中的道理,那么将是天下的幸运。"

这件事后来以皇后派宫廷使者送给魏徵五百匹帛而结束。

在这个故事中,魏徵无疑是深刻的,太宗后来也是清醒的,难能可贵的是皇后也是明理的,所以才会有令人欣慰的结局。如果皇帝和皇后有任何一方不清醒或不明理,仅凭魏徵的一番议论,绝无可能改变事情的发展走向。

为什么这么说呢?贞观十一年(637),魏徵的一份奏疏多多少少能说明一些问题。魏徵这样讲:"臣听说一国之君,应该喜欢好的,厌恶不好的;亲近君子,疏远小人。崇尚善,君子就得到重用;憎恶恶,宵小之人就会远遁;亲近君子,朝廷政令就不会出现纰漏;疏远小人,听取意见就不会偏私曲邪。虽然小人也会有小小的优点,君子也会有小小的缺点,但君子的缺点犹如白玉之瑕,精明的商人不会因为瑕疵而扔掉整块白玉,因为他知道瑕不掩瑜的道理;小人的优点就像拿钝刀切割,高超的工匠不会重视,因为它终不能成大器。如果把喜爱小人优点当作喜欢好的,把厌恶君子缺点当作厌恶不好的,那就相当于把臭蒿和香兰的气味混作一团,对石头和玉石的品质不加区别。屈原投江而亡,卞和抱玉泣血,根本的原因就在于人主良莠不分。虽然知道臭蒿和香兰不同味、石头和玉石不同质,但又不能真正做到提拔重用君子、疏远摈弃小人,这就是春秋时郭国灭亡的原因,也是卫国大夫史鱼遗恨终生的原因。

"而今陛下英明威武,天资聪慧睿智。若志存博爱,那么提拔任用人才的途径就会有很多。可是臣下依然看到一些不尽如人意的地方,比如:喜欢好人好事却不太重视选择人才,憎恨坏人坏事却未能彻底疏远小人;言语没有保留,情感毫不掩饰;听到言说别人优点时一般不会全然相信,听到议论别人缺点时却常常坚信不疑。虽说陛下常有独到见解,但恐怕在道理上和实际施行中都未必尽善尽美。

"为什么臣下会斗胆这么说?因为君子赞扬别人的优点,小人攻击别人的缺点。如果听到别人的缺点就一定相信确有其事,那么小人攻击别人的手段就会不断增加;如果听到别人的优点总怀疑其未必如此,那么君子赞美别人的途径就会不断减少。要有效治国理政,急需进用君子而黜退小人,现实却是说好的途径越来越少,论非的手段越来越多。如此一来,君臣失序,上下阻隔,国家危亡尚且无从解决,又何谈国家的治理和发展呢?

"用善行互相成全,才会同心同德;以恶行相互勾结,那叫结党营私。如今清浊同流、善恶无别,把告讦攻击当作真诚正直,而反把同心同德当作结党营私。把同心同德当作朋党,就会认为没有什么事情可以相信;把攻讦当作真诚正直,又会以为什么话都值得相信。这一切将最终导致君主的恩泽不能施予天下,臣下的忠诚不能上达君主,大臣不能纠偏,小吏不敢议论,到处都是不良风气,浑浑噩噩就成了习惯。这实在不是国家的幸事,更不是治国理政的方法,只能不断助长奸邪、混淆视听,使国君不知道该相信什么,大臣们也人人自危而无法相互安定。

"对此如果不从长远打算,杜绝它的根源,那么后果不堪设想,后患无法制止。有长远打算并采取有效的举措,就不会有败象,即使开始有过失,经过纠正,最终也会取得成效。如果是混乱的世道,行为处事哪怕只是出现些许过失而又不能改正,就将导致严重的后果,后悔都来不及!如果国祚尚不能传给子孙,又拿什么表率垂范将来呢?

"看清相貌要借助静止的水面,察省自我要以贤人为榜样。能够不断用古代贤王来对照自己的行为处事,好坏之分必定了然于心。

"所以,无须有劳司过官吏的记载,不用依靠百姓的议论,巍巍之功一天天显著,赫赫大名一天天远播,一切的一切,全在于一国之君扬善惩恶,亲近君子而疏远小人。这是一个根本的问题,身为人君不可不致力于此!"

各位看官,魏徵这一番深刻的论述,全是肺腑之言,有些话说得很重,但忠言逆耳。这就是魏徵的风格,也是魏徵的风骨。

大概在贞观年间也只有魏徵能说出这样的话,也只有魏徵敢说这样的话。

那么,后续还有怎样的故事?且听下回分解。

第二十回
奉诚信太宗拒诈道　论德礼魏徵议奸佞

上回书说到贞观十一年（637）魏徵给太宗皇帝上书，论述亲近君子而疏远小人、选贤用能而治国理政的基本道理，有些话说得很重，真真是忠言逆耳。

要亲近君子、疏远小人、选贤用能，一个很重要的前提是能够正确区分君子与小人。这事说起来似乎容易，但要真正做到、做好，还真不是那么简单。

自古以来，帝王治国理政，总面临这样一个比较棘手难办的问题，就是区分忠良与奸佞。究竟谁是忠良贤德、可堪大用之人，谁又是奸佞伪诈、心怀叵测之徒？如果识人不清，就会用人不当；用人不当，必然后患无穷，甚至危及江山社稷。

唐太宗李世民登基以后也遇到这样的问题，面对别人给他出的主意，他却表现出难得的理性和清醒。

这究竟是怎么回事呢？且听我们慢慢道来。

话说在贞观初年，有人给太宗皇帝上书，建议清除身边的奸佞之人，也就是历史上常有的所谓"清君侧"。按说这是一个很好的建议，但问题是谁才是奸佞之人呢？如何从群臣当中识别出奸佞之人？一旦甄别有误，评判不当，势必造成很大的混乱，后果不堪设想。

正是基于这样的忧虑，太宗皇帝对这个上书之人说："朕以为所任用的人，都是贤德之人，如果不够贤德，怎么会受到重用呢？你能告诉我奸佞之人是谁吗？"

这个人回答说："臣身份卑微，生活在民间，不能确切知道谁是奸佞之人，但我有识别奸佞之法。这个方法就是陛下假装发怒去检验识别群臣，能够不畏惧陛下盛怒，还敢于直言进谏的，就是正直的人，是忠良之臣；一味顺从陛下喜怒而迎合圣上心意的，那肯定就是邪佞之人。这个方法圣上不妨一试。"

这个办法乍一听好像蛮有道理的，可是太宗皇帝似乎并没有照此去做，这从他与大臣封德彝的谈话内容就能清楚得知。

太宗皇帝这样讲："流水是清澈还是污浊，取决于源头如何，源头清则流水清，源头浊则流水浊。这个道理也能说明国君与民众的关系，国君是国家政令的发出者,就像是源头,百姓就像是流水,如果国君自身搞欺诈而希望臣下心直行正,这就好比源头污浊而希望流水清澈一样,是违背常理的,也是不可能实现的。说真的,朕也想明辨忠良与奸佞,但朕因为常常想到魏武帝诡计多端、喜好伪诈,所以很鄙视他的为人。用假装发怒这样伪诈的做法识别群臣的忠奸品性,怎么可以用来作为施政的办法?"

也是基于这样的思考和认识,太宗皇帝对那个上书之人说:"朕所追求的是使最广泛的信义行于天下、遍及全国,不想通过欺诈的方法引导社会风气的变化。你所说的这个方法也许有其道理,听起来还不错,也是一片苦心,但是,朕不会采纳你的这个建议。"

太宗皇帝不采纳这个人的建议,却对另一个人的观点大加赞赏,甚至感叹:"如果不是遇到你,我从哪里能听到这些话呢?"

这又是怎么回事?这个人是谁?他说了怎样的话呢?

各位看官,且听我一一道来。

这个人是魏徵,事情发生在贞观十年(636),他向太宗皇帝上疏,也就是打报告,专门阐述君子与小人、诚信与邪佞的利弊得失。报告篇幅很长,论述深刻,看得出来,这是魏徵深思熟虑以后特别用心写出来的。

我们就为大家解读一下这篇大报告的基本观点。

魏徵说:"臣听说治理国家的基础,必定要依靠德与礼;能保障国君统治地位的,只在于诚与信。诚信确立了,臣下就不会有二心;德礼形成了,远方的民众也会来归顺。这德、礼、诚、信,是国家的大纲,也关乎君臣父子的伦理,一时一刻也不能废弃。所以孔子说:'君主对臣子以礼相待,臣子就会忠心事君。'又说:'自古人皆有一死,民众不信任了,国家也就无法存立。'文子也曾经说过:'说话讲信用,信用在说话之前就有了;发令有诚意,诚意在行动之后才能看到。'如果言而无行,也就言而无信了;有令不从,令也就没有诚意了。不可信之言,无诚意之令,对国君来说是败坏德行,对臣下来说是招祸危身,即使在世道昏乱之际、颠沛流离之时,君子也不会这么做。

"想我王道昌明,十年有余,威加海内,万国来朝,国库一天天充实,领土一天天扩展,一派发展繁荣景象。但是道德并没有更加深厚,仁义也没有更加广博,这究竟是为什么呢?大抵是因为圣上对待臣下的态度没有做到完全诚信,虽然做事有良好的开端,却不能达到尽善尽美吧。这种情形由来已久,不是一朝一夕形成的。

"容臣直言！过去贞观之初，陛下听到良言善行会惊喜赞叹。贞观八九年间，也还能高兴地听取劝谏。可是打那以后，却逐渐表现出厌恶直言，即使勉强接受和采纳，也不再像过去那样宽宏大量。在这样的情形之下，那些忠诚正直的人会选择避免触犯圣上，邪僻奸佞之徒则会肆无忌惮地用花言巧语讨陛下欢心。同心同德的人被说成是擅权揽政，忠诚正直敢于发表意见的人被说成是诽谤他人。如果一个人被认为是结党营私，哪怕他再怎么忠实诚信，别人也会觉得可疑。如果一个人被说成是大公无私，即使他再怎么弄虚作假，别人也觉得他没有错。这样一来，刚强正直的人畏惧擅权揽政的罪名，忠诚直言的人担心被扣上诽谤别人的帽子。乱加怀疑，听信谣言，使得正直的人不能完全表达自己的意见，大臣没有谁能直言规谏。迷惑视听，正义大道闭塞，妨碍施政，损害德行，恐怕问题的根子就在这里吧？孔子所谓'邪佞善辩的口才会颠覆国家'，大概就是针对这种情况而言的。

"进一步来看，君子与小人，外貌相同但内心各异。君子掩人之恶，扬人之善，遇到祸患不苟且，不惜杀身成仁、舍生取义。小人呢，不讲仁德他不会觉得可耻，不讲道义他也不会心生畏惧，这一切对他来说都无所谓，只要对自己有利，哪怕危害别人也要保全自己。这样的人还有什么事情做不出来呢？

"今天想要国家得到治理，总把很多事情委托给君子去做；而要评价这些事情的成败得失，却总是与小人去交流。这样，对待君子就会严厉而疏远，对待小人则轻率而亲昵。亲近小人就会言无不尽、无话不说，疏远君子就会使下情不能上达。如此这般，毁誉褒贬由小人说了算，刑罚必将施加于君子，这直接关乎国家的兴亡。影响这么深远、后果如此严重的事情，能不慎重吗？这正如荀子所说：'让智者谋划的事，却和愚蠢的人讨论；让品行端正的人做事，却与污秽卑鄙的人评议。'在这样的情形下要想取得成功，怎么可能呢？

"当然，智力水平一般的人，也会有一点小聪明，但这点小聪明远远不是经国济世的才能，他们缺乏长远而周密的思虑，即使竭尽全力、尽显忠诚，还是不能避免国家倾败。何况让心怀奸邪私利、奉承迎合之人为祸为患，后果岂不是更严重吗？树立直木却总是怀疑它影子不直，为此而劳心思虑，能得到正确的结果吗？

"国君能够尽到礼义，臣下能够竭尽忠诚，那是因为内外无私、上下互信。圣上不信任臣下，就无法正确任用臣下；臣下不信任圣上，就不可能竭尽忠诚地侍奉圣上。可见,信任是多么重要的基础和准则!

"从前齐桓公向辅佐他成就霸业的管仲提了一个问题:'我如果让酒在杯子里变坏,让肉在案板上腐烂,这会损害我的霸业吗?'管仲回答说:'这些做法虽然是极其有害的,但并不会损害霸业。'齐桓公又问:'那怎样的做法会损害霸业呢?'管仲回答说:'不能识别人才,损害霸业;能识别人才却不任用,损害霸业;任用人才又对其不信任,损害霸业;信任人才却又让小人参与,危害霸业!'

"晋国大夫中行氏穆伯攻打鼓国,一年多攻不下来。这时穆伯身边有个叫馘间伦的人说:'鼓国担任啬夫的人我认识,我请求去做做他的工作,这样咱们不用劳累将士,就可以拿下鼓国。'但是穆伯并未理睬他的这个建议,左右的人都觉得不可思议,问道:'不折一戟、不伤一卒就可以拿下鼓国,这么好的建议您为什么不采纳呢?'穆伯解释说:'馘间伦这个人为人做事奸佞而不仁义,如果派他去做工作,我们轻松拿下了鼓国,你们说我能不奖赏他吗?可是如果奖赏他,就等于奖赏奸佞之人;奸佞之人受奖得志,那就等于是让全晋国的仁人志士舍弃仁义而做奸佞之事。这样的话,虽然得到了鼓国,又有什么用呢?'管仲是霸主的辅佐,穆伯是诸侯国的大夫,他们都能够如此谨慎地讲信用,自觉地远离奸佞之人,那么,身为一统四海之大君,继承千秋伟业之圣王,怎么可以让诚信这一崇高盛达的美德有所损害呢?

"如果想让君子与小人、是与非不混淆,必须心怀道德,待之以诚信,用仁义勉励他们,用礼节来约束他们。在这个基础上,形成喜欢好人好事、憎恨坏人坏事、严明赏罚的社会风气。这样一来,小人奸佞销声匿迹、君子自强不息、无为而治的局面,还会很远吗?

"如果喜好好人好事却不能使好人得以升进,厌恶坏人坏事却不能使小人得以消退,刑罚不能施加于有罪之人,奖赏不能落实给有功之人,那么,国家败亡之日说不定很快就会到来,想永远赐福给子孙后代,还有什么指望呢?"

魏徵这一番宏论几乎是一气呵成。太宗皇帝阅览了这个奏章,很感叹地说:"如果不是遇到你这样的人,我从哪里能听到这些话呢?诚信常与正直同在,伪诈多与奸邪为伍啊!"

一篇大报告再次让我们看到魏徵的忠心正直,也看到了李世民的大度包容。另外一件事也多少能说明这个问题。

第二十回　奉诚信太宗拒诈道　论德礼魏徵议奸佞

这事说的是当年刑部尚书张亮因为迷信,搞阴谋活动,被人告发并夸大其罪过,被下了大狱。太宗皇帝诏令百官议论该如何处置张亮,多数人认为该杀。这时只有殿中少监(也就是掌管天子服御事务的副职)李道裕挺身而出,上奏进言,认为张亮谋反一事证据不足,张亮即使有罪,也罪不至死。但是太宗皇帝已经怒火中烧,还是下令处死了张亮。

这件事过后不久,刑部侍郎的位置出现空缺,太宗皇帝命宰相务必妥善选择合适的人担任此职。虽说宰相也多次推举了后备人选,但太宗皇帝都觉得不理想,也就没有批准。后来太宗皇帝干脆自己敲定人选。他说:"我已经找到合适的人选了。先前李道裕力主张亮谋反罪名证据不足,可以说是很公正合理的。我当时没有采纳他的意见,杀了张亮,这件事我至今追悔不已。通过这件事,我觉得李道裕是刑部侍郎的不二人选。"于是任命李道裕为刑部侍郎。

欲知后事如何,且听下回分解。

第二十一回
俭约处事唐太宗以身作则　谦让为人孔颖达借儒论道

上回说到唐太宗李世民和魏徵关于诚信的基本态度,这回与各位看官聊一聊他们君臣之间探讨俭约谦让这一问题所发生的故事。

话说贞观元年(627),太宗皇帝对侍臣发表重要讲话:"自古帝王但凡要兴土木、动修造,必须要顺乎民心民意。过去大禹治水,凿开九山,疏通九江,尽管耗费人力巨大,却没有人怨恨,这是为什么呢?因为大禹这样做是人心所向,符合大家的愿望,他做了大家希望他做的事情。秦始皇大兴土木营造宫室,人们经常批评这件事,就是因为这样做只是满足他一个人的私欲,而不是老百姓的共同愿望。

"朕今天为什么要讲这番话呢?因为我最近想造一座宫殿,木石材料也已经备齐,但是一想到秦始皇的事情,就放弃了这个打算,不再兴建宫殿。另外呢,古人说过:'不要让无益的事情去损害百姓的利益。'老子也说过:'不用显耀的欲望刺激诱惑,人们的心就不会乱。'由此可知,刺激人欲望的东西多了,人们的心必然混乱,比如那些精雕细镂的器物,以及珠宝玉器、服饰玩物,如果放纵人们骄奢淫逸,那么国家的败亡很快就会到来。所以,我做出决定,自王公以下的人,住宅、车服、婚娶、丧葬等,凡是按照官爵俸禄品级不该使用的,一律禁止。"

各位看官,这件事发生在贞观元年(627),也就是李世民登基之初。按说新君登基,为自己建一座宫殿也不为过,但唐太宗李世民从历史的长河里看到了顺逆民意的不同后果,所以他才决定停止修造,而且进一步对各位王公的日常用度也做出明确限制。史书记载,此后二十年间,大唐社会"风俗简朴,衣无锦绣,财帛富饶,无饥寒之弊"。

繁荣盛世就是这么打造的。

到了第二年,公卿大臣中有人上奏太宗皇帝:"按照《礼记》的说法,夏季的最后一个月,君王可以居住在高台楼阁之上。现在夏暑还没有完全消退,秋季的连阴雨才刚开始,而皇宫所在地势低下,潮湿较重,我等恳请陛下营建

第二十一回 俭约处事唐太宗以身作则 谦让为人孔颖达借儒论道

一座楼阁来居住。"

太宗皇帝当然知道大臣们的良苦用心和一番好意,如果从有利身体健康的角度来看,这个建议也无不可。但太宗皇帝回复大臣们说:"朕患有气疾,自然不适合住在低凹潮湿的地方,在高处营造一座楼阁也不为过。可是如果同意你们的请求而营造楼阁,要花费很多钱财。从前汉文帝准备建造露台,就因为爱惜相当于十户人家财产的费用而放弃兴建。我觉得自己的德行还赶不上汉文帝,而耗费的财物却超过他,这难道是为人父母的国君应有的作为吗?"

这就是新君的姿态!尽管出于健康考虑,在地势高处营造一座楼阁,这个理由是能站住脚的。然而尽管公卿大臣们再三奏请,太宗皇帝却始终没有答应。

说话间到了贞观四年(630),太宗皇帝又对侍臣发表重要讲话:"华丽地装饰宫殿楼宇,游玩、观赏水池台榭,这是每一个帝王都希望的,却不是百姓所希望的。帝王希望这样,是因为放纵淫逸;百姓不希望这样,是因为劳累疲弊。孔子说过:'有一句话可以终身实行,这恐怕就是仁恕之道。自己不愿意做的事,切记不要强加给别人。'用这个道理来说,劳累疲弊之事,确实不能施加于百姓。

"朕尊为帝王,拥有四海,富甲天下,很多事情都需要推己及人,这样才能更好地自我节制而不致放纵。如果百姓不希望那样做,那就一定要顺乎民意,不去那样做。"

围绕太宗皇帝的深刻论述,魏徵给出了同样明确而深刻的回应。魏徵上奏说:"陛下原本就爱怜百姓,常常节制自己以顺应民情。臣下听说:'克制自己的欲望去顺乎民意的就昌盛,劳累百姓而使自己高兴的就败亡。'隋炀帝贪得无厌,奢侈无度,每当营造的宫室稍不称心如意,就动用严刑峻法处罚有关人员。上层喜好什么,下级一定做得更过分,上下竞相奢侈放纵到了没有限度的地步,终于导致隋朝灭亡。这事不仅仅是书上写的,也是陛下亲眼所见。因为隋炀帝奢侈放纵、荒淫无道,所以上天赐命让陛下取而代之。

"发展到今天,陛下如果认为欲望满足了,现在的状况已不仅仅是满足,而是要适当节制欲望;如果觉得欲望还不满足,那么即使拥有比现在超过万倍的东西也不会感到满足。"

也就是魏徵能说出这样的话,其他人呢,要么想得没这么深刻,要么即使想到了也不敢说。从另一方面说,也就是太宗皇帝能受得了这个话,换个君王,也许早就翻脸发作了。

太宗皇帝听了魏徵的一番议论之后说:"你说得很好!如果不是你,朕怎么能听到这样的话呢?"

各位看官,太宗皇帝营造宫殿的事情到底如何呢?最后究竟是修造了还是没有动工呢?贞观十六年(642),太宗皇帝与侍臣交流自己读书的心得,这其中的一段话,大致能给出一个答案。

太宗皇帝对侍臣说:"朕近来看史书,读了刘聪的传记,发现这个人很不像话,他杀兄篡权取得皇位,沉溺于酒色,穷兵黩武,大兴土木,营造宫殿,耗费了大量的民力财力。他还要为刘皇后在后庭建造凰仪殿,廷尉陈元达直言劝谏,极力反对。这下惹恼了刘聪,下令处死陈元达。刘皇后亲自写奏章,为陈元达求情,言辞感情十分恳切。皇后说:'现在宫室都有了,陛下应当爱惜民力。廷尉劝谏所说的话,是国家之福啊!陛下应当加以封赏才对,而现在却要杀他,天下人会怎么评说陛下呢?陛下兴造工程花费甚大,为了我而杀谏臣,使天下人怪罪于我,我何以面对呢?陛下一定要杀廷尉的话,愿陛下赐妾死罪来阻止陛下之过。'刘皇后的一番话让刘聪的怒气一点点消解了,而且感到惭愧。从这个典故来说,人之所以要读书,就是为了增长见识、有所受益。朕看了这个事,深深地引以为戒。"

太宗皇帝是怎么引以为戒的呢?

原本他还是想建一座宫殿,按规制要盖成层楼,并且根据设计,已经从蓝田采伐了木料,很多准备工作都已经到位。但就是因为读了刘聪的传记,太宗皇帝明确下令停止了这一工程。

以上这几个事例,体现出唐太宗李世民作为一代帝王,在俭约处事这一方面,还是能够以身则之的。不仅如此,太宗皇帝还深刻意识到作为帝王也应该心存畏惧,保持谦逊恭谨。

这又会引发怎样的故事呢?各位看官且听我慢慢道来。

还是在贞观二年(628)的时候,太宗皇帝对侍臣有过一次重要讲话,是这样说的:"人都说做天子、当皇帝,就可以得到至高无上的尊崇,没有什么可畏惧的,我却认为帝王正应该恪守谦恭,常怀畏惧。为什么这么说呢?从前舜帝这样告诫禹:'你只要不自以为是,天下就没有人能与你争贤;你只要不自居功劳,天下就没有人能与你争功。'《周易》中也说:'人道恶盈而好谦。'大凡

第二十一回 俭约处事唐太宗以身作则 谦让为人孔颖达借儒论道

天子帝王,如果自认为显赫尊贵,傲慢不逊,那么在自身有过错的时候,谁肯犯颜谏奏?朕每出一言,每行一事,必定上畏皇天,下惧群臣。苍天在上,无时无刻不在听察民间善恶,怎么能不敬畏呢?群臣卿士都仰头关注着我的举动,怎能不有所畏惧?由此来看,只知道经常保持谦恭、保持敬畏还不够,还要担心所作所为是否符合上天的旨意和百姓的心愿。"

魏徵发言说:"古人说:'事情总有开始,却少有能坚持到最终的。'愿陛下始终坚守这一常谦常惧之道,一天比一天谨慎,那么江山社稷就永远稳固,不会倾覆。尧舜时代之所以天下太平,其实就是因为采用了这一方法。"

这次讲话之后,到贞观三年(629),太宗皇帝向给事中孔颖达咨询了一个略带学术性的问题,围绕这个原本简单或者说谈不上是问题的问题,引出臣下与圣上切磋学问、交流思想的一段佳话。这个孔颖达,不仅仅是大臣,是高级领导干部,更是一位大学问家,这个时候他的身份是给事中,相当于高级顾问,所以太宗皇帝要与他探讨。

太宗皇帝问孔颖达:"《论语》中说:'以能问于不能,以多问于寡;有若无,实若虚。'这一段话是什么意思呢?"

孔颖达回答说:"圣人教化,就是希望人们发扬谦逊的美德,不断使之盛大光明。一个人在某一方面有才能,他不自以为是,不自夸自大,仍然能够向没有才能的人请教他们所擅长的事情;一个人多才多艺,还是觉得不足,仍然向知识少的人请教,希望自己能有所增益。这样的态度和行为,使一个人有才能就像没有才能,有知识就好像没有知识。这就是谦逊的美德!不仅仅平常百姓要这样,帝王的德行也应当这样。"

作为孔子后裔,又是大学问家,孔颖达在解释了《论语》中的这段话之后,接着发表自己的一番观点:"作为帝王,内心清明,但外表必须沉默,使其他人感到深不可测。为什么一定要这样故弄玄虚、深不可测呢?《周易》里说'以蒙养正,以明夷莅众',其意思都是强调用蒙昧的状态滋养正道,用隐藏明智的办法治理百姓。如果帝王居于至尊高位,炫耀聪明,盛气凌人,掩饰错误,拒绝规谏,那么上下情传达就会出现阻隔,君臣之间本应遵循的原则就会发生悖逆,自古以来的败亡无不由此造成。"

听罢孔颖达的论述,太宗皇帝总结说:"《周易》谦卦讲:'劳谦,君子有终,吉。'君子谦逊,做到有始有终,这是很吉利的好事情。确实就像你刚才所说的。"

结束了这场君臣对话，太宗皇帝很满意，特别颁诏赏赐孔颖达二百段锦绸作为奖励。

由于唐太宗李世民的深刻认识和严格要求，在其皇族中也出现不少谦恭礼让的人物。比如河间王李孝恭，身为高祖李渊的堂侄，辅佐李渊建立大唐，立下汗马功劳，名望很高。唐初被封为赵郡王，又被任命为东南道行台尚书左仆射，平定萧铣、辅公祏之乱，江淮及岭南都归他管理。他独掌一方大权，威名远扬，后升任礼部尚书。但他始终为人谦逊礼让，从不居功自傲自夸。

还有当时的特进江夏王李道宗，也是高祖李渊的堂侄，以卓越的军事才能驰名天下，但他同时又谦逊好学，能做到礼贤下士、谦逊礼让。

太宗皇帝对他们的表现看在眼里、喜在心上。用现在的话说，这二人，一个是老前辈，一个是"官二代"，作为一代皇族中的杰出人物，皇室成员中还没有谁能比得上。正因为如此，太宗皇帝对他们给予极高待遇。

欲知后事如何，且听下回分解。

第二十二回
怀仁恻节所好圣心堪赞 杜谗邪慎言语臣情可嘉

书接上回。

唐太宗李世民是一个在历史上有作为的明君,从《贞观政要》辑录的几个事例来看,他不仅能意识到要以百姓心愿为本,帝王要保持谦逊礼让的品德,还能以常人之心、换位思考来认识很多问题,是一个心怀恻隐、富有仁爱的人君。

话说在贞观之初,李世民就对侍臣们说起一件事:"众多的年轻女子,被幽禁在这深宫里,境况实在可怜。隋朝末年,皇家无休无止地采选宫女,以至皇帝临时居住的离宫别馆,甚至不是皇帝驾临幸御的地方,都聚集了很多宫女。这都要耗费很多的财力,朕不想这样做,况且这些宫女除了洒扫庭除,还能做什么呢?现在我准备遣散她们出宫,任她们各自婚配成家。这样做,不仅节省了开支,更重要的是能让她们像普通人那样得遂性情、相夫教子。"

这件事很快就落实了,史书记载,从后宫先后共放出三千多名宫女。

贞观二年(628),关中大旱,导致饥荒。太宗皇帝对侍臣们说:"水旱不调,都是因为国君失德。朕德行不好,应当受到上天惩罚,可是老百姓有什么罪过,却要受到如此的困苦和灾祸?听说有卖儿卖女的事情发生,朕很同情他们。"

各位看官,发生天灾,百姓流离失所甚至卖儿卖女,为君者眼观耳闻之后深表同情,不过是心怀恻隐罢了,不要说君王,就是一般人也会心生怜爱,感叹一番。可是唐太宗李世民没有停留在"心动"的层面,而是马上采取行动。他派遣御史大夫杜淹去巡查,一旦发现子女被买卖的,就拿出皇家府库的钱财予以赎回,将其还给他们的父母。

贞观七年(633),襄州都督张公瑾故去,太宗皇帝悲痛哀悼,按照丧礼在郊外举行哀祭。负责仪式的官员上奏太宗皇帝:"阴阳历书上说了,丧日在辰日,不可哭泣。这也是流传下来的风俗规矩,希望圣上斟酌。"

按说在那样的年代,根据流传的规矩做一些仪式,是很正常的,尤其像治丧这样的事情，多有一些忌讳，也在情理之中，因此，有司奏言，提醒太宗皇帝，也算尽职尽责之举。但是太宗皇帝没有拘泥于风俗规矩，而是从君臣情义出发来考虑和处理这件事。

他说："君臣情义，如同父子。我哀悼之情发自内心，怎么能够因为今天是辰日就避忌呢？"

想想看，唐太宗李世民如果不是仁慈宽厚，怎么可能这么做呢？

仁慈宽厚，还能做出什么举动？且看：

贞观十九年（645），太宗皇帝御驾亲征高丽，驻扎在定州。但凡有士兵到来，他都要亲自到北门城楼安抚慰劳。这其中有一个士兵病重，不能进见，于是太宗皇帝下诏，派人到床前询问病情苦痛，并安排州县为之治病疗伤。这事感动了很多人，将士都心甘情愿随太宗皇帝出征。等到战争结束，大军回到柳城，太宗皇帝下令收集先后战死的将士的遗骸，举行隆重的祭祀仪式。太宗皇帝亲临现场，为死者哭泣致哀，大军众人无不洒泪哭泣。观看祭祀仪式的士兵，回到家里说起这件事，那些丧子的父母也无不自豪地说："我们的孩子战死疆场，朝廷为他们祭祀，天子为他们哭泣，他们虽死而无遗恨了。"

征讨辽东攻打白岩城的时候，右卫大将军李思摩被流矢乱箭射中受伤，太宗皇帝亲自为他吮吸伤口的瘀血，将士们无不被深深感动。

唐太宗李世民不仅能够将仁爱恻隐之心施予众生，也十分注意自己的兴趣爱好，因为他深深地懂得古人所谓"君犹器也，人犹水也，方圆在于器，不在于水"的道理。国君好比是容器，百姓好比是水，水的形状取决于容器，而不取决于水本身。

贞观二年（628），太宗皇帝对侍臣发表讲话说："尧舜以仁义治天下，民风随之仁厚；桀纣以暴力治天下，民风随之暴戾。臣下所做的，往往都是君上所喜欢的。比如梁武帝父子，崇尚浮华，喜好谈论佛教、道教的思想。武帝末年，多次驾临同泰寺，亲自登坛讲解佛经，朝廷百官也都戴大帽子、穿高靴子，跟随皇帝，整天谈论佛学，不用心于军机国务，不留意典章法度。等到侯景领兵攻打皇宫时，尚书郎以下的官员，大多数不会骑马，狼狈不堪地步行逃跑，结果在路上一个接一个送了命，梁武帝和儿子简文帝萧纲最终被侯景幽禁，受迫害而死。梁孝元帝在江陵被万纽于谨领兵围困的时候，还在讲《老子》，百官都穿着军装听讲，不久江陵城失守，君臣都做了俘虏。庾信感叹这样的

第二十二回　怀仁恻节所好圣心堪赞　杜谗邪慎言语臣情可嘉

做法,作《哀江南赋》说:'宰衡以干戈为儿戏,缙绅以清谈为庙略。'这属于典型的清谈误国,足以引为鉴戒。所以,我今天所喜好的,只有尧、舜治国理政的法则,以及周公、孔子的思想。它们就好像鸟儿的翅膀,又好比鱼儿的水,一旦失去就必然死亡,所以不能片刻离开。"

一些帝王对神仙长生不老之术很感兴趣,但是唐太宗李世民对此保持着难得的清醒认识。贞观二年(628),他对侍臣说:"神仙之事本是虚妄,空有其名,秦始皇却对此十分喜好,结果被方术之士所骗,竟然派遣徐福率领数千童男童女东渡大海寻求仙药,这些人害怕始皇暴虐,为躲避被苛责而一去不回。秦始皇东巡到海边翘首以待,返回途中死于沙丘。汉武帝为求神仙,把自己的女儿嫁给方士,后来神仙之事无法应验,便杀了这个玩弄道术的人。根据历史上发生的这两件事情,依朕所看,神仙之事,还是不劳心费神去妄求为好。"

贞观四年(630),太宗皇帝说:"隋炀帝生性好猜疑防范别人,专信歪门邪道,最忌讳胡人,以至把胡床称为交床,把胡瓜称为黄瓜,并修筑长城阻隔胡人,最终还是被宇文化及派令狐行达杀死。另外,他因听信方士所说李姓之人要篡权,便残暴地诛杀了受人构陷的李金才,李氏一族也几乎被灭绝,这最终有什么益处呢?朕深以为君临天下之人,只要正身修德就很好了,除此以外的虚妄怪诞之事,不足以挂怀。"

太宗皇帝对帝王"慎言"也有深刻见解。贞观二年(628),他对侍臣说:"朕每天坐朝,想要说一句话时,都要考虑这一句话是否对百姓有利有益,所以不敢多说。"

给事中兼知起居事杜正伦进奏说:"国君的行为必定要记录,所说的话就存录在起居注里。臣的职责就是兼修起居注,不敢不竭尽忠正。陛下若有一言违背了事理,对陛下圣德的连累会长达千年,而不仅仅是对当今百姓有损害,所以希望陛下出言谨慎。"

这话说到了太宗皇帝心里,龙颜大悦,立即赏赐给他彩绸百段。

贞观八年(634),关于"言谈"这个话题,再一次在君臣之间展开。太宗皇帝对侍臣说："言谈对君子而言是一件极其重要的事情,谈何容易!普通百姓一言不善,就会有人记住,成为他的耻辱和污点,更何况一国之君、万乘之主,更不可出言有失。如果有失,其危害甚大,岂可与普通百姓相比?我常以此为戒。隋炀帝第一次驾幸甘泉宫,对那里的山石泉水感到称心如意,却责怪没有萤火虫,下令捉一些到宫里来照明。主管官员赶紧派遣数千人去捕捉,送了五百箱放到甘泉宫旁边。小事尚且如此,更何况是大事呢?"

魏徵答话道："国君居四海之尊,言行若有失误,古人认为就像日食月食那样,天下人都能看见。所以说确实应当如陛下这样戒惧慎重。"

不管是唐太宗李世民,还是各位大臣,尽管他们的认识很深刻,愿望很美好,可是随着时间推移,情况还是发生了一些变化。而就是因为这些变化,使得另外一位大臣站出来对太宗皇帝的做法提出质疑。

这件事发生在贞观十八年(644)。

太宗皇帝每次与公卿大臣们讨论古代的治国之道,相当于现在的专题集体学习或高峰理论研讨,总要反复诘责大臣们的意见和观点。这也难怪,太宗皇帝读书多、反应快、口才好,所以对大臣们所说的事,他总能旁征博引、引经据典发表一些自己的看法,大臣们大多无言以对。可以想象,原本大家畅所欲言、各抒己见的讨论交流最终演变为太宗皇帝一个人发表重要讲话。

在这样的情形下,散骑常侍刘洎站出来上书进谏,大意是说:"圣上与臣下,就跟哲圣之人与平庸愚昧之人一样,上下悬殊,观点各不相同也不相通。用至愚之人对至圣之人,用极卑之人对极尊之人,纵然他们想占得上风,也是不可能的。陛下降下恩宠的旨意,呈现慈祥的容颜,以端正的态度倾听他人的言论,虚心接纳别人的意见,即便这样也担心臣下不能尽情表达、当面对答,更何况现在陛下启动神机,驰骋思辨,修饰言辞,引经据典,驳斥他人,臣下还怎么应答呢?

"臣下听说过这样的道理:'皇天以无言为贵,圣人以不言为德。'老子也说过'大辩若讷',庄子也有'至道无文'的说法,他们都强调真正善辩的人就好像言语迟钝,大道真理无须用文采修饰,简简单单才是真。所以齐桓公甚喜读书,就有臣子轮扁非议;汉武帝好古尊儒,就有大臣劝阻。这并不是说读书、尊儒有什么不对,而是不希望过分、走极端。

"进一步讲,过多地把一些事记在心里,有损神志;过多说话,有损元气。

第二十二回 怀仁恻节所好圣心堪赞 杜谗邪慎言语臣情可嘉

长此以往,就会严重影响身心健康。为了社稷国家,为了百姓苍生,也应该爱惜自己的身体,岂能为了兴趣而损伤自身呢?

"臣以为如今天下太平,这都是陛下专心治国理政才实现的。要想长治久安,显然不可能通过言辞通达善辩来实现。只有忘掉自己的好恶,谨慎取舍,力争做每件事都踏踏实实,又不违背至公至正的原则,就像贞观初期那样,那就是很好的状态。秦始皇善于强辩,因为自傲而失去人心;魏文帝长于雄辩,由于说空话而失去众望。这些都是历史事实,说明口才和善辩也会带来有害的后果。

"所以,臣下希望圣上放弃这一类雄辩,蓄养浩然正气,把自己的兴趣爱好从那些古典书籍中转移开来,保持健康长寿,致力于创建太平盛世,这才是天下百姓之大幸,皇恩自然遍及天下。"

好一个刘洎,竟然敢拿太宗皇帝的兴趣爱好说事,还引经据典,给出了几乎是彻底否定的观点。无法想象太宗皇帝看过之后会有怎样的感受。首先,毕竟他是天子身份,居于至高无上的位置,别人须仰视才是,怎么可以轻易提出批评呢?再者,喜好历史、爱好读书,也是十分有益处的兴趣爱好,这有什么错吗?再次,每次与大臣们探讨学问、交流观点,把一些说法搞清楚,追根溯源,正本清源,不至于人云亦云,更不会以讹传讹,难道不好吗?

显然,刘洎的上奏谏言,不会在这些方面做表面文章,他真正关注的是另外三个问题:其一,既然是交流探讨学问,就应当做到开放、公平、包容,最起码让大家能平等交流;其二,要营造大家共同探讨、思考的良好氛围,以理服人,而不能以势压人;其三,探讨学问不是为了学问本身,而是为了治国理政,为了长治久安。

正是基于这样的考虑,刘洎较好地把握住了谏言的切入点、落脚点,形成了有理、有据、有度的报告。这样的报告,肯定会让太宗皇帝有所感触。

果然,针对刘洎的奏言,太宗皇帝亲笔手写诏书予以回复:"不思考,就不能很好地谋划治国;不言语,就不能很好地表达为政理念。近来朕与臣下谈论学问可能真的过于频繁,这恐怕会使人觉得朕轻视他人、态度骄傲,如今听到你这些正直深刻的言论,朕自当虚心接受并加以改正。"

这些故事只是一个方面,因为比言语不当更甚的还有谗邪之言,其后果足以祸国殃民。

所以贞观之初，李世民就对侍臣们说起过这个问题："朕观察前代的谗佞之徒，都是危害国家的败类。他们说人坏话，或花言巧语、阿谀奉承，或朋党比周、互相勾结，如果国君昏庸暗昧，肯定要被迷惑的。如此一来，忠臣孝子就会含冤受罪。正所谓'兰花想长得茂盛，却被秋风摧折；君王想要英武明断，却被谗邪小人所蒙蔽'。这一类事情载于史籍，不可能一一道来，就把我耳闻目睹的北齐、隋朝时小人谗言惑主的事情给你们简单说说。"

太宗皇帝为侍臣们讲了三个典型案例。第一个案例是北齐良将斛律明月。这个人威名远扬，声震敌国，以至北周每年冬天都要耗费巨大的人力砸破汾河上的冰，以防范斛律明月率兵突袭。直到他被佞臣祖孝徵谗言构罪而惨遭灭族之后，北周才有了吞灭北齐的打算。

第二个案例是隋朝开国大臣高颖。高颖是贤相良将，有经国之才。他协助隋文帝完成霸业，执掌朝政二十余年，天下太平。但后来隋文帝听信独孤皇后谗言，高颖因此而遭排斥，后来又被隋炀帝以"谤讪朝政"的罪名杀害。当然，隋朝的政令法度也由此而衰败。

第三个案例是隋太子杨勇由立而废。隋文帝最初立杨勇为太子，这个太子统领军队、代理朝政，也算是兢兢业业，前后二十多年，按说早就有了储君的名分。但是杨广有夺嫡之谋，他勾结当朝宰相杨素，在隋文帝面前尽说杨勇的坏话。杨素欺君罔上，残害良善，挑拨离间文帝与杨勇的父子关系，致使杨勇被废为庶人，而杨广被立为太子，这就埋下了祸乱的根源，导致文帝身死，隋朝也很快灭亡。

讲完三个历史故事，唐太宗李世民发表了自己的看法。他说："古人曾说：'世道混乱是因为谗言得逞。'的确如此啊！我常常提醒自己要防微杜渐，禁绝谗言构罪之事发生。即便如此，我依然担心力所不能或察觉不及时。史书上也记载了这样的说法：'猛兽居住在山林，就没人敢上山采摘野菜；忠直之臣执掌朝政，奸邪小人就无法施行阴谋活动。'我今天也把这个观点讲给你们，作为对诸位的期望。"

魏徵代表各位侍臣做了回应。他说："《礼记》里说：'忠直之人在别人看不见的地方也要谨慎，在别人听不见的地方也要小心。'《诗经》里也说：'君子不听信谗言而能平易近人；谗言四处传播，终会惑乱天下。'臣等也记得孔子明确表达过他特别厌恶那些口才善辩、空谈误国的人。这些言论观点与陛下对臣等的期望是完全一致的。我也曾考察自古以来的君王，发现一个具有普

第二十二回　怀仁恻节所好圣心堪赞　杜谗邪慎言语臣情可嘉

遍性的规律:如果被谗言佞语所蒙蔽,必然会妄害忠良,最终导致国家败亡,宗庙成为废墟,集市冷落无人。这个后果是十分严重的,臣希望陛下能够始终保持清醒和理性,谨慎地对待这件事。"

在这个关乎生死存亡的重大问题面前,太宗皇帝到底做得如何呢?究竟是虎头蛇尾、有始无终呢,还是慎终如始、一以贯之呢?《贞观政要》记录了贞观十六年太宗皇帝与谏议大夫褚遂良的一次谈话,可以说很明确地给出完全肯定的答案。

贞观十六年(642),太宗皇帝曾经问谏议大夫褚遂良:"你主持起居事务,负责记录我每天的言谈和行为。我很想知道,近来记录的我做的事,到底是好事呢还是坏事?"

褚遂良明确回答:"朝廷设置史官,就是要忠实记录国君所做的事情。国君做了好事一定会被记录下来,有了过失也不隐讳回避。"

太宗皇帝特别说明:"我一直以来致力于三件事情,也是希望尽可能做好事,不给史官记录我过失的机会。"

太宗皇帝所说的三件事是什么呢?其一,系统审察前代王朝功过成败的事实,作为自己治国理政、谋求长治久安的借鉴。其二,进用贤良之人,共同制定治理国家的大政方针。其三,疏远小人,排斥奸佞,不信谗言。

太宗皇帝一再向褚遂良表示他能够坚持下去,始终不会改变。

各位看官,太宗皇帝向褚遂良申明的这三件事,对于治国理政来说的确是十分重要的。

首先,前车之覆后车之鉴,前事不忘后事之师,通过对历史经验和教训的系统总结,可以避免重蹈前朝败亡的覆辙。

其次,事业的发展,离不开强有力的领导核心和正确的战略部署,同样也离不开贤德荟萃的精英管理团队。所以尊重人才、选贤任能,充分发挥人才的作用,意义重大。

再次,一定要营造风清气正的氛围和环境,排除杂音干扰和不健康因素的负面影响。这就需要从体制机制上确保不给奸佞小人以任何生存空间,不给闲言碎语、流言蜚语、胡言乱语、污言秽语、谗言佞语任何传播的可能,更不能使其得逞而成气候。

欲知后事如何,且听下回分解。

第二十三回
思悔过旨在政通人和　戒奢贪致力长治久安

书接上回。

早在贞观二年(628)的时候,太宗皇帝就对房玄龄谈到一个问题,关于读书学习以及如何通过读书学习检视自己的所作所为,用今天的话来说,就是如何带着问题去读书和学历史。

太宗皇帝与房玄龄交流学习心得,他是这样说的:"如何做人是需要大学问的。我以前因为群凶未定、东征西讨,总是处在征战之中,要亲自主持军务,没多少空闲时间能坐下来好好读书。近来虽说国家安宁,但我身为国君,还有很多政事需要处理,也不能够亲手执卷而阅,好在可以通过让别人诵读来听书。很多关于君臣父子伦常、政治教化策略的道理和法则,在书里通通有记载。

"这使我想起古人的一句话:'一个人如果不学习,就如同面墙而立,什么也看不见,遇到事情就会被困扰。'我认为这句话绝对不是大话、空话、套话。对比现在学习所得,再想想自己以前做的很多事,我觉得有很多不对的地方。"

反思过错,除了读书学习这一条途径,还包括善于听取谏言良策。在贞观年间,太子李承乾不遵守法令制度是出了名的,而魏王李泰因为有才能,深受太宗皇帝偏爱器重,所以特别下诏,令李泰居住在武德殿。这件事看起来似乎并没什么不妥,魏徵却一下子意识到了问题的严重性,于是上疏劝谏太宗皇帝。

魏徵这样分析:"魏王是陛下的爱子,对他宠爱有加也是人之常情。但是既然爱他,就应当使他懂得自己的名分,常常保持安分,事事抑制骄奢,不要让他处在招惹嫌疑的位置上。陛下让魏王移居武德殿,位在东宫之西,这难免引发猜忌和疑惑,也免不了让人多嘴多舌、说三道四。想当初齐王李元吉也曾住在这里,那时候人们都认为不应该。现在虽说时过境迁,情况发生了变化,但这样的待遇仍然会引发外界议论,而且也会让魏王自己内心不宁,甚

第二十三回 思悔过旨在政通人和 戒奢贪致力长治久安

至生出非分之想。话说回来,既然魏王能意识到陛下对他宠爱有加,就更应该保持戒惧敬畏之心,安于本分,归于正位。希望陛下能成全他的良好愿望。"

魏徵的这一段分析,说白了就是提醒唐太宗李世民,不要把爱变成害。太子再怎么不好,只要没有被废黜,他就是储君,就是法定的接班人,就是未来的皇帝。太子居东宫,除了皇帝,就不能有人在太子之上,在太子与皇帝之间就不能有第三者插入其中。现在因为太宗皇帝特别喜爱魏王李泰,就让他移居武德殿,位在东宫之西,就等于在太子之上,这样的做法显然很容易引发外界的猜疑和议论。太子会怎么想?大臣们会怎么想?重要的是魏王李泰会怎么想?整个朝野会怎么想?太宗皇帝这样的安排难道是一种信号?莫非是要……如此一来,不可避免会引发更大的混乱。所以魏徵才又一次谏言规劝,提醒太宗皇帝这样的做法不仅仅是不妥,而且是后果很严重。

李世民看罢魏徵的奏疏,估计也是吃惊不小,恍然大悟。他立即表示:"在这件事情上我没有仔细考虑,犯了大错误。"于是下令让魏王李泰搬回原来的府第。

前文我们也曾说到,唐太宗李世民与侍臣之间有过交流,他希望臣下对帝王不要总是顺承旨意,专拣好听的说,投其所好以博得圣上欢心,而是要实话实说,能指出君王的过失。

按说这太宗皇帝李世民的要求没什么不对,可是散骑常侍刘洎却指出这样的要求未必能够实现。为什么呢?

刘洎说:"陛下每次与大臣们讨论事情或者在有人上书奏事的时候,如果发现他们的意见与圣心不合,就会当面加以追问责难,他们惭愧不已,只好退下。臣下以为这恐怕不是鼓励大家实话实说的好办法,这样怎么可能听到大臣们指出圣上的过失呢?"

刘洎的话,很容易让我们想到一句话:"听其言而观其行。"唐太宗李世民尽管不断鼓励大家说实话,希望大家指出他的过失,可是当大家的意见不合他的心意时,他又会当面责难。这样的情况大概只能说是徒有其言而无其行,所以刘洎才直言相告。

唐太宗李世民听罢,也不得不承认刘洎所言极是,并且对自己的做法深表后悔,表示要听取刘洎的意见,改正自己的做法。

听真话、纳谏言、从善如流，如果只是表表态、做个姿态，那是不难的，难的是在行动上动真格的。同样的道理，艰苦朴素、戒奢从俭，如果只是唱唱高调，那是很容易的，但如果要落在实处，就不那么容易了，而要在长期的治国理政过程中始终戒除奢靡，就更不容易了。

"历览前贤国与家，成由勤俭败由奢。"对此惨痛的历史教训，唐太宗李世民是有清醒认识的。

贞观二年（628），太宗皇帝对黄门侍郎王珪说起隋文帝、隋炀帝恃富而败亡的教训："隋文帝开皇十四年（594），关中大旱，百姓饥饿，食物匮乏。当时朝廷国库藏粮丰盈，堆得满满当当，但是隋文帝不许开仓救济，而是让老百姓自己逃荒找饭吃。隋文帝不怜惜百姓之苦却爱惜仓库存粮，竟到了如此地步，置天下百姓生死于不顾，一味追求国库丰盈。到了隋文帝末年，国家积储的粮食之多，竟然可以供应全国食用五六十年。隋炀帝仗恃国家的富裕，豪华奢侈，荒淫无道，最终走向灭亡。隋朝虽然是葬送在隋炀帝的手里，但是他的父亲也有不可推卸的责任。

"大凡治国理政，重要的是让民众百姓有积蓄，藏富于民，而不是积富于朝廷府库。古人说得好：'百姓用度不足，国君凭什么富足？'所以说，国库储粮主要是防备灾荒之年，除此之外何必劳烦积储？话说回来，其后代如果贤明，就能自保拥有天下；如果不争气，府库积储越多，越会导致奢侈荒淫，继而成为亡国的祸根。这才是最值得警惕的。"

不能不说，唐太宗李世民的论述一针见血，深刻透彻。藏富于民还是藏富于国，历来是一个关乎国运盛衰、天下治乱的大问题。藏富于民，民富而国宁；藏富于国，国强而民乱。隋朝国富，却又因富而亡，这个教训是深刻的。

贞观九年（635），太宗皇帝对魏徵讲述了自己读史的心得体会："近来读北周、北齐的历史，发现一个规律，那就是末代亡国之君，作恶的行径基本类似。齐后主太喜好奢侈，所有的府库积储，差不多被他挥霍一空，为满足他的奢侈欲望，只好在关口、集市大量征收税赋。我常常说这样的行为简直就是馋嘴的人自己吃自己的肉，最终必死无疑。

"这个道理很简单，国君不停地征收赋税，百姓必然疲弊不堪；百姓疲弊不堪，财源就会枯竭；财源枯竭，无法满足国君的奢欲，国运必衰；国运衰则君必亡。齐后主就是这样的。北周的天元皇帝宇文赟也是荒淫残暴之主，他与齐后主相比,难道有优劣之分吗?"

面对太宗皇帝的这个问题,魏徵给出了自己简单的判断:"他们两位都是亡国之君,在这一点上,没什么区别。但比较一下,齐后主性情懦弱,朝廷政令不一,国家没有法纪,于是导致灭亡;天元皇帝性情凶暴,强力蛮横,赏罚由己,独断专行,亡国的原因基本上在于他自身。这样看来,齐后主更差劲一些。"

抛开这一特定的具体背景,唐太宗李世民与魏徵君臣二人的探讨,对现代领导理论也有重要的借鉴意义。

一个是强硬的领导,一个是软弱的领导,虽然都导致事业发展衰亡,但是站在领导的角度,哪一个相对好一些呢?这大概就是李世民关注和思考的,他想知道其他人怎么认识这个问题,会有怎样的选择。站在被领导的角度,比如高管,可能更多考虑的是愿意跟随什么样的领导,这大概就是魏徵关注和思考的。所以在两相比较之后,魏徵还是认为一个强势的领导比一个软弱的领导更值得肯定。

应该说,魏徵的观点在今天看来也有一定的道理,因为一个懦弱之人,无法政令统一,不能确立纲纪,不善决策拍板,那他还称得上是领导吗?

书归正传。

围绕戒奢持俭这个重大问题,对太宗皇帝提出长篇理论分析的是侍御史马周。这件事发生在贞观十一年(637),当时马周上疏,陈述自己对时政的看法。

他是这样讲的:"臣一一观察前代历史,从夏商周到汉朝一统天下,帝位传承相继,时间长一些的有八百多年,短的也有四五百年,都是因为积德建功,而且把恩德存留于百姓心里。这期间难道就没有无道的昏君吗?当然有,但由于有前代贤君的恩德,所以才没有酿成灾难性后果。

"从魏晋以来,到北周、隋朝,帝位相传,时间长的也就五六十年,时间短的才二三十年,充其量是守住了自己的帝位,但百姓感受不到前王有什么遗德可以怀念。继位的君王治国理政稍有不慎,只要有一个人振臂一呼,就会应者云集,天下就会土崩瓦解。

"现在陛下已经以大功平定天下,但是臣以为陛下积累德行的时间尚短,还应当切实推行大禹、商汤、文王、武王的德行,施行教化,厚植恩德,为子孙奠定万代传袭的基础。只求施政没有过错,用来维持当下的统治是可以的,但若求千秋万代长治久安,显然就不够了。

"自古以来的圣明君主,总能因人而异进行教化,也能因时而异施政治国,政令法度或宽或严,也是因势而变,但是总的方针原则不外乎两点:一是节俭自身,二是施恩百姓。因此他们的百姓爱戴君主就像爱戴自己的父母,仰视君主就像仰视日月,尊敬君主就像尊敬神灵,敬畏君主就像敬畏雷霆。这大概也是他们的帝位能长久相传而祸乱不会发生的重要原因。

"现在我们的百姓刚经历过战乱,人口只及隋朝的十分之一,可是还要供官差、服徭役,一个个被征发上路,兄去弟还,首尾不绝。路途遥远的来回五六千里,一年四季得不到休养生息。陛下虽然也常常降下恩诏,命令减省劳役,但是有关部门的工作依然在进行,并没有停止,更没有废止,这就仍然需要征调差役,陛下一片苦心也是枉然,诏令虽下,役使照旧。针对这样的事情,臣下也是不断了解调查,四五年来,百姓怨言甚多,认为陛下并不体恤他们的劳苦,不顾及他们的生计。

"从前唐尧用茅草盖房,以土块做台阶,大禹也是衣食粗劣,这样的事情在今天不会再有,但这样的精神应该传承吧?汉文帝吝惜用度,停止建造耗费钱财的露台,用臣子上书的布袋做宫殿的帷幔,他所宠幸的夫人的衣裙也不拖到地上,以节省布料。汉景帝因为考虑到织锦刺绣等妨碍女工正常劳动,所以特别下诏废除不用,使百姓安居乐业。到了孝武帝,虽然他奢侈至极,但由于文帝、景帝的遗德尚在,民心并没有动乱。假如汉高祖之后就是汉武帝,估计也是天下难安,社稷不保。

"现在京城以及益州等地,都有大量的人力财力用于制造供奉皇家的器物以及诸王嫔妃公主的服饰,这事招致很多人议论,认为这样的做法很不节俭。

"臣听说勤奋早起且功业盛大的,其后代也会懈怠不为,可见美好的品德不会天然传承;制定的法度合乎情理,也会有败坏之举发生,可见善始未必能善终。

"陛下幼时居住在民间,对百姓的疾苦算是感同身受,对前代的盛衰存亡也是亲眼所见,可是在戒奢节俭方面尚且如此不能自控。而皇太子在深宫里长大,没有经历过社会上的事,那么在陛下万岁之后他会做得如何呢?这真的应该有所忧虑。

"臣也常常思索前代以来国家成败的事情,只要是百姓有怨恨,聚众为盗,这个国家没有不迅速灭亡的。即便是国君想悔改,也难以重新安定。所以说,凡是能够施行教化,就必须第一时间推行教化,等到发生变故才追悔莫及,真的于事无补,悔之晚矣。

"后代的君主总是从前代的败亡覆灭中领悟到前代君主教化施政的失误,可是都不知道自己的失误在哪里。这就像殷纣嘲笑夏桀亡国,而周幽王、周厉王又嘲笑殷纣败亡。隋炀帝当初嘲笑北周、北齐丧国,然而现在看隋炀帝,也就像隋炀帝看北周、北齐一样。所以,京房才对汉元帝说:'臣担心后代看现在,就像现在看古代一样。'这话不能不作为警诫之言。

"想想在贞观之初,全国秋收减产,一匹绢才能换取一斗粟米,但天下安定。因为百姓知道陛下爱怜众生,所以人人自安,不曾有怨恨之言。后来连续多年丰收,一匹绢可以换取十多石粟米,尽管日子好过了,但百姓觉得陛下并不爱怜他们,于是都有怨言。而且现在所安排兴办的很多事情,并不是目前当办的最紧要的事,这就是奢侈。

"自古以来,国家的兴亡不在于积储多少,而在于百姓生活是快乐还是痛苦。隋朝败亡就能证明这一点。积储本来是国家的正常事务,总的原则是百姓有剩余,然后国家征收积储。如果百姓劳苦却强行征收,这等于是资助敌人,这样的积储对治国理政安天下是无益的。

"通过节俭让百姓休养生息,这在贞观之初陛下就已经施行过,所以现在施行起来应该不是很困难的事。施行一天,天下百姓就会知道。如果百姓已经很劳苦,却还是不停地役使他们,万一天有不测风云,国内遭受水旱之灾,边境有敌国来犯,不法分子乘机作乱,那就会出现不堪设想的严重后果,那时就不仅仅是陛下寝食难安这么简单。

"以陛下之圣明,想要发愤图强、励精图治,致力教化、专心施政,并不需要远求上古的策略、先贤的智慧,只要能够做到像贞观之初那样,那就是天下之大幸、百姓之大福。"

马周的一篇大论,到此就结束了。那么究竟是什么原因引发他这样的长篇大论呢?这还需要从太宗皇帝的回复中寻求答案。

唐太宗李世民阅读马周的奏疏之后回复说:"最近我下令制造一些小的随身器物,没想到百姓会生出这么多怨言。看来这错不在百姓,而在我自身,应当下令停止这件事。"

至此我们明白了,马周这是小中见大,所以他才斗胆谏言,来了一个"小题大做",而且竟然成功了。最高领导接受了他的意见,停止了似是而非、似小而大的错误之举。

贪与奢往往联系在一起,因此戒奢就必然要反贪。在这个问题上,唐太宗李世民也有一系列重要论述。

还在贞观之初,太宗皇帝就对侍臣发表重要讲话,使用生动浅显的语言阐释了一个深刻的道理:"但凡人有明珠,都会当作宝贝珍惜,如果用明珠来弹射麻雀,那叫一个可惜。那么人的性命呢?肯定比明珠更贵重,更值得珍惜,可是有人见到金银钱财就不畏惧法网刑罚,立即收受,这就是不爱惜性命。明珠是身外之物,尚且不能用来弹射麻雀,怎么可以不珍重性命,而要拿命去换取钱财呢?

"希望群臣能够想明白这个道理,如果你们能够为国事尽心尽力,忠诚正直,益于国家、利于百姓,那么官爵职位都可以立即得到。我不希望你们以受贿的手段攫取荣华富贵,随便收受财物。

"再者,收受贿赂,贪赃枉法,一旦败露,自身必将受到损害,人生将走向毁灭,这确实令人心痛,也的确可笑可悲。

"帝王也是这样,如果一味恣情放逸,劳役无度,不体恤百姓,信任小人,疏远忠正之人,岂能长治久安,怎能不败亡?隋炀帝奢侈荒淫至极,却自认为贤能无比,结果死在普通人之手,固然很可笑,但一点也不奇怪。"

过了一年,太宗皇帝又一次对侍臣发表重要讲话:"我常常讲,贪财之人并不一定懂得爱惜钱物。比如说,朝堂内外五品以上的官员,俸禄其实是很优厚的,一年所得,不是个小数目,如果还要受人贿赂,也不过数万,一旦暴露,罚没受贿所得不说,连俸禄也会被削夺,这难道是懂得吝惜财物的做法吗?这种因小失大之举,无异于丢了西瓜去捡芝麻,糊涂之极!

"从前西周时期,鲁国的国相公仪休喜欢吃鱼,但他从来不吃别人送的鱼,所以他一直有鱼吃。国君贪财,其国必亡;臣下贪财,其身必亡。历史上,秦惠文王想征伐蜀国,但苦于没有合适的道路,于是就雕刻了五头石牛,在牛尾巴处放置黄金,蜀国人看到后以为牛会屙金,于是修路想牵石牛进蜀国,结果是道路修好了,秦国的军队也进来了,蜀国就被秦国所灭。身为汉朝大司农的田延年,利用掌管租税钱谷盐铁及财政收支之便,贪赃三千万,事情败露后只好自杀。此类的事情历史上数不胜数。我现在以蜀王作为借鉴,你们也应当以田延年为教训,不可重蹈他们贪财身亡的覆辙。"

贞观四年(630),太宗皇帝对公卿大臣发表廉政讲话:"我终日孜孜不怠,不仅仅是怜悯体恤百姓,也是希望能使你们长守清廉、长享富贵。天不是不高,地不是不厚,因此一直以来我兢兢业业,敬畏天地。你们如果也能小心谨慎,奉公守法,也能像我一样敬畏天地,那么不仅百姓安宁,你们也乐在其中。

"古人说过,贤人多财就会损害他的意志,凡人多财就会生出过错。这话你们应该引以为戒。如果徇私舞弊、贪污财物,不仅会败坏国法、损害百姓,即便劣迹没有暴露,你的内心难道不会惴惴不安吗?难道不是经常在恐惧中度日如年吗?终日在不安和惶恐中生活,怎么会有快乐康宁?真君子大丈夫岂能苟且贪财,在不经意间走上毁灭的道路,使子孙后代也惭愧不已、蒙受耻辱?你们应当深刻思考这些道理。"

唐太宗李世民面对侍臣发表的一系列反腐倡廉的重要讲话,分析问题到位,论述观点深刻,说理全面透彻,言语情真意切,既有思想的高度,又很接地气,就像拉家常一样把一个严肃而重大的政治问题讲清楚了。将这些话语用于今天的反腐倡廉,也是不可多得的教材。

欲知后事如何,且听下回分解。

第二十四回
唐太宗崇儒尊孔建弘文　颜师古正本清源考五经

书接上回。

上回书说到太宗皇帝对公卿大臣发表廉政讲话,强调作为中央一级的高级领导干部应当奉公守法、心有敬畏,不可苟且贪财,因一念之差而走上人生毁灭的道路。

唐太宗李世民深知贪婪之人必有贪鄙之性,人品道德也好不到哪儿去。他不仅经常提醒诸位大臣戒奢戒贪,而且对一些贪鄙之事在第一时间做出严肃处理,对尚廉崇俭之人给予嘉奖。

我们为各位看官讲几个小故事。

这第一个故事:羞辱违规之人。

说的是在贞观六年(632),右卫将军陈万福从九成宫前往京城,在途中驿站违反规定取用了几石麦麸。太宗皇帝知道这件事后,没有直接批评陈万福,也没有给他处分,相反的是给予陈万福特别赏赐。你不是喜欢麦麸吗?我干脆就多赏一些给你。他宣布赏赐陈万福几石麦麸,但命令他自己把这些麦麸背出去。这哪里是赏赐啊!简直就是羞辱,是打脸。唐太宗就是以此来羞辱他,并使他记住贪图小利、爱占便宜的教训。

这第二个故事:人才比银子重要。

说的是贞观十年(636),治书侍御史权万纪上言,告诉太宗皇帝,在宣州、饶州的山上发现了银矿,如果开采,就能为国家带来很大利润,增加朝廷财政收入。这应该是多么让人感到高兴的消息啊!不承想太宗皇帝回复权万纪说:"我尊为天子,金银钱财这些东西并不缺乏,我最需要的是得到好主意、好建议,去做对百姓有好处的事情。国家多收入几百万贯钱,怎么比得上一个有德才的人更值钱呢?我没有看到你推荐贤德之人,没有发现你提出好的建议,也没有看到你审察、检举违法的人和事,让权贵豪强震惊敬肃,你只知道采卖银矿获取利润,你的眼睛和心里只有钱财而无贤德。尧舜把玉璧抛进山林,把明珠投入山谷,美名千载称颂;汉桓、灵二帝喜好财物、贪恋金钱而轻视道义,成为昏君。难道你是想让我当桓帝、灵帝吗?"这个权万纪大概怎么也想不到,自己向最高领导报喜讯却被劈头盖脸一顿猛批,更令他想不到的是,就因为这件事,太宗皇帝当天就勒令他停职,回家反省。你说他冤不冤?其实也不冤,因为李世民在回复时说得很清楚也很严肃,作为朝廷大员,你心目中只有钱财而没有道德和人才,就应当好好反省反省。

第三个故事:抚恤厚待廉臣。

这个故事说的是户部尚书戴胄去世,太宗皇帝了解到他的住宅破烂简陋,连祭祀的地方都没有,于是下令有关部门给戴胄建造家庙。尚书右仆射温彦博家里清贫,他去世之后,灵柩只能停放在侧室,因为没有正堂。太宗皇帝听说此事后很感慨,立即命令有关部门给他营造正室,并且要优厚赠予财物来办理丧事。魏徵的宅院也没有正堂,在魏徵病重的时候,太宗皇帝原本正打算给自己建造一座小殿,于是他下令停工,用这些材料给魏徵建造正堂,五天就竣工了。太宗皇帝还派宫廷使者带着白被子和布料看望魏徵,以示对他崇尚节俭的尊敬。这让我们联想到魏徵当年担任秘书监时,有人告他谋反。太宗皇帝说:"魏徵过去是我的仇人,因为忠心尽职,我才提拔任用他。我相信他的人品,你怎么能胡乱讲话随意诬告呢?"于是立即杀掉了诬告之人,并没有去怀疑、查问魏徵。

第四个故事:打压诽谤之人。

这个故事说的是尚书左仆射杜如晦向太宗皇帝报告说:"监察御史陈师合上了一道奏章,叫《拔士论》,说一个人的思维能力是有限的,因此不应该一人兼掌多职,他据此非议臣下等人。"太宗皇帝对戴胄说:"我用最公平的原则治理国家,现在任命房玄龄、杜如晦等人,不是因为他们是有功劳的故旧部下,而是因为他们有才有德。陈师合这个人胡言乱语,对他们进行诽谤,就是离间我们君臣。"于是把陈师合流放到岭南去了。后来太宗皇帝还对房玄龄、杜如晦说:"如果国君猜疑大臣,那么下情就不能上达,想要臣下竭力尽忠也是不可能的。那些没有见识、缺少品德的人,专门搞谗言中伤,使君臣互相猜疑,实在对国家没有任何好处。从今以后,有上书攻击别人过失的,应当以谗言诬陷之罪论处。"

第五个故事:谄媚讨好反受其害。

说的是贞观七年(633),太宗皇帝巡幸蒲州,刺史赵元楷为了迎接圣驾,就征令一些老年人身着黄纱单衣排列在路旁迎接拜见皇帝,并且还大肆修饰官署的房屋,修整城楼,粉刷墙壁,甚至暗地里饲养几百头羊、几千条鱼,准备送给皇亲贵戚。显然这些做法就不仅仅是形式主义的问题了,太宗皇帝知道后,召他来斥责一番,说:"我巡察黄河、洛水之间的地方,所经过的几个州,凡是需用的东西,都有官府的物资供应。你现在所做,给我们饲养鱼、羊,装饰庭院,这简直就是刚刚灭亡的隋朝的弊俗恶习,这种坏风气怎么可以在今天再次出现呢?你应当理解我的心意,尽快改变这种习惯。"按说太宗皇帝这一番话也是为了教育他,但因为赵元楷在隋朝任职时就是一个阿谀奉承、心术不正之人,所以太宗皇帝用来警诫他的话,就在他的心里产生了巨大的威力,他一方面感到惭愧,另一方面更感到害怕,几天吃不下饭,最后就这样死了。

第六个故事:贪冒财利必陷其身。

说的是贞观十六年(642),太宗皇帝对侍臣发表重要讲话,再次用生动浅显的例子阐释观点:"鸟生活在林木间,鱼生活在深水中,却都能够被人捕获,这终究还是贪食诱饵的缘故。现在你们大家接受任命,居于高位,享有厚禄,就应当为人忠诚正直,为官公正清廉,这样就不会有灾咎缠身,就能够长享富贵。还是古人那句话:'祸福无门,惟人所召。'每个人的命运前途、祸福吉凶,都是由自己的行为选择所决定的。损害自身的人,都是因为贪图财利,这和那些鸟、鱼没什么不同。你们应当思考这些道理,并引为鉴戒。"

看得出,太宗皇帝是想通过思想教育和道德自律来解决领导干部的贪腐问题。这就不能不提到太宗皇帝尊崇儒学、加强文化建设的故事。

话说李世民刚刚登基,就在正殿左侧设置弘文馆,精挑细选出全国通晓儒学的人,让他们兼任学士,供应精美饭食。对他们好吃好喝好招待,就是为了让他们能够轮流在皇宫里值班,每当皇帝朝会空隙之时,方便他们到内殿,与圣上讨论古代典籍,商议谋划施政大事,有时会讨论到半夜。不仅如此,太宗皇帝还下诏,选那些三品以上有功之臣的子孙来弘文馆做学生。

贞观二年(628),太宗皇帝颁诏,对应当尊崇的圣贤对象做了调整,停止以周公为先圣,而改以孔子为尊崇对象,要求在京城的官学堂要设立祭祀孔子的庙堂,并按照旧制,供奉孔子为圣人、颜回为老师,在祭台两边常年陈列贡奉用于祭祀的俎豆、干戚等用品。也是在这一年,太宗皇帝广泛招揽天下儒士,赏赐布帛并提供车马便利,命令他们到京城来,授予他们重要的官职。这一下子就来了很多人,凡学问水平高的都授予官职,还在官学里修建学舍四百多间。当时,京城国子学是高级干部子弟学校,主要接收文武三品以上官员的子孙,名额三百人;太学主要接收五品以上官员的子孙,名额五百人;四门主要接收七品以上官员的子弟和普通人家的优秀子弟,名额一千三百人。现在因为儒士人数增加,所以国子学、太学、四门等都扩大规模,增加招收名额。而且在培养书法人才的学校和培养天文、数学人才的学校,也设置博士,招收学生,使科目齐备。就连守卫宫廷的兵士,也配备高级知识分子为他们讲授经书,增进他们的知识,这其中悟性好、进步大、提高快的人,都有机会被举荐给太宗皇帝。

这样的做法无疑在全社会营造了尊重知识、尊重人才、尊崇学习的良好氛围和风尚,开创了全员学习、全面学习、学以致用的盛况。就连吐蕃、高昌、高丽、新罗等各族首领也纷纷把他们的子弟派来要求入学,人员众多,数以百计。一时之间,京城国学之内,讲学、读书的差不多有万人之众。

儒学的兴盛,在贞观之初已经成为一道亮丽的风景。唐太宗李世民甚至亲临国学,让学校主管和主讲开设讲座,结束之后给予赏赐。对学生中通晓经书的优秀者,立即提升,委任官职。

太宗皇帝推崇儒学,尊重儒士,任用饱学之士,也算是开文明教化之新风。更令人意想不到的是,在贞观十四年(640),太宗皇帝下诏,开列出自南梁朝、北周、陈朝到隋朝的九位著名的儒学大家姓名,认为他们的学问思想值得取法和奉行,他们的弟子学生到处讲授其学说,都应该得到优厚的待遇。于是责令有关方面寻找他们现在的子孙,记下姓名上报朝廷。贞观二十一年(647)又再次下诏,指出历史上包括左丘明、子夏、孔国安、郑玄、王弼等在内的二十一人,都将自己的著述传给皇室的子孙,后代既然奉行他们的主张,就应当嘉奖尊崇他们,所以建议太学在举行祭祀大礼的时候,可以使这些著名大儒配享孔子庙堂。这就是太宗皇帝尊崇儒道的具体表现。

各位看官,喊尊重知识、尊重人才的口号,很容易做到;出台相应的文件,阐释文化兴国的重要意义,也不是很难的事情;如何把对人才、知识、学问、文化的尊重、崇敬落实到具体的施政举措中,才是最重要的事情。唐太宗李世民在贞观之初说到做到,他狠抓落实,强力推进,用具体的政策举措及制度化安排确保自上而下贯彻到底、执行到位、长期有效。

我们再次回到贞观二年(628),太宗皇帝对侍臣发表重要讲话,其主要思想就是:为政之要,惟在得人。

唐太宗李世民指出："执掌政事，重要的原则之一就在于得到人才。如果用人不当，必然难以治理好国家。那么，什么是人才？今天用人以什么为标准呢？必须以道德品行、学问见识为最根本的标准。"

针对太宗皇帝的观点，谏议大夫王珪谈了自己的体会："做臣子的如果没有道德、学问，不知道古人的言论思想和处事之法，岂可委以大任？就像汉昭帝时有人诈称卫太子，文臣武将没有人敢于发表意见，只有京兆尹隽不疑果断出手，收捕此人，经查验果真是骗子。"

说到这里，关于有人冒充卫太子这件事，有必要向各位看官稍微说明一下。事情是这样的：

这个卫太子，是指汉武帝的太子，叫刘据，但是他的性格和政治主张都与汉武帝有很大的不同，比如他性格仁爱宽厚、温和恭谨，这一点就让汉武帝很不满意，觉得这个太子太不像自己了。汉武帝喜欢多用酷吏，而太子却仁慈宽厚，这下子，不要说汉武帝不高兴，朝中的酷吏们也不喜欢太子，他们觉得要是这样一个仁慈宽厚的储君继承大位，那他们还有什么作用和位置呢？这些酷吏当中，就有一个叫江充的人，此人奉行严刑峻法，一直受到汉武帝的赏识，他当年就是因为告发赵国太子而飞黄腾达的。现在他看到汉武帝身体欠佳、来日无多，害怕太子一旦坐了龙椅，他江充的活路也就到头了。所以他决定先下手为强，要借汉武帝之手扳倒太子。于是他向汉武帝进言，说陛下的病，是因为有人埋了木头小人用巫蛊诅咒。汉武帝信以为真，命令江充带人彻查巫蛊之事。其结果，当然就在太子寝宫挖出很多木头人。对此，卫太子是百口莫辩，询问自己的老师该怎么办，老师一句"秦朝扶苏之事"也算是给了他一个暗示。就这样，太子假传圣旨，收押了江充等人，并亲自监斩处决。有人逃出长安，到汉武帝所在的甘泉宫报告说长安大乱、太子造反。汉武帝又一次信以为真，下令丞相刘屈氂领兵征讨太子。太子率兵与之对战五天，兵败逃走，后来逃无可逃，只好自缢身亡。事后，卫太子的门客、两个儿子都被斩杀，他的母亲卫子夫皇后也在宫中自杀。一场由个别心怀鬼胎的人居心叵测引发的祸乱，随着太子之死，似乎落下帷幕。但事情远没有结束，首先是汉武帝痛定思痛，发现自己被人利用而铸成大错，哀痛不已，修了一座思子宫，悼念被自己逼死的儿子，随后下令追究那些构陷太子的人。到了这个时候，离奇的事情才刚开始。汉武帝去世后，其幼子刘弗陵即位，就是汉昭帝。

第二十四回 唐太宗崇儒尊孔建弘文 颜师古正本清源考五经

汉昭帝始元五年（前82），有一个男子自称是卫太子，大模大样地来到未央宫北门外。这下可不得了，等于说当今皇上的兄长回来了，别忘了他可是太子身份。他究竟要干什么并不重要，重要的是天子和满朝文武该怎么想、怎么看、怎么做。汉昭帝命令文臣武将前去辨认，没想到竟没有一个人敢于发表个人意见，指正这个人是真是假。到后来，还是担任京兆尹的隽不疑果断抓捕此人，经过审讯勘验，证明这个人其实就是个骗子。

王珪之所以要向太宗皇帝引述这样一个历史故事，就是想强调高级官员提高自身学问的重要性，面对一些重大疑难问题，必须既要通晓儒学，又要心有大义，这样才能够决断是非、敢于担当，那些学识浅薄的俗吏是根本无法与之相提并论的。

对王珪如此深刻的观点，太宗皇帝也是深表赞同。

贞观四年（630），太宗皇帝又做了一个决定，他认为现行的儒家经典书籍，离圣人的时代太过久远，难免出现字句谬误，需要进行校订，于是诏令前中书侍郎颜师古在秘书省考核订正五经，也就是对《诗》《书》《礼》《易》《春秋》五部儒家经典书籍重新校订。等到颜师古做完了，又命令尚书左仆射房玄龄召集很多儒士再加以详细讨论。可是由于这些儒士学习经典和接受老师的教导时，错误的东西已经相传很久了，所以他们都认为颜师古的考订不正确、有问题，一时之间，各种似是而非的异端邪说就像群蜂乱飞。

但是颜师古对自己的校订胸有成竹，对各种非议、责难，就用晋、宋以来的古本，依照原文给予明确回答，所引证的依据详细明确，既在学理之中，又在诸多儒生见识之外，大家无不叹服。太宗皇帝对颜师古的做法称赞了许久，又赐帛五百段，加授通直散骑常侍之职，并将他校订的五经文本刊行于天下，让所有的读书人以此为蓝本进行学习。

太宗皇帝认为儒家流派很多，章句繁杂，解释经典意义的著作太多，容易产生误解误读。于是下令颜师古和国子监祭酒孔颖达等诸多学者一起，集体创作五经疏义，对儒学经典做出正确的解释和阐述，这一成果一共有一百八十卷，定名为《五经正义》，成为当时国学的教材。

太宗皇帝尊崇儒学，这在当时是尊重学问、尊重学者的具体体现，他能够通过一系列实实在在的举措，把尊重知识、重视经典的理念落实在具体的行动中,贯彻在治国理政的实践中。设立机构、选用人才、强化教育、正本清源、校正错谬、规范教材,构成一个完整的重视教育、教书育人的链条或者系统。毫无疑问,这样的举措不出成果都很难。

后来,太宗皇帝对中书令岑文本谈起这方面的心得体会,他说:"人的天赋本性很多时候是先天的,但还是必须通过发愤努力,使自己博学,才能成就大学问。传说大蛤身体含水,但只有在月光之夜才喷出;木料含有火性,也只有在钻燧之后才会燃烧;同样的道理,人自身也具有灵巧智慧的因素,但也要靠学习才能显现出美好的品质。苏秦苦学,以锥刺股,终成一代大家,佩六国相印;董仲舒读书讲学,以幔帐遮面,三年不出庭院,终成经学大师。可见,轻视学习,不勤奋努力,或者学习不专注,是很难成就学业和功名的。"

岑文本回应太宗皇帝的观点说:"人的天赋是相近的,后天的性情却是可以改变的。所以必须通过学习来驾驭情感,以成就人的本性。《礼记》上说:'玉不经雕琢不成器物,人不学习就不明白人情事理。'说的就是这个道理。所以古人把勤奋学习称为最美好的德行。"

欲知后事如何,且听下回分解。

第二十五回
检点言行只因敬畏历史　坦言名讳全赖知守礼乐

书接上回。

太宗皇帝李世民尊崇儒学，只是他狠抓文化建设的一个方面。由于文化在治国理政中发挥独特作用，影响每一个社会成员的行为举止，乃至涉及人们社会生活的方方面面，所以，除了加强学校的教育，还要在社会习俗上下功夫，进行文化改革甚至是文化革命，用今天的话语来说就是移风易俗。

这回书我们就给各位看官讲一讲贞观年间围绕人们的思想认识、礼仪规范、习俗风尚而发生的改革故事。

话说贞观初，太宗皇帝就对监修国史的房玄龄明确表达过一个十分具体的意见和观点。他说："近来我读前后汉史书，发现记载有扬雄所写的《甘泉赋》《羽猎赋》，有司马相如写的《子虚赋》《上林赋》，还有班固写的《两都赋》，这些赋体文章辞藻虚浮华丽，并没有多少勉励劝诫人的内容，凭什么要把这些赋文载录在史册上？"

太宗皇帝的意思很明确，史书就应当为后人留下富有启迪意义的内容，或诫勉警示，或引以为戒，如果仅仅是句式雅美、辞藻华丽，并没有多少益处可以汲取，这样的载录还是不要的好。

那么，什么样的内容应该载录史册呢？

唐太宗李世民的建议是："凡是上书论述政事，只要文辞直率，道理中肯，对治国理政有裨益的，不论我最终采纳与否，都要记载下来，传之后世。"

十余年后，著作佐郎邓世隆上表请求编辑刊刻太宗皇帝治国理政文集，邓世隆因为名字中有个"世"字，为了避太宗皇帝李世民的名讳，史书中就称其为邓隆。邓世隆建议编辑刊刻太宗皇帝治国理政文集，这件事按说应该符合唐太宗关于完善历史载录的意见，但是竟遭到他的坚决反对。

太宗皇帝对邓世隆明确表示："我身为一国之君，居庙堂之高，主持国事，发出诏令，如果对人民有好处，史书会记录在册的，足以不朽而传于后世。可是如果治国施政不效法历史，政治混乱，危害人民，纵然有辞藻华丽的文章流传后世，也终究要被后代耻笑。这样的事情并不是我所需要的，也是我不愿看到的。就像梁武帝父子和陈后主、隋炀帝,不也是有大量文集传世吗?但是他们的所作所为大多违反法度,国家在短时间内就败亡了。这个教训难道不深刻吗?从这个意义上说,大凡君主只在于道德品行如何,何必要以文传世?"

于是编辑刊刻太宗皇帝治国理政文集这件事最终也没有得到唐太宗李世民的允许。

唐太宗李世民重视历史载录,这与他对自己的要求有关。诚如他所说的,希望后世看到他是一个励精图治的有为之君,而不是昏庸无道之君;希望后世看到他是一个重德行的明君,而非贪图享乐的昏君。所以他很在意历史如何记录他的言行。

贞观十三年(639),褚遂良出任谏议大夫并兼任起居郎,负责记录太宗皇帝的言行。这一天,太宗皇帝问褚遂良:"爱卿近来主持起居注,都会记录些什么事情呢?皇帝本人能不能看一下呢?当然了,我想看一下这些记录,主要是想多了解自己所作所为的得失,以此来提醒警告自己。"

面对太宗皇帝这个看似理由充分、实则违反规则的要求,褚遂良回答说:"起居注,就是用以记录皇帝的言行,不管好坏都要记录下来,以期皇帝不做非法之事,并没有听说这个记录要给皇帝亲自过目。"

太宗皇帝坚持问:"我有不好的事情,爱卿一定要记录吗?"

褚遂良也明确回答:"我听说遵守君臣之间的道义,莫过于忠于职守。我兼任起居郎,责任就是记录皇帝的言行,为什么不记录呢?"

褚遂良的态度和观点很明确,记录皇帝的言行是职责所在,如果有所不录,就是失职。这话的潜台词就是我不会为了讨好圣上而专拣好的言行记录。

各位看官,不知道唐太宗李世民听到褚遂良的回答作何感想,倒是黄门侍郎刘洎一番进言,对太宗皇帝和褚遂良之间的问题给出了最终答案。

刘洎是这样说的:"皇帝有过失,就像日食和月食一样,众人都能看见。即使褚遂良不记录在册,天下人也都记在心里了。"

其实,唐太宗李世民对历史记录一直念念不忘、耿耿于怀,也是有原因的,毕竟玄武门之变是一个回避不了的历史事件。那么他究竟是要粉饰或美化这一事件呢,还是要直面历史、还原历史呢?贞观十四年(640)发生的事情给出了答案。

第二十五回　检点言行只因敬畏历史　坦言名讳全赖知守礼乐

这一年，太宗皇帝对房玄龄说："我每每观览前代史书，表彰好的，斥责恶的，足以作为后代可资借鉴的规劝和告诫。但我就是不明白，当代的国史为什么不让帝王亲自看一看呢？"

房玄龄回答说："国史既然是好坏都要记录，写入史册，无非是希望帝王不要做非法之事。只是有时候怕一些记载与皇帝的意见有冲突、相抵触，忤逆圣旨，所以不能让当代皇帝亲自观览。"

太宗听罢房玄龄的解释，知道是自己没有讲清楚，难免让臣下产生误解，于是接着对房玄龄说："我的心意、想法与古人不同。今天之所以想要看看国史记录，是想着如果有好事记录，自然不必论说；如有坏事记录，也可作为鉴戒，使自己得以改正。既然国史不能让帝王亲自看，那就请你们抄录一部分呈送上来吧。"

于是，房玄龄等人根据太宗皇帝的这一吩咐，整理出一个国史删减版，按年代顺序编成《高祖实录》《太宗实录》各二十卷，呈送给唐太宗李世民。

话说太宗皇帝在阅览实录时，注意到其中记载的六月四日玄武门事变，语言文字大多隐约不明，就对房玄龄说："从前周公旦讨伐平定管叔、蔡叔的叛乱，进而使周朝安定；季友用鸩酒毒死其兄叔牙，从而实现鲁国的安宁。我当年在玄武门做的事情，就其实质意义来说，与历史上的这些事情是一样的，也是为了国家安定，为了天下百姓的利益。既然如此，史官提笔记录这事，何必还要费心劳神地设法隐瞒而不敢明说呢？我觉得应当立即删除那些粉饰、隐晦的文字，直书其事，直截了当把事情说清楚。"

各位看官，这件事，究竟是太宗皇帝李世民心有不安要一看究竟呢，还是他敢于坦诚面对历史，抑或是他要粉饰自己的做法而亲自为其贴上高大上的标签，我们无从给出确定答案。倒是当时魏徵上奏，对此事发表了自己的看法，有助于我们认识这个问题。

魏徵是这样说的："臣下听说皇帝处在极其尊贵的位置，没有什么可顾虑害怕的，唯一害怕的，只有国史。国史记录，就是为了起到惩恶扬善的作用，如果记载不真实，文字多隐晦不明，后代有什么可看的，又有什么可资借鉴的呢？今天陛下命令史官改正隐晦不明的文字，秉笔直书，还原历史真实，臣以为这是最公正的道理所在。"

说完了太宗皇帝对待历史的故事，再来说说围绕礼乐习俗发生的事，这都是唐太宗李世民改革旧制、尊崇礼教、移风易俗的举措。

故事之一：君王之名该不该避讳？

李世民刚刚即位之时，就对侍臣说过自己的一个观点："依照《周礼》的规定，人名只有在死了之后才讲究避讳。以前的帝王，也不在生前避讳他的名字，比如周文王名昌，但在《周诗》里有'克昌厥后'的说法。春秋时期鲁庄公名同，而《春秋》经'庄公十六年'中照样有'齐侯、宋公同盟于幽'的记载。可见当时都没有避讳君王名字。只是到了近代的各个帝王，才开始妄有讲究、乱加限制，特别下令在生前就要避讳。这样的道理未必通情，这样的做法未必合适，应当有所改变才是。"

于是太宗皇帝下诏说："依照《礼记》，人名中的两个字不应当一一回避，只要回避一个字就可以了。孔圣人通情达理，以前也有相关表述。近世以来，一些限制明显不合理，人名中的两个字都要避讳，导致废除和空缺的字已经很多，听任这样的做法持续下去，将严重违背经典的训示。从现在开始，应当依据礼法，务必从简，效法先哲，垂范后来。那些官职名称和人的名字，以及公私文书和著作典籍中，但凡有"世""民"二字，只要不连读，就不必避讳。"

各位看官，说起回避名讳，这在历史上也算是十分严肃甚至是十分严重的事情，因为一旦冒犯名讳，有可能招来杀身之祸。说到避讳之法，也各不相同，有以同义字取而代之的，有以同音字取而代之的，更有甚者，以原字减少笔画而避讳。如此一来，为后人习学经典无端制造了很多麻烦。即便是唐朝，太宗皇帝已经很开明了，但还是要讲究避讳的，比如，很多人熟读的《捕蛇者说》中，柳宗元为了避讳，在文中就不得不将"民风"写成"人风"。

故事之二：叔侄之间礼数该不该讲究？

贞观二年（628），中书舍人高季辅向太宗皇帝上奏章，报告了一件事，说自己私下看到一种现象，就是皇帝之子向叔辈致礼下拜，这些叔辈也立即向他们回拜。高季辅认为既然大家爵位相当，那就应当遵守家族的礼节，怎么能够如此颠倒家族中的辈分呢？高季辅的意思很明确：皇子向皇叔致礼下拜，是晚辈对长辈的尊敬，那是必须的，作为皇叔的长辈却没有必要向皇子们回礼。可如今长辈给皇子回礼，就有点说不通，也有点坏了礼数规矩。这些皇叔长辈之所以要向皇子回礼，恐怕是忌惮这些皇子的身份吧。所以他希望太宗皇帝能给予这些皇子皇叔应有的教诲和警诫，给后代留下常规，做出表率。太宗皇帝知道了这件事情后，立即下诏给弟弟李元晓等人，今后对吴王

第二十五回　检点言行只因敬畏历史　坦言名讳全赖知守礼乐

李恪、魏王李泰的致礼下拜,不能再回拜答礼。

故事之三:辰日居丧该不该哭?

贞观四年(630),太宗皇帝向侍臣询问求证一件事。因为他听说京城官员和百姓在父母居丧期间,有人听信巫书记载,在辰日这天不哭,并以此为理由谢绝吊丧致哀。太宗皇帝李世民从侍臣那里得知现实情况就是这样的,便明确指出:辰日不哭,以此为由谢绝吊丧,这种做法拘泥于禁忌而中止哀伤,实属败坏风俗,也违背人伦常情和基本礼法。应该命令各州县官员做好教育开导工作,取消辰日不哭的禁忌,一律按照丧礼规定居丧治丧。

故事之四:僧尼道士该不该尊拜父母?

贞观五年(631),太宗皇帝对宗教事务中的一个重要问题下达指示,僧尼道士出家之人,在佛道活动中实施教化,善莫大焉,理应受到世人的尊敬,但他们也有父母,他们也是人子,也应该像世人一样尊拜自己的父母。可是据了解,一些僧尼道士却妄自尊大、高高在上,坐在那里接受父母下拜之礼。这样的行为做法实在是损害风俗,悖逆礼法,有违人伦,对此应当立即禁绝,僧尼道士仍然要像常人一样对父母下拜行礼。

故事之五:公主该不该给公婆行拜见礼?

吏部尚书王珪的儿子王敬直,娶太宗皇帝的女儿南平公主为妻。王珪表示:"《仪礼》上有记载,儿媳妇有拜见公婆的礼节。但自近代以来风俗被破坏,公主出嫁,拜见公婆的礼节被废弃了。现在圣上英明,尊崇文明教化,主张一切行为都要遵循礼法,我决定在儿子成婚大礼上接受公主的拜见。这绝不是为了自身的荣耀,而是要以此践行圣上的倡导,成全国家美德教化。"于是在儿子成婚的大典上,他和妻子坐在公婆的位子上,待公主亲自手拿帕巾为公婆二老行洗手进食之礼后才退下来。太宗皇帝听说了这件事,也称赞他做得好。自此以后,公主下嫁到有公婆的家庭,都要像一般人家的儿媳妇一样给公婆行这样的礼节。

故事之六:皇子该不该高于朝官?

贞观十三年(639),礼部尚书王珪因为一件事上奏太宗皇帝,说是按照朝廷法令,三品以上朝官在路上遇到亲王,不应该下马行礼。可是现在这些朝官都打破了这一规定,下马行礼,以此来表明对亲王和皇子的尊敬,这样做有违朝廷的法典。王珪这样上奏,无非是想让太宗皇帝了解实情,并能明示改正。可是太宗皇帝反问王珪:"你等提出这个问题,难道不就是想要抬高自己、贬低我的儿子吗?"面对太宗皇帝这样的主观臆断,魏徵站出来表态了。

魏徵说:"自汉、魏以来,亲王都是排列在三公之下。现在三品官员、六部尚书和九卿大员,都给亲王下马,这是亲王们不应承受的大礼。寻找先例,没有依据;现在这样做,也违背国法,于情于理都不可行。"

太宗皇帝坚持认为,国家确立太子,就是准备让他继承帝位的。假如太子有不测,那么其同母弟弟就依次立为太子。按这个来说,臣子怎么能轻视皇子呢?魏徵回应说:"这是殷人崇尚朴实的缘故,他们实行兄死传弟的制度。自周朝以来,一直实行立嫡长子为太子的制度,就是为了杜绝庶子有非分之想,堵塞祸乱根源。治理国家,对此事要十分谨慎。"

魏徵的一席话,让太宗皇帝一下子意识到了问题的严重性,这不是尊重或轻视皇子的事情,而是关乎国家长治久安的事情。朝官给亲王下马行礼,看似是礼节问题,实则是皇子受不受制度约束的问题,说到底是亲王面子重要还是国家法度重要的问题。所以当太宗皇帝把这个问题想明白了,那么他准许王珪所奏也是自然而然的事了。

故事之七:破阵乐要不要伴舞演出?

这本是贞观十七年(643)间的事情,但要把这个事说清楚,还得从贞观初创制破阵乐舞说起。当时由吕才协调音律,相当于编曲,由李百药、虞世南、魏徵等人创作歌词,创制出《秦王破阵乐曲》,内容就是反映李世民征讨叛逆,歌颂太宗皇帝征讨四方、平定天下的武功。这组乐曲一直演出流传,到了贞观十七年(643),太常卿萧瑀上奏说起了破阵乐舞一事。他认为,破阵乐舞已经在天下广为流传,但是歌颂皇帝至高至大之美德还有不够详尽之处,有待完善。比如说,陛下先后打败刘武周、薛举、窦建德、王世充等人,可以让人在舞台上扮演他们的形象,以真实再现当时战胜攻取的实况,用形象的真实性增强艺术的感染力。太宗皇帝回复他说:"我当时处在四方未定之际,天下混乱,为了拯救天下百姓于水火之中,不得已采取征战杀伐,所以后来民间才有了这个破阵舞,朝廷才编制了这个乐曲。乐舞作品最恰当的做法就是表现大概情况,如果尽求写实,原原本本地表现,那么很多具体情况就容易被大家看到,就容易联想到当事人。我考虑到现在很多高级将领,当时就曾经是刘武周等人的部下,曾受其指挥。如果现在要详尽表现,那么他们看到自己当时被打败、被活捉的情景,一定会很尴尬的,心里肯定不是滋味。正因为此,我才不让破阵乐舞这个作品做详细展现。"听了太宗皇帝的回复,萧瑀对自己的肤浅和自以为是深感惭愧,连忙承认这些深层次问题自己永远想不到。

太宗皇帝李世民的做法告诉我们:设身处地为他人着想,不仅仅是一种思维方法,更是一种精神境界。

欲知后事如何,且听下回分解。

第二十六回
吞蝗虫太宗明志以农为本　论刑法群臣谨记务在宽平

书接上回。

前文我们向各位看官叙说了太宗皇帝李世民尊崇儒学、弘扬文化、推行礼教、移风易俗的一些做法。这一回我们给大家说一件你们怎么也想不到的事。

话说贞观二年(628),太宗皇帝对侍臣发表重要讲话,其主要的观点就是"凡事皆须务本",即所有工作都必须紧紧抓住根本。

唐太宗李世民这样指出:"国以民为本,民以衣食为本;而经营衣食之事,以不失时为本。要做到治国理政不失时,皇帝只有保持简易宁静,不烦扰百姓。如果征战不断,大兴土木,这怎么可能不夺农时呢?"

王珪回应太宗皇帝的观点说:"历史上的秦皇汉武,对外穷极兵戈,不断发动战争,对内追求华丽宫室,不断大兴土木。人力一旦竭尽,祸乱就会发生。他们难道不想安定天下民心吗?只是他们的做法已经远离了安定天下之道,把路走偏了、走邪了,没有办法安定天下。眼前刚刚过去的隋朝灭亡的教训,应当引以为戒。陛下亲身感受到隋朝的各种弊端,知道怎样去防范和改变。这件事开始阶段还是比较容易的,但是要始终坚持就比较困难了。臣之所以要这样讲,就是希望圣上慎终如始,这样才能达到尽善尽美的境界。"

太宗皇帝表示认同,他说:"你说得很正确。要使百姓安居乐业,使国家长治久安,一句话,要国泰民安,只在于国君。国君如果清静无为,百姓生活就会快乐;国君如果欲望太多,百姓生活就会困苦。这是一个基本的道理,也正是我抑制情感、减少私欲、约束自我、勉励自己的主要原因。"

唐太宗李世民如此高调地表明自己的心迹,究竟做得如何呢?我们来看当时发生的一件事。

就在这一年,京师一带发生大旱,引发严重的蝗灾。太宗皇帝决定亲自察看一下庄稼长势,他来到禁苑。这个禁苑就是专供皇帝和贵族游玩打猎的果园,里面也种植庄稼。太宗皇帝进到园子里,果真在庄稼上看到了很多蝗虫,他就亲手捉了几只,嘴里念念有词:"粮食是百姓的生命,今天你吃了庄

第二十六回　吞蝗虫太宗明志以农为本　论刑法群臣谨记务在宽平

稼,就是坑害百姓。百姓如果真有过错,责任全在我一人。你等如果有灵性,就该只吃我的心,而不要祸害百姓。"

说完这些,太宗皇帝就要吞下手里的蝗虫。这下左右的人可全急了,赶忙劝阻,说吃下蝗虫怕是要生病的,千万使不得。太宗皇帝说:"我就是希望将灾祸全都转移到我身上来,又怎么会怕生病呢?"

史书记载,太宗皇帝真的生吞了蝗虫。也许是唐太宗李世民的做法真的感动了老天爷,之后蝗灾就很快过去了。

贞观五年(631),有关职能部门上书奏言,说今年太子二十岁,要举行冠礼仪式,具体时间选择在早春二月是最吉利的,希望圣上准奏,并补充一些礼器,为冠礼仪式做好准备。

太宗皇帝回复说:"农历二月,春耕生产刚刚开始,这个时候举行冠礼仪式,恐怕会妨碍农事活动。当然,这个仪式还是要进行,但不是现在,而是要放到十月。"

太子少保萧瑀对太宗皇帝的决定提出自己的意见,他坚持要在二月进行,于是他就拿出最权威的理论依据来说事。他说:"根据阴阳家的推算,在二月份举行冠礼仪式是最好的。"

按说这样的说法在当时真的很神圣、很权威,一般人都会接受而不会反对,但是太宗皇帝不这么认为,他明确表示自己不信这一套。他说:"阴阳禁忌,我不奉行。如果一个人的动静行止必须依照阴阳禁忌,而不考虑道德仁义,却还祈求得到上天福佑,这怎么可能呢?相反,如果一个人所作所为都遵守正道,自然能够常常得到吉利,这就是所谓吉人自有天相。说白了,吉凶祸福,全在于人自身,怎么能依靠阴阳禁忌呢?更重要的是农时,不可以有片刻耽误。"

在太子冠礼和春耕农时这两件事情上,太宗皇帝表现出难能可贵的"民生为重,农时甚要"的远见卓识。

到了贞观十六年(642),农业生产大丰收,太宗皇帝了解到全国粮价一般是每斗值五钱,特别低价的地方一斗值三钱,粮价普遍偏低,说明粮食供应充足。

太宗皇帝对侍臣们说:"国以民为本,民以食为命。我身为一国之君,犹如天下百姓父母,如果粮食歉收,那么百姓就不为国家所有了。现在粮食供应如此富足,我还是要厉行勤俭节约,一定不能随意浪费和奢侈。我经常赏赐天下之人,就是想让他们富贵;我下令减少徭役赋税,不占用农时,就是为了让家家户户致力于农耕,这样他们就富足了;我致力于教化,敦促推行礼仪谦让,就是想让乡下邻里之间年少者尊敬年长者,妻子尊敬丈夫,这样他们就尊贵了。天下百姓经济上富足,精神上尊贵,即使我不听管弦、不去游猎,也能乐在其中!"

太宗皇帝的心得很深刻!国泰民安才是为君之大乐。

说过了太宗皇帝以农为本的治国理念和实践,再来说说他的法治理念。

贞观元年(627),太宗皇帝就对侍臣发表过重要讲话,强调了国家刑法应该体现对生命的尊敬和审慎的态度。他说:"死者不可再生,所以用法、执法一定要有宽大简约的情怀。古人说,卖棺材的生意人都希望天下流行瘟疫,这不是因为他们仇恨人的生命,只不过是想多卖出几口棺材罢了。这就跟开药材铺的人希望大家都得病一样,只是想多赚些药材钱。想到这个道理,我很担心现在那些掌管刑狱之人,办理诉讼案件都很严格,只是想通过严格执法,获得好的考核成绩,使自己得到职位上的提升。他们的做法本身并没有什么过错,但我一直在思考,是否有什么好办法能够使案件审理更公平恰当一些呢?"

谏议大夫王珪表达了自己的看法:"只要选择公正善良、断案公允恰当的官员,增加俸禄,赏赐金银,那么执法中的奸诈伪劣之行就会自动消失。"

太宗皇帝觉得王珪的说法有一定的道理,就下令依照这个办法来执行。同时太宗皇帝又进一步做了明确指示:"古时候审理人命讼案,都要询问三槐、九棘这些高级官员,现在的三公、九卿就是这样的高级官员。今后但凡判处死刑的,都要让中书省、门下省四品以上官员以及尚书、九卿等一起讨论后再决定,这样做,就是希望避免冤假错案和量刑过重。"

这里要给各位看官交代一下,三槐、九棘,是一个历史典故。相传周代在宫廷外种了三棵槐树,三公在朝见天子时就站在槐树下,所以人们以三槐指代三公;同时周代还在朝廷上树立棘簇,左右各九,以此来分别朝臣的品级官位,称为九棘,后来就演变成对九卿的代称。唐太宗李世民借用三槐、九棘的说法,提出对死刑判决要通过高级官员集体讨论决定。

这样的制度安排施行之后,到贞观四年(630),全国范围内被判处死刑的只有二十九人。这样的举措,使国家的重刑法典几乎就派不上用场了。

唐太宗李世民强调国家的刑法要体现对生命的尊重,但绝不意味着不分青红皂白,对谁都宽大为怀。相反,他对一种现象,明确表示要严加惩处,绝不姑息纵容。

这究竟是怎么回事呢?

贞观二年(628),太宗皇帝对侍臣说:"近来发生了一些奴仆告发主人谋反的事,这是十分有害的行为,我向你们指出,这类事要严加禁绝。为什么要强调这一点呢?咱们来分析分析看:假使有人要谋反,绝不会单独策划,一定要和其他同谋商量。既然是众人商量的事情,那就一定要由其他参与的人讲出来才算,怎么能够依靠奴仆告发主人来定案呢?所以我决定今后但凡有奴仆告发主人的,一律不予受理,而且要将告发的奴仆一概处死。"

太宗皇帝不愧是明君,心怀仁义、尊重生命又坚持依法办事,鼓励检举揭发,但绝不助长告密之风。

贞观五年(631),太宗皇帝下诏说:"京城的各执法部门,近来奏请处决死囚,虽然按照我所说的反复奏请了五次,但是一天之内就复奏完毕,然后就执行了,连一点认真思考的时间都没有,这样的五次复奏有什么意义?又能起什么作用呢?纵然事后追悔,也来不及改正了。所以现在下诏特别申明:从今以后,在京城的主管机关请求处决死囚,应该在三天内复奏五次,天下各州三次复奏。"

太宗皇帝在这个诏书之后又亲自书写诏书,再次告诫京城有关部门:"近来执法官吏审判案件,大多依据法律条文,对那些虽犯罪但情有可原的也不敢违背法律规定,只是完全按照法律条文定罪,这恐怕会有冤屈。自今起,门下省再遇到按照法律应判处死刑但情有可原的,应该记录下案情上奏。"

显然,太宗皇帝已经考虑到要发挥顶层官员的关键作用,用权力机制影响有缺陷的律法机制。但如果问题就发生在高层,用什么来确保不出现冤案呢?唐太宗李世民也希望有一种机制能及时纠正高层的错误,因为他本人也曾对自己做过的一件错事追悔莫及。

这件事发生在贞观五年(631),当事人是大理寺丞张蕴古。事情是这样的:

当时相州有个叫李好德的人,精神有点不正常,疯疯癫癫、神经兮兮,常常说一些荒诞不经、诳时惑众的话,太宗皇帝就下令大理寺丞张蕴古审问这个案子。经过调查,张蕴古如实向太宗皇帝回禀,说这个人就是个疯子,而且有证据能证明这一点,所以这个人的疯言疯语当不得真,依法不应对他治罪。太宗皇帝也觉得张蕴古说得有道理,就答应了张蕴古,打算宽恕赦免李好德。张蕴古得知这一信息,就悄悄地将太宗皇帝的旨意告诉了李好德,还与李好德下棋。这件事被治书侍御史权万纪发现了,他就向太宗皇帝上奏弹劾张蕴古。太宗皇帝闻听此事,盛怒之下也不多想,下令将张蕴古在长安东市处斩。等到张蕴古人头落地、身首异处之后,太宗皇帝冷静下来前思后想,这才觉得自己这件事处理得太过草率,追悔莫及。

后来李世民还就这件事与房玄龄有过交流,太宗皇帝说:"你们接受君主的俸禄,必须把君主的忧虑作为自己的忧虑,事无巨细都应当留心在意。可是现在你们做得如何?我要是不询问,你们就不会主动发表自己的意见,遇到事情也不诤谏,难道你们就是这样为朕分忧的吗?就说张蕴古这件事情,他身为法官,与囚犯下棋游戏,向囚犯泄露朕的意思,这的确是重罪,但是依照律条,还不至于处以极刑。我当时盛怒之下,考虑不周,下令处死他,可是你们竟然不说一句话,有关部门也不复奏,人就这么被杀了,真是岂有此理!"

太宗皇帝从张蕴古这件事上检视自己的问题,也对诸位大臣提出批评。为了能够切实吸取教训,太宗皇帝颁布诏书,做出新的规定:凡是死刑,即便判处立即执行,也要坚持复奏五次,才可以最终执行。

说起这个张蕴古,还真是个不可多得的人才。贞观二年(628),他在幽州任职期间,就曾经写过一篇《大宝箴》上奏太宗皇帝,是难得一见的对君主进行规劝警诫的佳作。《大宝箴》大意是这样的:

"古往今来,纵观横看,只有君王掌握生杀予夺之权,然而要做好君王实在很难。居普天之下,处王公之上,有贡赋有进献,有群臣附和,谨慎恐惧之心日渐松弛,邪恶不正之情日渐隆升。谁又能想到忽略之时正是事变兴起之时,意外之处恰是灾祸发生之处。君王受命于天,救民于水火,济厄于黎民,造福于百姓;过错归于自己,爱心奉于众生。至光至明就不会偏照一方,至大至公就不会偏私数人;以一人治天下,而不以天下奉一人;用礼节禁绝奢侈,以音乐防止放纵;随四季调和身心,得失如日月星一样可见。不要说不知道,居至尊之位就当倾听下情;不要说没有危害,须知积小恶可以成大祸。乐不可极,乐极定生悲;欲不可纵,纵欲必成灾。无论多大多豪华的宫室,所居之处不过数尺,而暴君却用美玉来修造宫室;尽管面前摆满珍馐美味,所食之物

第二十六回 吞蝗虫太宗明志以农为本 论刑法群臣谨记务在宽平

不过数味,而放纵的暴君却储酒为池。在内不要沉溺于美色,在外不要沉迷于狩猎;不要看重难得的奇珍异宝,不要欣赏亡国的靡靡之音。沉溺美色祸害人性,沉迷畋猎扰乱人心;难得之物导致奢侈,亡国之音导致消沉。莫以至尊而傲慢侮辱有才能的人,莫以自明而拒绝规谏自己过错的人。处理政事,要有如履薄冰、如临深渊那样谨慎的态度……"

太宗皇帝也是因为看到这篇《大宝箴》才任命他为大理寺丞。只可惜,美好的开头并没有一直持续下去,而是以令人惋惜的悲剧为结局。

既讲法度,又要宽平,这的确不好把握,但太宗皇帝总能变通有度、刚柔得体。又一个案例很能说明问题:

贞观年间,盐泽道行军总管、岷州都督高甑生因为违背李靖调度,还诬告李靖谋反,被判死刑,后减免死刑,流放边关。这时有人上奏求情,理由是甑生乃是秦王府的功臣,看在他多年来建功立业的分儿上,希望对他从宽处理、从轻发落。

太宗皇帝却不这么看问题,他说:"甑生违背李靖调令,又诬告李靖谋反,罪有应得。虽然他过去在秦王府的功劳的确不应该忘记,但是治国要守法,处理事情必须有统一的标准和尺度。现在如果赦免他,就开创了法外施恩的先例,也等于开辟了一条侥幸逃脱法律制裁之路。从太原起兵以来,响应追随的人、征战有功的人很多,如果甑生获免,就会有很多人心存侥幸,那些有功之人可能都会去犯法,这样的后果和局面是非常严重的。我之所以不赦免甑生,正是基于这样的考虑。"

还有一个故事,却反映了李世民对部下的关心爱护。事情是这样的:

贞观十四年(640),戴州刺史贾崇因为部下有人犯了十恶不赦的大罪,被御史向太宗皇帝告发,要求追究贾崇对部下管束不严的连带责任。围绕这件事,太宗皇帝对侍臣发表讲话,表明自己的观点。

他说:"过去尧帝是大圣人,但他的儿子丹朱不成器;柳下惠是大贤人,但他的弟弟柳下跖罪大恶极。凭着圣贤的训诫教诲、父子兄弟的情谊,尚且不能熏陶、感化他们去恶从善,现在我们派遣一名刺史,就要让他去感化一州的民众,这怎么可能呢?如果因为所管辖之地有人犯罪,就追究这个地方长官的责任,对其贬降,这样一来,恐怕他们会一个一个地把事情掩盖起来,而这样处理的后果就是那些真正的犯罪之人就漏网了。因此,朕以为,各州有犯十恶不赦大罪的,不得随便牵连地方长官,刺史不一定要连坐,但必须要负起责任,认真查访,依律判刑。希望这样的安排有助于肃清奸诈作恶之人。"

贞观十六年(642),太宗皇帝特别对大理寺卿孙伏伽强调了自己一直奉行的宽平主张。

他说:"做铠甲的希望铠甲坚固,害怕铠甲不坚固使用者会受伤;做箭的希望箭头锋利,担心箭头不锋利就射不伤人。为什么会这样呢?因为是职责所在,只有铠甲坚固了、箭头锋利了,才说明他们的工作是称职的。我问过法官判刑的轻重,他们都认为现在的刑罚比过去朝代要宽松很多。可是我仍然担忧办案的官员以判人死刑作为自己称职的标准,以危害他人来显示自己的权威和高贵,抬高自己的身价,沽名钓誉。今天忧虑的,正在于此!我不得不再次告诫你,用刑务必宽大公平!"

欲知后事如何,且听下回分解。

第二十七回
辩兴亡唐太宗点题　论征伐房玄龄劝止

　　以史为镜,可以知兴衰,这是太宗皇帝李世民的重要观点。那么,面对历史不断演绎的王朝兴衰更替,他会有怎样的认识,又会做出怎样的选择呢?这回书就跟各位看官聊一聊。

　　话说贞观初年,李世民刚登上帝王宝座,就与大臣们探讨周、秦两朝得天下又失天下的相同与不同之处。在一次闲暇之时,太宗皇帝首先引出话题,他对侍臣们说:"周武王平定殷纣之乱,得到天下;秦始皇利用周室之衰,吞并六国而得到天下。从得到天下这一结果来看,周和秦好像没什么区别,但是二者的帝业、国运为什么会有几百年与十几年的巨大差异呢?"

　　尚书右仆射萧瑀回答了这个问题,他说:"商纣暴虐无道,天下共愤,武王伐纣,八百诸侯不约而同积极响应,与周武王会师灭商,最终武王得天下、建大周。后来周室衰微,但六国无罪,秦王嬴政专靠智谋和武力逐渐蚕食六国,最终取得天下。武王与秦王虽然同样平定了天下,但各自所处的人心、世情却大不相同,所以他们的帝业、国运也就大不相同。"

　　尽管萧瑀的说法也是符合历史事实的,但是太宗皇帝李世民并不认同这一分析,他说:"爱卿所言有所不是,事情不尽然如你所言。周朝取代了殷商之后,致力于扩大仁义、推行教化;秦朝达到目的后,却仍专行暴力、施行苛政。他们不仅取得天下的路径不同,而且守卫天下的做法也不同。因此,各自帝业长短不一,其中的道理就在这里!"

　　应该说,太宗皇帝看问题更深刻一些,起码不能用夺取天下的做法去保守天下。凭借武力甚至是暴力方式可以打下江山,但不一定能凭借武力坐稳江山。

　　贞观五年(631),太宗皇帝对侍臣说:"天道祸福吉凶是有规律的,善人得福而恶人得祸,这类事情是有应验的。远的不说,就说说隋朝,过去西北突厥族内乱,突利可汗战败,逃亡到长安向隋朝归降,隋文帝厚待突利可汗,封他为启民可汗,不惜人力、财力、物力,在朔州为其筑城,派兵守卫,才使他们生存下来,后来还帮助其复国,使他成为东突厥的首领,不久突厥富强起来了。

按理说他们子子孙孙都应当不忘隋朝对他们在危难之际的保护,对隋朝心怀感激之情,知恩图报才是。可是仅仅传位到启民可汗的儿子始毕可汗,他们就对隋朝用兵,进行侵扰,甚至把隋炀帝围困在雁门关。等到隋朝大乱,始毕可汗倚仗自己兵强马壮,深入隋朝境内。再到后来,帮助他们复国的隋朝灭亡了,他们兄弟自身也因为内斗而被杀死,到现在颉利可汗也被唐军大败,东突厥灭亡,这难道不是忘恩负义才导致的下场吗?"

面对太宗皇帝如此精到深刻的分析论述,群臣众口一词,都认为"陛下所言极是"。

太宗皇帝对群臣谈论颉利可汗的事,还真的引出一个重要话题,这里面有个故事,需要向各位看官说说清楚。

唐武德二年(619),颉利可汗即位,之后就连年入侵唐朝。到武德九年(626),正是玄武门之变后李世民刚刚登上帝位之时,突厥颉利可汗、突利可汗率领二十万大军进犯大唐,到达渭河便桥北面,派酋帅执矢思力来朝廷窥探虚实。执矢思力虚张声势地说,两位可汗领兵百万,现在已经到达城外。他要求得到朝廷答复好回去复命。

面对这样的场面,太宗皇帝淡定地说:"我与突厥曾当面议定和亲,你们违背了协约,我没有什么可惭愧的。我倒是想问一问你们,凭什么率领大军侵入我大唐京郊地区,还以强盛自夸?就冲这一点,我就应当先杀了你!"

思力害怕,请求饶命。这时,萧瑀、封德彝请求按礼节送思力回去,唐太宗李世民坚决表示不能这么做,他说:"现在如果放他回去,突厥一定会觉得我怕他,接下来的事情就不好办了。"于是派人把思力囚禁起来,然后对大臣们说:"颉利可汗听到我朝廷有内乱发生,知道我刚刚登上帝位,所以率领他们的军队径直前来,认为我不敢抵抗他们,好趁火打劫、乱中取利。我如果闭门自守,突厥必然纵兵大肆掳掠。强弱形势变化,就取决于我今天的一个决策。我决定独自一人出面,以此来表示对他们的轻蔑,并且展示我方军容气象,让他们明白我们有决心打仗,有能力打胜。这样处理,出乎他们的意料,就会打乱他们的企图和谋划。制服突厥,在此一举!"

于是,太宗皇帝单人独骑出城迎敌,来到渭河边,与颉利可汗隔河相视、谈笑自若,这样的举动使得颉利可汗一时间猜不透大唐皇帝李世民的意图。不一会儿,唐军大队人马陆续到达,颉利可汗看到唐军阵容盛大、队列整齐,

第二十七回　辩兴亡唐太宗点题　论征伐房玄龄劝止

而且也知道思力已经被拘禁,他的如意算盘完全落空,心生胆怯,不得已请求议和,订立盟约后罢兵而去。

一场迫在眉睫的战争,就这样因为唐太宗李世民这一有胆有识、有勇有谋的决策和举动,在顷刻间烟消云散,局势一下子转危为安。

一波刚平,一波又起,这次是南方各州告急。

贞观初,岭南各州纷纷上奏朝廷,报告高州酋帅冯盎、谈殿等人仗恃兵力,反叛朝廷。这两个人都是隋朝的武将,曾跟随隋炀帝征战,唐朝建立后,献地降唐,受封据守岭南高州。听到这两人带兵反叛,太宗皇帝便诏令将军蔺謩征调江南道、岭南道共计几十个州的军队,准备进行讨伐。

此时,秘书监魏徵谏言规劝说:"国内刚刚安定,旧有的创伤还没有复原,况且岭南地区瘴气弥漫,瘟疫时时发生,又山势险要,河流阻断,大部队行进路途遥远,难以接济,如果疾病瘟疫发作,其后果无法想象,那时后悔就来不及了。再者说,冯盎真的要反叛,就要趁朝廷尚未安定之时组成自己的联盟,派兵据守,阻断险要之处,还要劫掠州县,设置自己的管理机构。可是到目前为止,这些事情都没有发生,他的军队也没有越出自己的封地。这说明反叛的形势还没有形成,所以没有必要兴师动众、大动干戈。陛下到目前为止也没有派遣使者到那里去考察,即使让他来京师上朝陈述,也未必能证明清白。现在比较可行的办法就是派出使者,对他们动之以情、晓之以理,说明朝廷的意愿,这样不必动用大军,他们就会自己来归顺朝廷。"

太宗皇帝认为魏徵所言有理,就采纳了这个建议。结果也正如魏徵分析的那样,不费一兵一卒,岭南地区得以全部安定。有侍臣觉得不可思议,上奏说冯盎、谈殿往年经常互相征伐攻打,没想到陛下只派出一个使者就解决了问题,实现了岭南安定。

太宗皇帝对他们讲:"当初岭南各州都上报说冯盎反叛,我也打算派兵征讨,但魏徵多次谏言,认为只要采取怀柔策略,用恩德安抚他们,用不着出兵征讨,他们就会自己来归顺。我采用了魏徵的计谋,果然就收到奇效,使得岭南地区平安无事。这样的好建议,不费一兵一卒,就安定了岭南,真的胜过十万之师。"

因为这件事,太宗皇帝特意重赏了魏徵。

到贞观四年(630),类似岭南的事情又来了,有官员向太宗皇帝上奏,说林邑国所上奏章中有不恭顺、不尊敬的言辞,请求朝廷派兵讨伐。

太宗皇帝听说了此事，表示说："兵器是凶器，所以不到万不得已，不要轻易用兵。汉光武帝曾说，每一次发兵打仗，不觉之间头发胡须就变白了。自古以来，那些穷兵黩武、极度好战之人，没有不灭亡的。比如苻坚自恃兵力强大，就想吞并晋王室，结果一战而亡；隋炀帝心志满满，一定要拿下高丽，结果连年劳役，人民苦不堪言、怨声载道，最后自己也死在普通人手中；再说这颉利可汗，多年来侵扰我大唐，其部落也是疲于征战，被搞得精疲力竭，最终也落得个被消灭的下场。这些事情历历在目，看到这些，怎么能动不动就发兵征讨呢？一旦发兵，就要经历山川险阻，那些地方瘴气弥漫、瘟疫流行，如果我方士兵感染瘟疫，即便最终消灭了这个林邑蛮国，又有什么意义呢？对他们几句不中听的话，我压根儿就不放在心上。"

最终，太宗皇帝否决了征讨林邑国的提议。

对不敬者，太宗皇帝可以淡然处之；对于有意归附大唐者，太宗皇帝会怎么对待呢？

贞观五年（631），西域有个康居国，向大唐王朝提出请求，愿意归附。这个康居国所在地就是今天乌兹别克斯坦撒马尔罕一带。当时针对康居国愿意归附大唐这件事，太宗皇帝对大臣们表明了自己的观点：不予接受。

李世民为什么会有如此干脆拒绝的决定呢？他说："开疆拓土，是前代帝王致力于去做的事情，为了给自己死后留下美名，但这种虚名，对帝王自身没有什么好处，却使老百姓深受困苦。假如今天这件事对我有好处而对百姓有损害，我一定不会去做，更何况是徒有虚名而实际有害于百姓的事。再者说，康居国既然归顺了朝廷，那么有急难之事发生，朝廷就不能视而不见、置之不理。可是出手相救，就要劳师动众，兵行万里，这岂不太劳民伤财？一番折腾，劳人费力，而最终只落得个虚名，这样的事情不是我所追求的。综合考虑这些方面，朕以为康居国请求归附我朝廷一事，不必接纳。"

这就是一代明君太宗皇帝李世民的眼光和境界，在谋求做大做强这个重大战略问题上，不骛虚名，看重实效，始终以天下百姓利益为核心，将其作为决策和行动的最高原则，真的把名声看作浮云。

不仅如此，李世民对和亲政策也是从安定天下的角度来考虑。

贞观十六年（642），太宗皇帝与侍臣们商议国防安全问题，他发表自己的观点说："北方外族世代犯边入侵，现在延陀部落强盛壮大，对我大唐并不顺服，这迟早会成为边关大患，必须趁早对他们进行处置。我思来想去，反复考

第二十七回　辩兴亡唐太宗点题　论征伐房玄龄劝止

虑这个问题,觉得只有两条对策可以选择:这第一条对策,就是选派十万服劳役的人对他们发起进攻,进而控制他们,清除顽凶,可确保我大唐边境百年之内平安无事;这第二条计策就是和亲,答应他们通婚的要求,与他们联姻。我身为百姓父母,假如这样做有利于百姓,难道我还舍不得一个女儿?我了解他们的习俗,一般都是妻室主政,这样,我的女儿远嫁北方外族,生个儿子,就是我的外孙,他以后肯定不会侵扰我大唐。从这一点来说,起码三十年之内不会出事。就这么两条计策,你们看看哪一条更好?"

司空房玄龄回答说:"自隋代大乱之后,人口损失巨大,户口大半没有恢复。兵器凶恶、战争危险,圣明君主对此保持高度谨慎。陛下考虑的和亲政策,实在是天下之大幸。"

说到安边、和亲,就不能不说太宗皇帝征讨高丽的事情,因为高丽所发生的事情具有特殊性,不是通过安抚、和亲所能解决的。

贞观十七年(643),高丽发生大臣盖苏文谋杀君主、独揽政权的事情,太宗皇帝觉得这是不能容忍的。虽然以唐朝的兵力完全可以武力解决这个问题,但是太宗皇帝没有轻易用兵,而是决定动用契丹、靺鞨对盖苏文进行搅扰。对此他想听听大臣们的意见。房玄龄回应说:"自古以来,无不是以强凌弱、以众欺寡。如今陛下抚养苍生,爱护百姓,将士勇武,行有余力而不取,这才是止戈为武的境界。过去汉武帝屡伐匈奴,隋炀帝三征高丽,都导致人民贫苦、国破家亡,这样的历史教训还望陛下详加考察。"

太宗皇帝深表同意。

过了一年,还是因为盖苏文弑君犯上、迫害群臣、残害百姓这件事,太宗皇帝改变了自己的主意,主张进行武力讨伐。谏议大夫褚遂良劝谏太宗皇帝,发表个人意见:"陛下用兵可谓是神机妙算,无人能比。以前隋末大乱,陛下征战杀敌,平定贼寇;后来北方外族侵犯边关,西域外族违背礼节,陛下曾打算派兵讨伐,大臣们无不苦苦劝谏,只因为陛下英明的决断和独到的见解,终于很好地解决了这些问题。现在陛下决定要征讨高丽,臣下的心里都感到疑惑不解。虽说圣上英明,周、隋两代君主不可比拟,但是大军远征,渡过辽河,军事上必须攻无不取、战无不胜,万一不能限期取胜,就无法向远方显示军师威武,届时陛下一定会愈加盛怒,再调动更多军队去进攻。这样下去,后果不堪设想,安危难以预测。这一点还望陛下三思!"

太宗皇帝仔细想想之后，也觉得褚遂良言之有理。但是没过多久，太宗皇帝还是决定要亲征高丽。尉迟敬德奏言发表不同意见："如果陛下执意要去往辽东御驾亲征高丽，皇太子又在定州监国，这样洛阳、长安两座京城府库所在重地，虽有军兵把守，终究还是空虚、薄弱，再加上辽东路途遥远，臣担心发生不测之变。像征讨边远小国这类事情，用不着圣上亲自统兵。即使能够迅速取胜，也不足以称为武功；倘若久拖而不能取胜，恐怕要被人讥笑。以臣之见，这次征讨高丽的事情还是委派一个优秀的将领挂帅领兵，自当能够按时摧毁消灭之。"

尉迟敬德的一番话语十分有理，深得众位大臣的肯定，但遗憾的是，太宗皇帝并没有听从劝阻。

御驾亲征的事情还是在唐太宗李世民一意孤行之下上演了。

尽管太宗皇帝任命礼部尚书江夏王李道宗和李勣为先锋官，尽管李道宗和李勣不负圣命英勇出击、挫敌锐气，尽管各路大军志在雪耻、奋力拼杀，但最后还是没有取得战前所预想的全胜结果。可以说太宗皇帝亲征高丽的军事斗争是以失败而结束。

因此到了贞观二十二年（648），太宗皇帝打算重新组织军事行动，再征高丽。这时，司空房玄龄已经卧病在床，闻听此事，对儿子说："当今天下安宁，各得其所，各方面都安排得很得体到位，只是再征高丽这件事，成了国家的一大害。因为这是皇帝一个人心怀怒气做出的决定，各位大臣不敢犯颜进谏，不敢说出与皇帝意见不同的话。我深知这背后的严重性，如果不进谏的话，将会含恨而死。"

此情此景，此时此刻，房玄龄顾不得那么多，于是上表进谏，一份情真意切、分析透彻、用心良苦的高水平长篇谏言就这样诞生了，并且流传后世。这篇谏言奏章大意如下：

"臣听说战争的可恶之处就在于征伐不息，而武功的可贵之处在于止戈罢兵。当今陛下教化延伸至边远之地，历史上那些不愿臣服的现在已经臣服，那些不能控制的现在已经完全控制。作为心腹大患的突厥，陛下以运筹帷幄之神策，使他们的可汗一个个相继束手归降，愿意充当帝王的守护卫士；即便有延陀可汗趁机侵犯我大唐，也迅速被剿灭；铁勒诸部仰慕我大唐礼义，自愿归附，接受大唐辖制。沙漠以北，万里之地无战事，一派安定。高昌在西北疆域跋扈飞扬，吐谷浑在积石关外进退不息，只是就近讨伐也全被荡平；高

第二十七回　辩兴亡唐太宗点题　论征伐房玄龄劝止

丽历代逃过了被诛伐,不可一世,陛下谴责他们叛逆作乱、弑君虐民,亲自统率大军兴师问罪,前后十余天就占领辽东,虏敌数以万计,洗雪前代屡战不胜的耻辱,掩埋以前阵亡将士的枯骨,功劳和德行超过前代帝王万倍。这些都是圣上自己知道的事情,微臣怎么能够叙说得周全翔实呢?

"陛下仁德散布四方,孝德匹配高天。看到四邻夷狄即将覆亡,就能预知需要几年的时间;委任将帅管辖军队,可在万里之外临机处置;能关注并预判到的社会局势和气象之变,与各地送来的情报相符如神,没有差错;任人唯贤,在士兵中选拔将领,在平凡人中选拔官吏。陛下平易近人,对远国的使者可以一见而不忘,对朝中小臣可以知其名而牢记;喜欢阅览历史典籍,留意文化修养,书法超群,文采卓越。陛下对百姓心存仁慈,对群臣以礼相待;能表扬细小的好事,放宽严苛的刑罚;善于倾听逆耳之谏言,拒绝阿谀之谗言;有好生之德,存恶杀之仁。陛下曾降低高贵之身为李思摩吸吮箭伤,屈尊天子之躯到魏徵灵前哭吊致哀;痛哭哀悼阵亡将士,感动六军;背柴草为军士铺路,感天动地;重视黎民生命,亲自过问百姓官司。我觉得自己的见识还不够清晰高远,怎能议论圣功之深远、天德之高大呢?陛下兼众美之德于一身,微臣深切恳请陛下珍重之、爱惜之,保护好它。"

房玄龄用了两大段文字,表达自己对太宗皇帝文治武功、历史功劳的高度赞颂,那么接下他还要说些什么呢?

欲知后事如何,且听下回分解。

第二十八回
妃嫔议政说征伐　太宗反思话安边

书接上回。

话说房玄龄在病中依然关心朝政,听说太宗皇帝打算再度征讨高丽,他决定犯颜直谏,于是上奏章发表自己的意见。这篇奏章用两大段文字先高度赞颂了太宗皇帝的武功和德治,接下来他话锋一转,继续表达他的肺腑之言,我们接着为各位看官介绍。

房玄龄在奏章里说:"《周易》里说:'知进而不知退,知存而不知亡,知得而不知丧,就会做出令自己后悔的事情。'又说:'知进退存亡而不偏离正道,能这样做的就是圣人。'由此而言,有进就应该有退,生存之中隐藏着消亡的契机,获取之中存在着丧失的可能。老臣为陛下惋惜的原因,正在于此。《老子》上说:'知道满足就不会受辱,知道适可而止就不会陷入危险。'臣觉得陛下的威名功德,算得上是很充足了;拓地开疆,也该适可而止了。像高丽这样的边远之地、低贱一族,不值得待之以仁义,不可能约之以常礼,自古以来,就把他们看作鱼鳖虾蟹来饲养,适合以宽松、简略一些的政策来对待。如果一定要灭绝他们,我非常担心会导致困兽犹斗的局面,他们在走投无路的情况下会绝望、决绝地拼死反扑。况且陛下对于处决死囚,也要求三复五奏、进素食、罢音乐,就是因为人命关天,感动了陛下的慈悲之心。再者,今天这些兵士,本身没有罪行,却无故被派到战场之上,身处刀剑之下,使他们肝脑涂地、灵魂无归,让他们的老父孤儿、寡妻慈母望着运载棺材的车子掩面哭泣,手捧遗骨而伤心欲绝,这实在是天下的冤屈和悲痛!再者,刀兵是凶险之器,战争是危险之事,都是不得已才使用。如果是高丽违背了臣服的礼节,陛下要诛灭征讨是可以的;他们侵扰百姓,陛下要消灭是可以的;长期成为我大唐边关之祸患,陛下要清除也是可以的。三者有其一,即便一天杀敌过万,内心也不会有愧疚之感。可是现在他们并没有这三条,却要烦劳我国百姓和士兵,于其内为高丽过去的君主雪耻,于其外为新罗国报仇,这种事情难道不是所得甚小而损失太大吗?

"我希望陛下遵守远祖老子'知足不辱,知止不殆'的训诫,以保持万代巍魏之名,施发盛大的恩惠,降下宽大的诏令,顺应阳春之象以广布恩泽,允许高丽改过自新。如果可以烧掉能渡海的战船,停止招募能打仗的士卒,那么自然百姓庆幸,远邦恭敬,国内安宁。我年老多病之躯,不定早晚就死去,悔恨的是不能化作尘土和露水,为高山大海稍有增补。今天谨借此残存的魂魄和剩余的气息,聊表微臣对陛下结草报恩的竭诚之心,如蒙圣上采纳我临终前的这几句话,微臣身死而不朽。"

太宗皇帝看了房玄龄的奏表,叹息不已,说:"他病重到这个地步,还在担忧国家大事。"

尽管太宗皇帝没有采纳房玄龄的劝阻,但这篇奏表的确算得上不可多得的佳作。

贞观二十二年(648),也许就是太宗皇帝的多事之秋,这一年由于军队屡次行动,宫室交错兴建,百姓劳弊,疲困不堪。这时,身处后宫、身为九嫔之一的充容徐惠上疏谏言,对太宗皇帝的行为提出规劝。

嫔妃上奏谏言在历史上并不多见,更何况这还是发生在群臣敢于谏言的大唐贞观年间。嫔妃上奏谏言,似乎有后宫干政之嫌,或者会让人觉得一个妇道人家能说出什么大道理呢,充其量不过妇人之见罢了。

情况果真如此吗?读过徐妃的奏章,你会为自己刚才的那些认识感到羞愧难当。虽说是妇人之见,可是她的识大体、顾大局、深刻剖析、明辨利弊、引经据典、遣词造句,无不展现出一代才女的神韵风采。我们给各位看官说说徐妃的这份长篇奏章:

"贞观以来,已经有二十多年,风调雨顺,五谷丰登,百姓没有水旱之患,国家没有饥馑之灾。从前,汉武帝不过是守成的平常帝王,还用刻玉之符举行封禅大礼;齐桓公不过是诸侯国平庸之君,也还打算会盟诸侯,举行封禅大典。陛下能推让功劳而保持谦逊,辞让功德而不居功自傲,亿万百姓一心向往,陛下尚没有举行事业告成之后祭祀上天的仪式。这样的功德,超过了百王,盖过了千代。坚守初心,保持始终,圣人先哲都很少兼备。这就可以理解为什么功业巨大的人很容易骄傲,希望陛下重视、正视这一点;善始者难终,希望陛下可以改变这一点,做到善始善终。

"臣妾看到最近几年,徭役和兵战同时进行,东有辽海征高丽之战,西有昆仑平龟兹之役。军士马匹,甲胄在身疲于奔命;艄公车夫,忙于转输叫苦不迭;招募来驻守边疆的士兵,不管是离开的还是留下的,都怀有生离死别之悲痛;因为有风雨浪涛的阻碍,人员和粮草都有漂散沉没的危险。一个农夫辛劳耕作,一年所获不过数石,而一船倾覆就是数百石之多,这相当于用有限的劳作所得去填补无穷的巨浪之口;图谋不能得到的他国之民众,却丧失了已经成建制的我军将士。虽然说除凶伐暴是国家政治的常规所在,但是滥用武力也是先哲所禁止的行为。从前,秦始皇吞并六国,反而加速了秦朝的灭亡;晋武帝占有魏蜀吴三国,却很快导致倾覆失败。这难道不是他们自恃有功、自负强大而放弃道德、轻视国家,贪图利益而忽视危害、放纵私欲的结果吗?悠悠六合天地四方虽然广阔,也不能拯救他们的灭亡;嗷嗷黎庶饥寒之众因为疲困,而成为埋葬他们的力量。从这里可以明白,地域广阔并不是长治久安的策略,人民劳苦才是容易发生动乱的根源。希望陛下广布恩泽、大施仁义,同情民弊、体恤民苦,减少百姓服役奔波之苦,增加百姓雨露滋润之惠。

"臣妾又听说,治理国家的根本原则,在于为君者奉行无为而治,尽可能不要瞎折腾。我个人以为,土木建设的工程不可以同时进行很多项目,现在北边的皇宫刚刚修建,南边终南山的翠微宫修造还未超过一个季节,玉华宫修造工程又开始了。虽说巧借了地形风水,但并不意味着可以省去建造架构的辛劳。即使工程一再要求节俭,也还是有人工、物力的耗费;即便最终用茅草盖房以示节俭,也还有土木修造的耗费;即便由官府出资雇佣劳力,还是有烦扰百姓的弊端。宫室简陋、饮食简单,是圣明君主的安心追求;金玉雕饰楼台,是骄奢之主的浮华作为。所以有道的明君,用安逸之法使百姓获得安逸;无道的昏君,只知道用音乐来愉悦自身。希望陛下根据农时合理使用民力,则民力不竭、民利不尽;役使百姓而又让百姓休养生息,那么民心愉悦,百姓就不会有怨恨。

"珍奇和技艺巧妙的玩物,其实是丧国的斤斧利器,珠宝玉器和华丽锦绣,其实是迷惑心志的鸩毒。臣妾眼见穿戴把玩的东西鲜艳华丽,就像从自然中幻化出来的,各地各国进贡的奇珍异宝,仿佛神仙所造。在衰微的世俗里展示华丽的东西,就是败坏淳素敦厚的风俗。由此可知,漆器本身并不是导致反叛的原因,但夏桀制造了漆器而招致诸侯反叛。玉杯难道是招来横祸的东西吗?但纣使用了玉杯而国家灭亡。考察这些奢侈败亡的根源,不能不加以遏制。在节俭方面制定法令,还担忧会有令不行;在奢侈方面制定法令,还恐怕有禁不止,怎么约束后来者?希望陛下明察尚不明显的苗头,智慧周全而广阔。历代帝王治理与混乱的踪迹、安定与危亡的教训、兴旺与衰败的

第二十八回 妃嫔议政说征伐 太宗反思话安边

理数、得失成败的关键,陛下早已铭记在心,循环往复于眼前,也在不停思考,不需要臣妾来说明一二。只是了解这些并不困难,而要实行起来则的确不容易。心志骄傲往往发生在功业显著之际,放纵自己常常发生在时局安逸之时。恳切希望陛下抑制心志、慎终如始,不断改正轻微的过失而增添高尚的道德,不断用今天的正确来取代昨天的错误,那么鸿大的名声将如日月一般无穷,盛大的事业将如天地一般永存。"

说到这里,一篇出自后宫嫔妃之手的大作就介绍完了。这份奏章,深深打动了太宗皇帝李世民,他很赞赏徐妃所说的话,特别以优厚的赏赐来表示。说到这位后宫嫔妃徐惠,不仅人长得貌美如花,文才更是出众。说来也巧,她出生在贞观元年(627),贞观二十三年(649)唐太宗李世民去世,她哀慕成疾,又不肯服药,仅仅一年之后就病逝了,只活了二十四岁。

话分两头。尽管我们说兵者凶器、战者危事,可是国不可无防,防不可无兵,兵不可不战,战不可不胜。这就不可避免牵扯到安定边关的政策选择。且看《贞观政要》对贞观年间安边之策所做的总结梳理。

贞观四年(630),李靖统兵打败突厥颉利可汗,突厥部落大多数归降唐朝。太宗皇帝诏令群臣讨论安定边境的政策和办法,中书令温彦博提议:"可以在黄河以南一带安置突厥,保全他们的部落,保留他们的习俗,可为安抚之举;用他们充实人口稀少的地方,此乃养育之道。"

太宗皇帝觉得这个提议不错,决定照此办理。这时秘书监魏徵提出反对意见。

魏徵认为:"匈奴自古至今,世代侵犯边关,百姓怨恨。现在陛下因为他们归降,不忍诛杀他们,那就应当立即遣返他们回到旧地,令居其故土。匈奴族跟我们不一样,他们强大的时候必定会入侵劫掠,衰弱的时候就会俯首称臣,不顾恩德信义是他们的天性,对此不可不防。秦汉两代就是这样受他们祸害,所以才不断派猛将领兵攻击,收回他们在黄河以南的设置。陛下现在为什么要开放内地供他们居住呢?况且现在归降者有十几万之众,几年以后,生育繁衍就会超出数倍,这么多人住在离我们很近的地方,太靠近京城,犹如心腹之疾,必成后患,所以万万不能将他们安置在黄河以南!"

围绕如何安置突厥归降部落这件事,温彦博与魏徵两位大臣各执一词,针锋相对。温彦博认为接纳、安置归降部落,可以体现出皇帝对他们的怜悯、厚爱,他们会感激不尽,不会反叛;魏徵则从晋武帝安置胡族于都城附近,几年后被攻陷长安、洛阳,导致晋朝灭亡这一惨痛的历史教训出发,坚持认为太宗皇帝如果实行温彦博的主张,无异于养虎为患。

遗憾的是,太宗皇帝最终还是采用了温彦博的建议,在东自幽州西至灵州,大致就是从今天津市武清区、北京市通州区、河北省永清县到宁夏回族自治区中卫市一带,设置四个都督府安置突厥部落,突厥人居住在长安的就将近一万家。

时间到了贞观十二年(638),也就是魏徵所说的几年之后,还真就出事了,而且是特别重大的事。太宗皇帝驾临九成宫,突利可汗的弟弟阿史那结社率暗中勾结他的部众,支持突利可汗的儿子贺罗鹘在晚上突袭太宗皇帝住宿处,结果事情失败,这些人都被逮捕处死。太宗皇帝从这件事情上开始认识到突厥不可靠,意识到问题的严重性,后悔当初在内地安置他们,后悔没有听从魏徵的建议,于是决定立即遣送他们的旧部回到黄河以北地区。太宗皇帝还借这件事对大臣们总结说:"我们的百姓,是天下的根本;外族民众,如同枝叶。损伤根本来厚实枝叶,以求平安无事,看来是不可行的。当初没有采纳魏徵的建议,几乎丧失了长治久安的方略。"

其实当时在贞观四年(630),不仅是魏徵不同意在黄河以南地区安置突厥归降部落,还有杜如晦的弟弟、时任给事中的杜楚客也极力反对。尽管太宗皇帝嘉奖了他的建议,但由于当时一心致力于怀柔政策,最终还是没有听从杜楚客的建议。

当时突厥部落首领归降的人很多,太宗皇帝对这些人都授予将军、中郎将的官职,将他们安置在朝廷中。据统计,五品以上的就有百余人,占到朝中官员的一半。整个突厥部落只有拓跋赤辞不肯归顺,太宗皇帝就派遣使者招抚,使者往来频繁,不绝于道。看到这个情况,凉州都督李大亮上奏章说:"这样做只是浪费国家钱财,于国家没有什么好处。远的有秦汉,近的有隋朝,动静安危的情况很清楚。对那些自称附属国而愿意归附的人,可以笼络他们、收容他们,让他们居住在塞外,他们必然畏惧皇家威严,感怀皇帝恩德,永远作为附属国,这才是行恩惠之名而收实在之利。近来突厥人口大量流入国内,在内地安置,离京城不远,虽然是宽大仁慈之举,但绝非长治久安之策。

时间一长，他们人数增多，对朝廷来说一定不是好事。"

遗憾的是，李大亮的奏章也没有被太宗皇帝采纳。

贞观十四年（640），侯君集平定了高昌，太宗皇帝想把高昌国划为州县进行管辖。魏徵表示反对，黄门侍郎褚遂良也表示反对，但太宗皇帝执意这么做，在高昌国设置西州，在西州设置安西都护府，每年派遣一千多人驻守在这个地区。

两年以后，即贞观十六年（642），西突厥派兵侵犯西州，太宗皇帝召集侍臣商议对策，并且对自己以前的做法进行了反思。他说："我听说西州有紧急情况发生，虽说不至于造成严重危害，但岂能无忧无虑、不予关注呢？当初刚刚平定高昌，魏徵、褚遂良就劝朕立麴文泰的后代为王，令其依旧作为一个国家存在，我竟然没有采纳这个意见，现在很后悔和自责。想那汉高祖刘邦率大军迎击匈奴，在遭遇平城白登山围困之后，痛定思痛，采纳娄敬的'和亲'建议并重赏娄敬；再想那袁绍因为没有听从田丰的建议而在官渡之战中大败，自感羞愧难当，却又好面子，回来就杀了田丰。我经常以这两件事作为鉴戒，又怎么会忘记劝谏过我的人呢？"

太宗皇帝为什么在这个时候要特意提到汉高祖刘邦和袁绍的故事呢？他似乎是想借这两个历史故事传递一个明确的信号，那就是刘邦从善如流，即便是出身卑微的人，只要说得在理，就接受采纳；反观袁绍，虽有高参出谋划策提出好的建议，但他并不接受，死要面子活受罪。

毕竟太宗皇帝在如何安置外族归降者的问题上固执己见，不接受规谏，一方面彰显了他独有的大气胸怀和仁义恩德，成为大唐开放包容气象的标志，另一方面也因为怀柔政策而消耗国力太甚，而且不断受到这些归降者反叛的忧扰，所以他的反思、自责、后悔也就是情理之中的事情了。

欲知后事如何，且听下回分解。

第二十九回
行幸莫忘议政　畋猎尚思安危

人都有兴趣爱好,帝王将相概莫能外。

很多时候,致力于自己感兴趣的事情,满足自己的喜好欲望,往往令人身心愉悦、心旷神怡,能获得爽快的感觉。身为一国之君,拥有至高无上的权力,可以最大限度地调动资源,动用人力、物力、财力来为自己服务,这样的事例在历史上比比皆是,隋炀帝就是这方面的典型。

那么,对于刚刚登上帝位的李世民来说,他对这个问题的认识,就不仅仅是个人看法,更重要的是会影响到如何治国理政,如何做好开局,如何树立朝廷风尚,如何引领社会风气。用今天的话来说,就是应该追求怎样的个人情操,如何培养领导干部的道德节操,如何避免在声色犬马、灯红酒绿、纸醉金迷中迷失自我,如何不重蹈隋炀帝败亡的覆辙。

这回书我们就为各位看官聊一聊太宗皇帝李世民如何看待帝王巡幸、游猎之事。

话说贞观初年,太宗皇帝对侍臣发表讲话指出:"隋炀帝广造宫室,大兴土木,用以满足他巡幸出游、纵情享乐的私欲。从西京长安到东都洛阳,离宫别馆排列在道路两旁,甚至到并州、涿郡也还是这样的。驰道宽阔达数百步,两边植树加以美化修饰。国家的人力、物力都被耗费在这些方面,百姓不堪其苦,纷纷聚集起来做了盗贼。到了隋朝末年,就连一尺土、一个人也不再属于隋炀帝。从这个情况来看,大规模建造宫室,经常出游行幸,除了劳民伤财,究竟有什么好处呢?这些情景都是我亲眼所见、亲耳听闻,足以深深地引以为戒。所以我不敢轻易动用人力,不敢轻易耗费国家财力来满足自己的私欲,只希望能够让百姓安居乐业、没有怨言、不生叛逆。"

到贞观十一年(637),太宗皇帝巡幸洛阳宫,在积翠池乘船游览。泛舟水上,他回头对跟随的大臣们说:"这些宫苑都是为隋炀帝建造的,他驱使老百姓尽力建造这些雕饰华丽的东西,却又守不住这样一座都城,因为他从不为百姓着想。他喜好不停地出游巡幸,百姓却不堪忍受劳役和摊派。《诗经》上

第二十九回　行幸莫忘议政　畋猎尚思安危

说'何草不黄,何日不忙''远近各诸侯国,布帛被掏空',大概就是指隋炀帝这种情况。他的荒淫无度,终于使天下人因怨生叛,自己也落得个身死国亡的下场。现在这些宫苑全都归我所有,我就在想,这隋朝倾覆败亡,难道只是因为昏君无道吗?恐怕也有辅佐大臣不贤良的原因吧?比如宇文述、虞世基、裴蕴这帮人,居高官、食厚禄、受命于君,却只知道用花言巧语阿谀逢迎,蒙蔽帝王视听。这样的情形之下,怎么可能不败亡?"

司空长孙无忌上前答话说:"隋朝灭亡,就其君而言,是因为堵塞了忠诚正直的言论;就其臣而言,是因为贪生苟且,只知道保全自己。左右的人有了过错,从一开始就不纠正和检举,盗贼滋生蔓延,也不据实奏报。从这一点来说,就不仅仅是上天要灭隋,实在是他们君臣之间不能互相匡正过错的结果。"

唐太宗李世民表示:"既然我与你们承接了隋代留下的这个烂摊子,就必须君臣一心,发扬光大治国正道,坚决革除诸多弊端,改变社会风气,使千秋万代长治久安。"

过了两年,在贞观十三年(639),太宗皇帝又一次和魏徵等人谈论自己对这个问题的认识。他说:"隋炀帝继承文帝遗留的事业,国内富足,如果能长期据守关中,岂能倾覆败亡?只是他不顾及百姓利益,出游行幸没有限度,不听从、不接纳董纯、崔象两位大臣的谏言规劝,执意巡幸江都,结果丢掉了性命,也葬送了国家,为天下人所耻笑。虽然有说法认为帝位的长久或短暂是天意所定,但是祸福善恶的报应还是由人的行为决定的。朕经常思考这些问题,如果想要使君臣长久相安,国家没有败亡的危险,那么每当君王有过失违理之处,臣子就必须极尽所言,敢于劝谏。我听到你们的规劝,纵然不能当时立即听从,经过再三思考,也一定会接受、采纳好的意见。"

唐太宗李世民的观点很有代表性,联系到具体实践中,这涉及一系列的问题:

每当最高领导人有过错的时候,其他高管要不要立即指出呢?

肯定要!

指出过错,领导会不会立即改正呢?

不一定!

领导会不会打击提意见的人呢?

也许会!

那还要不要坚持提意见呢?

要坚持!

既然领导有可能打击,为什么还要坚持提意见?

因为坚持正确、指出过错是高管的职责所在,发现错误而不指出,要么是失职渎职,要么是苟且自保,都不可取。

指出最高领导的过错,也许会给自己带来意想不到的不好遭遇,但这就是从业代价,是职业成本,是各位高管在职业工作中必须面对的挑战。同时,要相信最高领导的素质和境界,诚如唐太宗李世民所说的,即便当时面子上过不去,情绪上受不了,可是经过三思,一定会分清孰是孰非、谁对谁错,一定会做出正确的选择,一定会还公道给敢于仗义执言之人,一定会给阿谀奉承之人应有的处罚。

各位看官,我们以畋猎为例,看看他们君臣之间发生的故事。

秘书监虞世南因为太宗皇帝喜欢打猎,觉得有必要提醒,使其适当节制,于是上奏谏言,大致的意思是:"臣听说秋冬打猎是历来的传统,对于箭射猛兽、追逐飞禽,前人都有详尽的告诫,希望陛下利用听政阅奏的空余时间,顺应时令进行狩猎。亲自上阵射杀野兽、格斗顽熊、击毙虎豹,驾车疾驰追逐猛兽,就像铲除凶暴,保卫百姓;收集兽皮、羽毛,用来扩充军械;举起旌旗,遵循古老的仪式,向宗庙敬献猎物。这些活动既有象征意义,又有实际作用。但是现在,陛下乘坐的舆车金雕玉饰,清理好道路才出行,这主要是考虑到天子之躯关乎社稷安危,万民牵挂,不能有任何闪失。因此历史上就有司马相如直言劝阻汉武帝追逐野兽,张昭严肃规劝孙权骑马射虎这样的案例。我虽微不足道,岂能忘了这个道理?现在狩猎频频,所获甚多,赏赐丰厚,皇恩浩荡。希望陛下能有所节制,暂且停车收箭,不要拒绝鄙陋之人如涓涓细流一般的建议,把赤身空拳、徒手搏斗的事情交给一般人去做,给后世帝王留下光辉的典范。"

这份奏章文辞优美,情真意切,难怪太宗皇帝也深表赞赏。

当然,有些时候,大臣们也会委婉甚至是幽默地表达自己的意见。

有一次,谏议大夫谷那律跟随太宗皇帝出行打猎,在途中遇到下雨,太宗皇帝就问谷那律:"油布雨衣要怎么做才不会漏雨?"谷那律回答说:"如果用瓦来做一定不会漏雨。"这句话听起来很幽默,意思是待在屋子里就不会淋雨,其实他要表达的真正意思是希望太宗皇帝不要过多游猎。太宗皇帝当然听出了他话里的意思,很高兴地采纳了谷那律的意见,并且又是赏帛又是赏金,以示嘉奖。

贞观十四年(640),太宗皇帝幸临同州沙苑打猎,也许是太尽兴的缘故,他亲自与猛兽格斗,常常是一大早出发深夜才回来。太宗皇帝如此行为,引起魏徵高度关注,他立即上奏说:"臣听说《周书》里赞美周文王不敢在打猎时玩乐,《左传》记载后羿因嗜好狩猎不理国事而被杀。"

接着,魏徵讲述了汉朝历史上的三个故事来增强自己奏本的说服力。这第一个故事,说的是有一次汉文帝行进中遇到陡坡,想驱车飞奔而下,随从袁盎拉拽住缰绳劝阻说:"圣主不乘坐危险的车子,行为不心存侥幸。今天陛下快马飞车驰骋在危险的山路之上,如果马惊车翻,陛下身有不测,如何对得起先祖?"这第二个故事,说的是汉武帝喜欢与猛兽搏斗,司马相如劝谏说:"即便力大如乌获、迅捷赛庆忌,可是野兽中也有异常凶猛的,如果仓促中遇到特别凶悍的野兽,惊骇之下找不到存身之所,这时力大无穷、箭术精湛也无法施展,枯枝烂叶也会成为逃生的阻碍。即便是万无一失没有祸患,可这些事本来也不是天子应该做的。"这第三个故事,说的是汉元帝到郊外祭祀天神,顺便留宿,为的是能够借机打猎。随从薛广德上奏说:"我看到关东地区已经很困苦了,百姓遭灾,每天敲着亡秦丧钟,唱着靡靡之音,士卒暴露在旷野之中,随从官员劳苦疲倦。陛下如果想安定社稷,为什么不以暴虎冯河死而无悔那样的冒险之举作为鉴戒呢?"

说到这儿,有必要解释一下"暴虎冯河"这个成语典故,"冯"字在这里读作"凭"。暴虎,是说赤手空拳与老虎搏斗,冯河是说不顾生命危险涉水过河。暴虎冯河死而无悔,是说一个人胆大不要命,一点也不值得推崇。孔子曾经对他的学生子路明确表示,他不会与暴虎冯河死而无悔的人一起共事,而更愿意与那些"临事而惧、好谋而成"的人组队搭班子。

讲完了历史故事,魏徵说:"臣私下认为,这几位帝王难道是木石之心,一点儿也不喜好驰骋游猎之乐趣吗?当然不是,但他们都能割舍这些情趣喜好,克制自己,听从臣下之言,这绝不是为了自身,而是为了保全国家、安定天下。臣听说陛下近来出外游猎,亲自与猛兽格斗,清晨早早出去到夜晚才迟迟归来,以万乘之尊,于昏暗中在荒郊野外行走,穿深林、过草地,这样的行为十分危险,绝对不是万全之计。愿陛下也能割舍个人在这方面的兴趣爱好,停止与猛兽格斗的娱乐,为宗庙国家安危着想,安抚百官、安定百姓。"

魏徵明确表示不希望太宗皇帝如此冒险,希望他收敛打猎的兴趣爱好,把更多心思用在治国理政上。太宗皇帝看过之后,回复魏徵说:"昨日之事实属我偶尔犯糊涂,不是一直如此。当然了,我也会以此为戒,永记在心。"

　　唐太宗李世民向魏徵承认错误,也要给自己找个台阶,所以强调只是偶尔犯错。

　　到了这一年的十月份,太宗皇帝又想要外出打猎,这次准备去栎阳。这个栎阳,在历史上可称得上赫赫有名,是战国时期秦国的国都,秦孝公力主改革,重用商鞅变法,就是从这里开始的。刘邦称帝后听从大臣娄敬的建议,入主关中,也是以这里作为临时国都,两年后才正式迁都长安。栎阳的具体位置就在今西安市阎良区武屯街道附近,行政区划上属于西安市临潼区。

　　当时的栎阳县丞,是一个叫刘仁轨的人,这个人比较务实,也敢于直言,他以庄稼收割尚未完结,此时不是君王顺应时节外出打猎的时间为理由,专门到太宗皇帝的行营上表面奏,恳切谏言劝阻。太宗皇帝闻奏之后,取消了打猎之行,而且有感于刘仁轨的忠诚正直,擢升他到新安县任县令。

　　欲知后事如何,且听下回分解。

第三十回
吉兆无非天象　慎终全赖人为

虽说世间事无奇不有,但都有因果关联,任何一件事情的发生,总有其必然性,有一定的原因,所以凡事要透过现象看本质。

可这话说起来容易,做到却很难,尤其在有些时候有些事有些人再加上有些说法,就很容易使人因一种现象而生发出一些感慨,甚至做出一些选择和决定,比如历史上一直普遍存在的将某些自然现象与社会现象相联系,导致人们相信"世有不公,天有异象"等。

唐太宗李世民执政的贞观年间,也遇到过类似的情况。那么,一代明君又是如何看待这些事情的呢?

话说贞观六年(632),太宗皇帝因为一件事对侍臣发表专题讲话,他说:"我近来发现很多人议论不断,把出现吉祥征兆当作大事、喜事、美事,频繁上奏贺表。但是依照我的本心意愿,只要天下太平,百姓殷实富足,即便没有出现祥瑞之兆,也是康宁盛世,也可以和尧舜相媲美。相反,如果百姓不富足,外族侵扰不断,纵然有灵芝仙草生长在大道两旁,凤凰在园囿栖息,与桀纣统治又有什么不同呢?

"曾听说后赵石勒执政时,有个地方官员烧连理木煮白野鸡肉吃,这两样东西都被看作是吉祥征兆,这怎么能说石勒是明君呢?再比如说隋文帝,特别喜欢吉祥征兆,安排秘书监王劭穿着礼服,在朝堂之上带领各州进京汇报工作的朝集使盥手、焚香,诵读《皇隋感瑞经》。以前听说这件事,觉得很可笑。作为一国之君,应当大公无私地治理天下,以此获得万众欢心。过去,尧舜为君,高高在上,百姓尊敬他们如同尊敬天地,热爱他们就像热爱自己的父母。他们无论做什么事,人们都乐意参加;他们发号施令,人们都愉悦地接受。这才是最大的祥瑞。所以我决定从今以后,各州所出现的吉祥征兆,一律不用上奏说明。"

各位看官,这里有必要给大家说明一下。其实,按照唐《仪制令》,对于哪些现象是吉祥之兆是有明确界定的,而且划分为大瑞、上瑞、中瑞、下瑞四类,像灵芝草、连理木等属于下瑞。

太宗皇帝说出现祥瑞之兆可以不必上奏,那么如果出现凶兆又该如何呢?

贞观八年(634),甘肃陇右一带发生山体崩塌,大蛇巨蟒多次出现,山东及江淮地区也经常发大水,形成水灾。这些异常现象引起了太宗皇帝的注意,于是他询问侍臣这是怎么回事。

秘书监虞世南回奏太宗皇帝的话很有意思。他没有直接回答,而是通过讲述历史上一系列类似的事情,最后才给出自己的建议。他说:"这样的事历史上就曾经发生过。春秋时,晋国梁山崩塌,晋景公召大夫伯宗询问,伯宗回答说:'国家以山川为主,所以山川崩塌、河水干涸发生以后,国君进食不奏乐,不穿华丽的衣服,不乘坐装饰彩幔的车子,献礼祭祀神灵。'晋景公听从了伯宗的话,也这么做,所以晋国没有发生更大的灾害。汉文帝元年(前179),齐、楚一带有二十九座山峰同一天崩塌,河道堰塞,导致洪水泛滥。文帝命令各郡各公国不要来朝廷贡献物品,而是施惠于天下,救济百姓,远近的人都欢乐融洽,因此后来也没有发生次生灾害。后汉灵帝时,有青蛇出现在朝堂御座旁;晋惠帝时,有长三百步的大蛇出现在山东闹市区。按说蛇应该在草野之中,但进入朝廷、闹市,就是很奇怪的事情了。现如今大蟒蛇出现在山野之中,不足为怪,因为它本身就应该在那里;山东江淮地区雨水充沛,也属正常现象。只是阴雨天气过久,恐怕民间会传言议论有冤案发生,应该复审在押的囚犯,或许这样才符合天意,才不会引发蛊惑人心的邪说歪论。相信邪不压正、妖不胜德,修德之道才是消灾之法。"

这个虞世南真的是反应敏捷,他利用太宗皇帝咨询的机会,通过讲述历史故事,很巧妙地把纠正冤假错案的建议融入应对自然灾害的举措之中。当然太宗皇帝也听出了他的意思,赞同他的说法。于是就派出使者一方面救济抚恤灾民,一方面审理冤案,大多数受冤的囚犯因此而得到昭雪赦免。

还是在这一年,有彗星出现在南边的天空,看上去有六尺长,一百多天后才消失。彗星,民间称之为"扫帚星",古人认为它的出现是不吉祥的征兆,意味着有灾祸要发生。太宗皇帝当然知道有这样的说法,而且这在他的心里造成的影响更甚于普通百姓。所以他召集侍臣,说出了自己的忧虑:"天空出现彗星,是由于我道德有失、为政有过吗?这究竟是什么凶兆?要发生什么灾祸呢?"

还是秘书监虞世南首先接过这个话题,他依然像回答山体崩塌那个问题那样,从历史故事入手。他说:"从前齐景公时期就出现过彗星,齐景公问宰相晏婴,晏子回答说:'主公你挖掘池沼只怕不够深,起建台榭只怕不够高,施行刑罚只怕不够重,因此天空出现彗星就是对你的警告!'齐景公闻听此言,甚为恐惧,于是改弦更张,施行德政,十六天以后彗星消失。从这个事情来看,陛下如果不施行德政,哪怕是麒麟、凤凰这样的吉兆多次出现,终究还是无益。只要是朝政没有过失,百姓安居乐业,即使有灾变之象,对君王的德政又何损之有?真能造成什么损害吗?希望陛下不要因为功德高过古人而自矜自大,不要因为太平日子逐渐长久而骄奢淫逸。如果能慎终如始,就算彗星出现,也不足为虑。"

虞世南的一番分析,在很大程度上化解了唐太宗李世民的困惑担忧。听了虞世南的话,太宗皇帝也是感慨万千,他说:"我治理国家,的确没有发生齐景公那样的过失,但仔细想一想,我十八岁就开始处理国家大事,在北方剿除刘武周,在西边平定薛举,在东边擒获窦建德、王世充,南征北战,二十四岁平定天下,二十九岁登上帝位,外族降服,海内安定,自认为自古以来那些杰出的平乱之主没有一个能赶得上我的功劳,颇有些得意,这就是我的过错。难道上天有凶兆,就是因为这个吗?想那秦始皇平定六国一统天下,隋炀帝拥有天下财富,可是他们骄奢淫逸,一下子就败亡了,我又有什么值得骄傲的呢?每每说到这些、想到这些,就觉得担心,就感到震惊,就会心生恐惧。"

太宗皇帝把自己的人生经历做了简单的总结回顾,检讨了自己得意、骄傲的过错,唤醒了内心深处居安思危的忧患意识,为群臣做了很好的表率。

这时魏徵进言,对太宗皇帝说:"臣听说自古以来的帝王没有不经历灾祸变异的,但只要能够自身修德且施行德政,灾祸变异就会自然消除。这次陛下因为天有异象、出现彗星,就能够警惕戒惧,反复思考,深刻检讨,自省自责,陛下能如此做,即使出现现在这样的凶兆,也必定成不了灾害。"

各位看官,因为彗星出现,太宗皇帝反省自责,很多人可能会觉得这是李世民借机作秀,谈不上深刻,说不上借鉴,更与道德约束不沾边。

果真是这样吗?我们接着看:

贞观十一年(637),因为下大雨,河水四溢,冲进洛阳城,淹了洛阳宫。这水太大了,平地水深有五尺,冲毁宫室佛寺十九座,七百余户人家漂没在水中。

得知这一惨烈的景象,太宗皇帝把侍臣召集起来开会,他说:"我有失德,皇天降灾。也许是因为我治国理政视听不明、刑罚失度,才使得天道失恒,阴阳错乱,雨水反常。我怜悯百姓,归罪自己,对这一切心怀忧虑警惕,还有什么心情享受甜美滋味?可以告令尚食官,不要再做肉食,进一些素食就可以了。文武百官也应积极上奏,尽力指出我的过失。"

看到这样的决定,你还认为太宗皇帝是在作秀吗?

中书侍郎岑文本响应太宗皇帝的指示,上了一道奏章。这又是一份文辞优美、文意悠远的佳作。我们为各位看官边解读边赏析岑文本的奏章。

岑文本在奏章开篇先把一个基本的道理阐释清楚,用理论分析确立自己立论的高度,这叫"以理服人"。奏章大意是这么说的:"我听说开创拨乱反正的事业,取得成绩是很困难的;守住已经取得的基业,也是很不容易的。这就是所谓的创业难,守业更难。所以,居安思危,就可以稳定基业;有始有终,就可以巩固基础。"

接下来一大段,岑文本通过分析社会现实状况,提出"多予少取,多养少费"的建议主张,这叫"立论有据"。

他这样展开论述:"现在虽然说百姓安定,边境安宁,可毕竟是刚经历了丧亡战乱,承接于凋敝困乏之余,户口减损尚多,人力不足,田地开垦甚少,地利有限;覆盖天下的恩惠虽然很显著,但创伤尚未愈合恢复;道德教化的风气虽然遍布全国,但社会财富依旧时常匮乏。因此古人用种树来做比喻,年岁久远的大树,它的枝叶就茂盛;如果一棵树种植的时日不长,它的根还没有扎牢固,即使用肥土培护,用春光温暖,只要有一个人去摇晃它,也必定枯槁死掉。现在老百姓的情况就类似这样,就好像一棵小树苗,如果经常给予爱护滋养,就会一天天生长繁茂,但如果有征调劳役,就会随之凋敝耗散。如果凋敝耗散严重,就会民不聊生;民不聊生,就会怨气满胸;怨气满胸,就会心生离叛之念,到了这个地步就很危险了。所以舜帝曾说过:'可爱的难道不是君,可怕的难道不是民?'孔安国对这句话做了进一步解释:'人民把君王当作性命,所以君王可爱;君王失德失道,人民就背叛他,所以人民可怕。'孔圣人也说过:'君王好比是船,人民好比是水,水可以浮载船,也可以将船打翻。'古人的这些言论都强调圣明的君王有福禄享受,但不可以淫乐,应当一天比一天谨慎,就是这个原因。"

接下来就是奏章的第三层意思,岑文本在这里要把自己的建议主张具体化,使之能进一步变成可以施行应用的政策方案,这叫"言而有物,言之在道"。岑文本在奏章中提出的具体建议,其内容涉及执政理念、人才机制、淘汰机制、法治机制、纠错机制、行政机制、作风机制、投资机制、规模原则、国防原则等十个方面。

他说:"希望陛下通览古今之事,详察安危之机;上以国家社稷为重,下以百姓黎民为念;选拔人才要公正,动用刑罚要谨慎;贤能之人要提拔,不肖之徒要斥退;闻过即改,从谏如流;做好事就不要犹豫,出政令就要讲求信用;颐养精神性情,道德情操,减少外出娱乐打猎;去除奢侈而崇尚俭朴,减省宫室建设费用;致力于办好国内事情,而不是追求开疆扩土;收藏弓箭、缩减兵役,但不忘记国防军备。以上这几个方面,是国家治理的基本原则,也是陛下经常施行的。请恕臣愚昧,还是希望陛下能思而不怠、常抓不懈。那样的话,完美的道德可与三皇五帝比高,亿万年的帝位可以跟天地一样长久,即使有构树兴妖、龙蛇作怪,即使出现如殷商武丁时代野鸡飞到鼎耳上,春秋时晋国石头会说话的怪事,也会逢凶化吉、化祸为福、变灾为祥。"

奏章最后还是要回到太宗皇帝给出的话题上,这叫"首尾呼应",而且要给皇帝留有足够的余地,所以言辞要委婉一些、灵活一些。岑文本这样设计奏章的结尾:"雨水多、河谷泛滥,造成灾害,这本是自然的常理,怎么能说是上天谴责而使圣上忧心呢?我听说古人有这样的说法:'农夫辛勤劳作而君子被供养,愚蠢之人提建议而聪明人择善而从。'我妄自陈述己见,恐犯龙颜,俯伏在下,还望圣上裁罚。"

这份奏章,一方面是应太宗皇帝的要求写的,相当于命题作文;另一方面也是上奏者忧国忧君忧天下之情的充分表达,情真意切,说理透彻,建议周全,可行性强。太宗皇帝当然十分欣赏,采纳了岑文本的建议。

在太宗皇帝与侍臣就天灾人祸这一问题展开的一系列探讨中,大臣们不断提到的一个关键点就是慎终如始。

太宗皇帝又是如何看待这个问题的呢?

贞观五年(631),太宗皇帝对侍臣发表了自己的观点:"自古帝王都不能做到恒常如一地教化天下,也许国内安定,却外忧不断。当今我朝外族顺服,百谷丰稔,盗贼不兴,内外安宁。这样的局面绝不是我一人之力所能达到的,实在是你们共同帮助匡正、辅佐的结果。当然了,安不忘危,治不忘乱,虽然说今日无事,也必须考虑要坚持始终。经常如此,才是最可宝贵的。"

唐太宗李世民这是站在一国之君的角度上看待问题，也许是对自己治国理政成就的自谦表白，也许是对诸位大臣竭诚尽忠的赞赏肯定，也许二者兼有。所以，魏徵要回应表态，那就只能站在臣子的角度说话，这就是身份位置和职业角色决定一个人对问题的看法。

魏徵这样说："自古以来，君王和辅佐大臣很少有同时都很优秀的。有的是君王圣明，大臣却不够贤良；有的是出现贤臣却没有出现圣主。现在陛下英明，所以国家得以治理。若只有贤臣，但君主不思教化，也不会有什么用。现在天下太平，我们做臣子的仍然担忧，不敢以此为喜，不敢乐在其中，只希望陛下居安思危，孜孜不怠。"

过了一年，太宗皇帝又一次与侍臣集中讨论"自古人君为善者，多不能坚守其事"这个问题，相当于现在的高层专题研讨会。针对做善事的帝王为什么大多数不能坚守他的成就，为什么有始无终，为什么半途而废这些问题，唐太宗李世民以汉高祖刘邦为例，分析了他如何从一个亭长这样的基层领导干部一步步成长壮大，先是拯救危亡、诛灭暴秦、成就帝业，后又废立太子、迫害功臣、逼臣反叛。

可以说在刘邦身上发生的君臣父子之间的那些荒谬之事，成为唐太宗李世民引以为戒的教训，他明确表示自己要经常思考这样的危亡之事，以警诫自己，让自己做到善始善终。

谦虚是一种美德，理智是一种素养。如果把谦虚和理智结合起来又会怎么样呢？

贞观九年（635），太宗皇帝对一些高级官员说："我只是端坐拱手、无为而治，四周外族全部顺服，这难道是我一个人能办到的？实在是有赖诸位公卿的力量啊！既如此，就应当思考善始善终，让几百年之后读这段历史的人也能感受到我朝的丰功伟绩、盛大事业，恩泽福祉流芳百世。我们不是重复西周、西汉的辉煌，也不是重复东汉光武帝、明帝的繁荣康宁，我们是在开创新的盛世伟业。"

房玄龄借着太宗皇帝这个话题进言。他说："陛下有谦让的美德，把功劳推让给群臣。国家大治，天下太平，其根本还在于圣上的大德，我们臣下有什么能力呢？只希望陛下有始有终，那么天下就可以永远得到好处。"

第三十回　吉兆无非天象　慎终全赖人为

《贞观政要》的这一段历史记载，真实记录了当时君臣彼此谦让治国之功，君赞臣贤、臣颂君圣，倒也是贞观年间君臣同心协力治天下的真实写照。

贞观十二年（638），太宗皇帝对侍臣说："我看书读史，发现前代帝王做过的好事善事，都尽力照着去做，力行不倦；我任用你们几位来辅佐我，确实是认为你们贤良。但是国家治理、天下安定的程度远远比不上三皇五帝时期，这是为什么呢？"

魏徵回答说："现在四周外族宾服、天下无事，的确是旷古绝今、前所未有。然而自古以来，刚刚即位的帝王都想励精图治，功绩与尧舜比肩，等到国安民乐时，就骄奢放逸、贪图享乐，不能把好事坚持到底，这是一方面原因。另一方面，那些刚刚被任命的大臣，一开始都想辅佐君王挽救时局，创造不凡的业绩；等到他们富贵了，就只图苟且保全官爵，不能把忠诚竭力保持到底。"

魏徵的分析很深刻，可谓一针见血、鞭辟入里。因为它揭示了一个普遍的现象及其背后的规律，那就是作为大领导，在事业取得巨大成就以后，很容易放松自己、放纵自己，从而无法继续保持励精图治的初心状态，而在自我陶醉中追求愉悦享受，不知不觉发展演变为骄奢淫逸；同样，跟随大领导打拼的高级领导干部，也会在事业得到长足发展之后，因为功成名就，而更多关注自己的地位，更多关心自己的待遇。这就是事业发展之后很难持续的原因所在。

所以魏徵特别强调这样的观点："假如君臣两方面都常无懈怠，各自保持良好的状态并坚持到底，那就不用担忧天下治理不好，自然可以超越前代。"

魏徵的观点得到了太宗皇帝高度的赞赏。但是魏徵觉得自己对这个问题还有必要加以系统论述，尤其他一直担心太宗皇帝不能始终坚持俭朴节约的习惯，眼见着这几年来太宗皇帝渐渐喜欢奢侈，有些放纵自己的欲望，魏徵看在眼里、忧在心里，不能不说、不得不说。经过一年的深思熟虑，魏徵决定就这个话题再次发表个人看法，于是就有了贞观十三年（639）的魏徵上疏谏言。

对照《贞观政要》记录的原文，根据其逻辑架构，这篇长文，一共讲述了如下八大观点和结论：

第一，自古以来，所有的帝王受命于天建立王朝，都想把皇位传到子孙万代。这是人之常情，一点也不奇怪，完全能够理解。这叫愿景要远大。

第二，如何才能确保基业常盛、千秋永续，那就必须做到：治国以淳朴为先,抑制浮华之气;选人必重视忠诚贤良,鄙视邪恶奸佞之徒;讲制度则以杜绝奢侈、崇尚俭约为原则;论物产则以衣食为重,轻贱奇珍异宝。这叫处事要务本。

第三,为什么起初能遵循上述成功法则,而稍微好转后就逐渐败坏风气和传统?原因很简单:君王居万人之上,有四海之富,说话没人敢不听,做事大家都服从,公道被个人情感所淹没,法度被个人欲望所损害。所以,要想不出错,就必须不断自省。这叫人贵能自知。

第四,为什么知道了做不到?魏徵借用古语来说明:"不是知道它很难,而是实行起来很难;不是实行起来很难,而是坚持到底很难。"这叫知易而行难。

第五,充分肯定太宗皇帝登基以来的巨大成就,并分析其深刻原因。贞观之初,太宗抑制私欲、躬行节俭,内外康宁,功比商汤、周武王,德与尧舜齐平。十余年来,太宗赞许仁义之道,长期坚守而不曾丢失,崇尚俭约之志,自始至终不曾改变。这叫长期方针很正确。

第六,详细罗列太宗皇帝十个方面的行为表现,指出其目前已经违背原有志向,偏离敦厚淳朴的精神,未能保持始终如一。这叫现状很危险。

第七,目前发生的干旱天灾和坏人作乱的人祸,值得为君之人警惕畏惧。如能思而改之、择善而从,可免于功亏一篑;如可为而不为之,微臣只能忧愁愤懑而长叹。这叫改过而从善。

第八,略举十条所见,呈上让陛下知道,希望陛下采纳臣下愚妄之见。希望愚者千虑一得,对陛下缺失有所补益,那臣下便虽死而犹生。这叫实话要实说。

各位看官,魏徵的这道奏章,我们只是大概介绍,如果各位有兴趣,建议找原文进一步了解其具体内容以及所体现的论证方法,相信会对大家有很大帮助。也许你看过原文,才能理解太宗皇帝的读后心得和做法。

我们言归正传。太宗皇帝看过这篇长文奏章之后,对魏徵说:"人臣侍奉君主,顺从旨意容易,忤逆情志很难。你作为我的耳目股肱,辅佐我治理天下,经常论述自己的思考供我采纳。我今天闻过能改,希望能善始善终。如果违背这些话,有何颜面再看到你?又用什么好办法治理天下呢?自从看到你的奏章,我就反复研读,深深地感觉到语言有力量,道理很正确,我就把它贴在屏风之上,使我从早到晚随时能看到。我又抄录交给史官,希望千年之

第三十回 吉兆无非天象 慎终全赖人为

后的人能够了解我们君臣之间的情义。"

后来,太宗皇帝特意赏赐给魏徵黄金十斤、良马两匹。

一年后,太宗皇帝仍然忧心忡忡,他对侍臣说:"平定天下,我虽然有这样的基业,但如果守天下不得法,功业也难以保持。秦始皇当初也是平定六国、据有四海,到了末年也不能善守,未能保持住来之不易的江山,实在可以作为警示训诫。你们应当恪尽职守,多为国家社稷着想,忘掉自己的私利,那么荣耀之名和高显之位,就能够完美保持到最终。"

太宗皇帝这一番话有深意,其一是说他已经意识到创业难、守业更难;其二,历史教训不可不引以为戒;其三,大臣们的名声地位与国家的兴衰安危紧紧联系在一起。

这次又是魏徵接过话题,他说:"臣听说取胜容易,守住胜利却很难。现在陛下深思熟虑,安不忘危,功勋业绩很显著,道德教化遍天下,长期这样治国理政,宗庙社稷就不会倾覆败亡。"

话虽如此,可是唐太宗李世民依然觉得有问题,于是在贞观十六年(642)特意问魏徵一个问题:"通过历史观察近古帝王,为什么有传位十代的,有传位一两代的,也有自己得到又自己丢掉的?"

太宗皇帝从这个现象中看到了危机,他说:"我经常心中忧虑恐惧,有时担心抚养生民做得不够好,使他们没有得到很好安置;有时恐怕自己心生骄逸之情,喜怒过度又不自知。你来为我分析分析、说道说道,以作为我今后行动的楷模和准则。"

魏徵这次从情绪分析入手来表明自己的观点,他回应说:"嗜欲喜怒之情,是人之常情,有修养的贤明之人在这一点上与凡夫俗子甚至愚昧之人是相同的,并没有什么区别。但是贤明之人能节制自己的喜怒嗜欲,不会放纵超过限度;愚昧的人则肆意放纵,大多到了失去控制的地步。陛下圣德微妙而高远,能居安思危,臣希望陛下常能自制,以保全慎终之美德,那么千秋万代都会得到好处。"

各位看官,《贞观政要》就这样在君臣问答中结束了对历史经验的总结,最后留给后世治国理政者的鉴诫之言也就八个字:居安思危,慎终如始。

花开有花谢,云卷复云舒。说到这里,三十回目的现代评书版《贞观政要》,也为各位看官说完了。这正是:

　　　　民生为本开新篇,
　　　　慎终如始实艰难;
　　　　贞观盛世千古颂,
　　　　君明臣贤美名传。